AF389026

ISOCRATE

PHILIPPE

ET

LETTRES A PHILIPPE, A ALEXANDRE ET A ANTIPATROS

GEORGES MATHIEU

ANCIEN ÉLÈVE DE L'ÉCOLE NORMALE SUPÉRIEURE,
PROFESSEUR AU LYCÉE DE NANCY.

ISOCRATE

PHILIPPE

ET

LETTRES A PHILIPPE, A ALEXANDRE ET A ANTIPATROS

TEXTE ET TRADUCTION, AVEC UNE INTRODUCTION ET DES NOTES

PARIS

E. DE BOCCARD, ÉDITEUR

(Anciennes Librairies Thorin et Fontemoing)

1, RUE DE MÉDICIS, 1

1924

INTRODUCTION

I

ISOCRATE ET LA POLITIQUE EN 346

Isocrate et les premières négociations de paix. —
A partir de 390 environ Isocrate avait voulu, en plus de son
rôle de chef d'école, jouer celui de prédicateur politique : il
s'était efforcé dans ses « discours helléniques et politiques » (1)
de donner à ses compatriotes et à tous les Grecs des conseils
sur l'organisation générale de leur pays. En particulier il leur
prêchait l'union et la lutte contre les Barbares et jugeait que
ce plan ne pourrait être réalisé que lorsque une grande puissance prendrait la direction de l'Hellade ; pour cela il avait
songé à Athènes ; puis, devant les échecs de la seconde confédération, il avait cru trouver en Jason de Phères et en Denys, en
Archidamos ensuite un chef capable de réaliser ses projets ; à
la suite de la guerre sociale il avait à nouveau tourné son attention vers Athènes et espéré qu'une réforme intérieure faci-
literait [l'exécution de ses plans panhelléniques. D'ailleurs la
tendance générale de ceux-ci restait la même : assurer le
bonheur de la Grèce par la victoire sur la Perse ; et c'est en
toute sincérité que dans le *Philippe* (2) Isocrate peut affirmer
l'unité de sa prédication.

Après la publication de l'*Aréopagitique*, Isocrate reste plus
de huit ans sans donner au public aucune œuvre politique (ce

---

(1) *Panathénaïque* 247.
(2) *Philippe* 128-130.

n'est qu'accessoirement que le discours *sur l'Echange* touche
à la politique intérieure). C'est la plus longue période de silence que nous connaissions dans la vie d'Isocrate. On en a
cherché la raison (3) dans les attaques dont il était l'objet en
tant que chef d'école et auxquelles il fut fort sensible, si nous
en jugeons par le discours *sur l'Echange*. Un autre motif peut
s'ajouter à celui-là ; aucune des œuvres proprement politiques
d'Isocrate ne se place au moment où une guerre bat son plein :
même au temps des guerres thébaines ou de la guerre sociale,
le *Plataïque*, la lettre à Denys, l'*Archidamos* et le discours
sur la Paix paraissent alors que des pourparlers donnent à
espérer un retour de la paix en Grèce. Or après 355, la guerre
entre Athènes et Philippe prend une importance imprévue
jusque là ; on comprend donc qu'Isocrate ait attendu pour
composer un nouveau discours que la paix parût prochaine et
que les négociations fussent en cours.

C'est à partir de 348 que les deux adversaires commencèrent
à montrer ouvertement leur désir de mettre fin à la lutte.
Tous deux y étaient poussés par d'égales raisons. En effet, du
côté athénien, la situation était peu favorable ; en 343, Eschine (4) en fait un tableau qu'il pousse au noir avec complaisance, mais qui, tout en empruntant des traits à la réalité,
nous donne certains arguments qu'employait en 347 et 346 le
parti de la paix : « Notre stratège avait perdu soixante-quinze
villes alliées... ; il n'avait pas pu ramener les cent cinquante
trières que lui avaient fournies les arsenaux... ; on avait dé-
pensé quinze cents talents, non pas pour les soldats, mais pour
les vantardises des chefs, pour Déiarès, Déipyros et Polyphon-
tès, et aussi pour ceux qui se vendent à la tribune et à l'assemblée, tous gens qui, sous le nom de contribution, enlevaient
aux malheureux habitants des îles soixante talents par an
et pillaient les vaisseaux grecs contrairement à la liberté des
mers. Au lieu de sa bonne renommée et de l'hégémonie de la
Grèce, notre ville avait acquis la réputation des pirates de

---

(3) Kessler, *Isokrates und die panhellenische Idee*, p. 45.

(4) Eschine, *Sur l'Ambassade* 70-72 (rappelant d'ailleurs à la fois les événements
de la guerre contre Philippe et ceux de la guerre sociale). Cf. le tableau mis par
Théopompe dans la bouche de Philocrate (Didymos, *Commentaire sur Démosthène*,
col. XIV, l. 52 et suiv., P. Foucart, *Etude sur Didymos*, p. 97 du tirage à part).

Myonnésos. Philippe, sorti de Macédoine, ne luttait plus avec nous pour Amphipolis, mais déjà pour nos possessions de Lemnos, d'Imbros et de Skyros ; nos concitoyens abandonnaient la Chernosèse... » Les discours de Démosthène nous apprennent avec quelle difficulté et quelles lenteurs s'exécutaient les mesures votées pour la guerre, et en 346 lui-même, découragé, se laissait aller à confier à Eschine qu'il ne fallait guère compter sur les cinquante trières dont l'armement venait d'être décidé (5).

De son côté Philippe désirait une paix qui lui laissât ses conquêtes et lui permît d'intervenir plus directement en Grèce. Par la prise d'Amphipolis et de la Thrace, il avait assuré à son royaume des débouchés sur la mer et sur la Thrace, et l'or et les bois nécessaires à sa marine et à ses finances. Mais la Macédoine avait souffert d'une guerre de dix ans pendant laquelle, tout en luttant contre Athènes et les villes de Chalcidique, elle avait dû intervenir en Illyrie et en Thessalie (6). En outre la seconde guerre sacrée fournissait à Philippe une occasion de pénétrer dans la Grèce proprement dite. Son ancêtre Alexandre n'avait été véritablement considéré comme Grec que le jour où il avait été admis à concourir aux jeux olympiques (7). Philippe voulait à son tour s'assurer l'alliance du centre religieux le plus important de son temps. Son intervention dans la lutte était précisément sollicitée en 347 à la fois par les Thébains et par les Phocidiens (8), et il se peut que pendant longtemps il ait hésité sur le parti qu'il devait appuyer (9) ; l'essentiel pour lui était que l'Héraclide obtint d'être représenté à l'amphictyonie de Delphes (peu importait au premier abord qu'il prît la place des Phocidiens ou celle des Béotiens). Mais toute intervention au Sud des Thermopyles lui était interdite, tant que les Athéniens, en guerre avec lui, pouvaient lui barrer le passage.

----

(5) Eschine, *Sur l'Ambassade* 37.
(6) Isocrate, *Philippe* 20-21.
(7) En 476 (Hérodote, V, 22).
(8) Démosthène, XIX, *Sur l'Ambassade*, argument anonyme, 2.
(9) Tout ne devait pas être faux dans les bruits, destinés d'ailleurs à endormir les défiances athéniennes, qui en 346 représentèrent Philippe comme prêt à intervenir contre les Thébains (Eschine, II, 136-137 ; Démosthène, XIX, 20-21, 74, 112, 220); ou du moins ils faisaient état des hésitations que Philippe eut sans doute quelques mois plus tôt.

Amorcées au printemps de 348 par l'intermédiaire d'une ambassade eubéenne, puis pendant l'été par Phrynon de Rhamnonte (10), interrompues après la prise d'Olynthe (11), les pourparlers reprirent activement en 347 par l'entremise des acteurs Néoptolémos et Aristodémos, dont le second était encore en Macédoine au moment où Philippe était invité à intervenir dans la seconde guerre sacrée (12). Enfin pendant l'hiver 347-6 Athènes envoya officiellement à Philippe une ambassade de dix membres Athéniens (dont Eschine et Démosthène) assistés d'un représentant allié, Aglaocréon de Ténédos (13).

La question d'Amphipolis. — Aussitôt Isocrate jugea l'occasion favorable pour attirer à nouveau l'attention sur ses idées politiques et, voyant quel était le point du conflit qui touchait le plus l'amour propre et les intérêts des deux adversaires, il prépara un discours sur la question d'Amphipolis (14).

En effet Athènes tenait beaucoup à la possession de cette ville où par neuf fois, nous dit-on (15), elle avait tenté d'établir son pouvoir. En 367 encore elle avait refusé de signer une « Paix du Roi » qui ne lui donnait pas satisfaction sur ce point (16) et en 360 elle avait fait, sous la direction de Timothée, une nouvelle tentative infructueuse.

Philippe, après avoir à son avénement laissé espérer aux Athéniens la restitution de ce territoire, était rentré dans la ville en 357 (17) et refusait de s'en dessaisir.

C'est que la région dont Amphipolis était le centre, fournissait en abondance le bois pour la construction des navires, servait de débouché à la route par laquelle devait passer l'or

---

(10) Eschine, II, 12 ; Démosthène, XIX, 315 et argument anonyme, 3 (sur la date, cf. Kahrstedt, *Forschungen zur Geschichte des vierten Jahrhunderts*, p. 64).

(11) Eschine, II, 15 et 68 (avec changement intentionnel de date ; cf. Kahrstedt, *Forschungen....*, p. 65),

(12) Démosthène, XIX, 315 et argument anonyme, 2.

(13) Eschine, II, 18 et suiv. ; Démosthène, XIX, argument anonyme 4-7.

(14) *Philippe*, 1 et suiv.

(15) Scholie d'Eschine, II 31.

(16) Démosthène, XIX 52.

(17) Diodore, XVI, 3, 3 ; Ch. Michel, *Recueil d'inscriptions grecques*, n° 324.

du Pangée (18) et en outre pouvait fournir une base importante pour toutes les opérations dirigées sur la Thrace et la route du blé.

Isocrate éspérait amener par son discours les deux adversaires à se faire des concessions mutuelles, comme il l'avait insinué en 356 dans le discours *sur la Paix* (19). Mais les événements devancèrent l'orateur qui, selon sa coutume, travaillait lentement à son œuvre, et la conclusion de la paix vint le forcer à modifier son discours et à en élargir le dessein.

La paix de Philocrate. — Au début d'Elaphébolion (environ mars 346), l'ambassade revint, rapportant un projet de traité. Les deux adversaires devaient conserver leurs conquêtes. Tout l'avantage était pour Philippe, et les Athéniens renonçaient ainsi à Amphipolis. Cependant, tout en avouant qu'une telle paix consacrait l'échec d'Athènes (20), tout le monde fut d'accord pour l'accepter. Le peuple, réuni dès le 18 et le 19 Elaphébolion sur la proposition de Démosthène ratifia le traité et décida d'envoyer une ambassade pour recevoir le serment de Philippe (21). En effet, d'après le droit international grec, chacune des parties n'était liée qu'à dater du moment où elle avait prêté serment. Philippe continuant ses opérations contre les alliés d'Athènes, il y avait intérêt, pour sauver ce qui subsistait de l'influence athénienne dans le Nord de la mer Egée, à recevoir son serment le plus tôt possible. La chose était d'autant plus urgente que, le 25 Elaphébolion, le stratège Charès donnait les renseignements les plus inquiétants sur la situation de Kersobleptès (22). Cependant l'ambassade ne partit que le 3 Munychion (23), mit vingt-trois jours à gagner Pella et, s'en tenant à la lettre de ses instructions (24),

---

(18) Thucydide, IV 108 ; Démosthène, *Contre Aristocratès*, 110-113.

(19) *Philippe* 3-6 ; cf. *Sur la Paix* 22.

(20) Démosthène XIX 150 l'appelle « paix honteuse et indigne d'Athènes » (αἰσχρὰ καὶ ἀναξία τῆς πόλεως) ; Isocrate (*Philippe* 7) ne l'accepte que parce que, selon lui, n'importe quelle paix vaut mieux que la guerre (c'est l'attitude qu'adopte peu après Démosthène dans le discours *Sur la Paix*) ; et en 343 Eschine II 6 et 9 reconnaît que les résultats en ont été déplorables.

(21) Eschine II 61 ; Démosthène XIX 59.

(22) Eschine II 90.

(23) Eschine II 91 ; Démosthène XIX 57.

(24) Eschine II 98.

y attendit pendant vingt-et-un jours Philippe qui eut ainsi
tout le temps d'écraser Kersobleptès et de s'assurer de la
Thrace (25). Puis l'ambassade athénienne accompagna le roi
qui traversait la Thessalie et Philippe ne prêta serment qu'une
fois qu'il fut arrivé aux environs de Phères (26). Enfin, après
trois mois d'absence, l'ambassade rentra à Athènes le 13 Skirophorion, au moment où Philippe, déjà arrivé aux Thermopyles, négociait avec les Phocidiens (27). Bien que, par la défaite de Kersobleptès, la paix fût devenue pour Athènes encore
moins avantageuse qu'elle n'était trois mois auparavant, la
ratification définitive fut votée par le peuple le 16 Skirophorion. Sans doute espérait-on encore que Philippe intervien-
drait contre les Thébains et qu'en compensation de la perte
d'Amphipolis et de la Thrace Athènes recevrait l'Eubée et
Oropos dont Eschine parlait à mots couverts (28). Une ambassade fut envoyée à Philippe à la fois pour intervenir en faveur
des Phocidiens et pour profiter des prétendues bonnes dispositions du roi. Mais à peine était-elle en Eubée (29) qu'elle ap-
prit que les Phocidiens, avertis le 20 Skirophorion du vote de
l'assemblée athénienne et se jugeant abandonnés, avaient capi-
tulé et s'étaient remis à la discrétion de Philippe (30). Celui-ci
se donnant le rôle de vengeur du dieu de Delphes, soumit les
Phocidiens au jugement des Amphictyons qui se réunissaient
en assemblée ordinaire (πυλαία) au début de l'automne. Les
Phocidiens furent condammés à démanteler leurs villes et à
payer au sanctuaire de Delphes une amende de 60 talents par
an ; et les deux voix qu'ils possédaient dans le conseil amphictyonique furent accordées à Philippe.

Tels sont les événements au milieu desquels Isocrate com-

---

(25) Démosthène XIX 155.

(26) Démosthène XIX 158 (dans l'auberge voisine du sanctuaire des Dioscures,
dit-il)

(27) Démosthène XIX 58.

(28) Démosthène V 10, XIX 22, 220, 326. Une allusion voilée aux revendications
athéniennes sur Oropos se trouve dans Isocrate (*Philippe* 53). Les rapports entre
Athènes et Philippe à ce moment ressemblent à ce que furent ceux de Napoléon III
et de la Prusse en 1866 et 1867 (affaires de Belgique et du Luxembourg).

(29) Démosthène XIX argument anonyme 9. Pour se rendre aux Thermopyles,
les Athéniens devaient passer par l'Eubée à cause de l'hostilité des Thébains.

(30) Démosthène XIX 59. Derkylos apporta la nouvelle le 27 au peuple assemblé
au Pirée (Démosthène XIX 60 et 125.)

posa le discours ou plutôt la longue « lettre ouverte » à laquelle on donne le titre de *Philippe*.

II

LA COMPOSITION DU *PHILIPPE*

Isocrate et la Macédoine avant 346. — Dans une période où la politique extérieure était si importante, Isocrate ne pouvait rester silencieux. Déjà, au milieu de la crise de la guerre sociale, il avait fait entendre ses conseils à ses concitoyens dans l'*Aréopagitique* et dans le discours *Sur la Paix*. En outre à plusieurs reprises, son attention s'était portée sur la Macédoine. En 380, dans le *Panégyrique*, il notait l'entente qui existait entre Lacédémone et Amyntas (31). D'ailleurs à ce moment, comme il voyait dans l'hégémonie de la démocratie athénienne la condition nécessaire de la lutte contre les Barbares (32), il ne mentionnait que pour la reprocher aux Spartiates cette alliance avec un roi qu'il regardait encore comme un demi barbare.

Vers 366-5, dans l'*Archidamos* (33), Amyntas, alors décédé, était cité à nouveau ; mais Isocrate en parlait comme d'un exemple à imiter et vantait l'énergie grâce à laquelle, vaincu et sur le point de s'expatrier, il avait su reconquérir son royaume en trois mois.

Enfin, quand Philippe eut réussi à établir son pouvoir sur la Macédoine, il apparut à Isocrate sous un aspect si favorable qu'en 356, alors que la guerre avait déjà éclaté entre Athènes et lui au sujet d'Amphipolis, Isocrate ne citait le conflit que pour en attribuer la responsabilité à l'impérialisme athénien et pour affirmer que Philippe ne demandait qu'à rendre à une Athènes pacifique le territoire contesté (34).

---

(31) *Panégyrique* 126 : καὶ νῦν Ὀλυνθίους καὶ Φλειασίους πολιορκοῦσιν, Ἀμύντᾳ δὲ τῷ Μακεδόνων βασιλεῖ καὶ Διονυσίῳ τῷ Σικελίας τυράννῳ καὶ τῷ βαρβάρῳ τῷ τῆς Ἀσίας κρατοῦντι συμπράττουσιν.

(32) Sur l'évolution des idées d'Isocrate concernant la réconciliation des Grecs, voir plus de détails dans G. Mathieu, *Les idées politiques d'Isocrate*, en particulier chapitres V et VI.

(33) *Archidamos* 46.

(34) *Paix* 22.

Cette confiance dans les bonnes dispositions de Philippe explique donc qu'Isocrate, dès que les négociations de paix eurent repris, ait songé (sans doute en 347) à exposer ses vues sur le conflit d'Amphipolis (35). Mais l'orateur travaillait lentement : on prétendait qu'il avait mis dix ans à terminer le *Panégyrique* (36), et il devait consacrer trois ans au *Panathénaïque*. Aussi n'est-il pas étonnant (et lui-même l'avoue sans embarras) que la paix ait été signée avant la publication de son œuvre (37).

Mais dans ce rétablissement de la paix entre Athènes et celui que tous considéraient déjà comme l'arbitre de la plus importante des affaires grecques, de la seconde guerre sacrée, Isocrate vit une occasion favorable pour la réalisation du plan auquel il était attaché depuis quarante années ; et c'est alors qu'à l'âge de quatre-vingt-dix ans, il publia le *Philippe* sous la forme du discours fictif à laquelle il avait habitué ses lecteurs.

Date de composition de l'œuvre. — A quel moment de l'année 346 se placent la fin de la composition du *Philippe* et sa publication ? Certaines des allusions que fait Isocrate à la situation contemporaine nous permettent de le déterminer. La guerre entre Philippe et Athènes est considérée comme terminée (38) ; mais les conditions de la paix ne satisfont pas entièrement l'opinion athénienne. Ceci nous indique une date quelque peu postérieure à l'assemblée du 19 Elaphébolion où il ne semble pas qu'il y ait eu d'opposition à l'acceptation des conditions de Philippe. D'autre part on compte sur l'intervention du roi de Macédoine dans la guerre sacrée. Il nous faut donc choisir comme date extrême soit la session d'automne du conseil amphictyonique où le sort des Phocidiens fut officiellement réglé, soit la date où arriva à Athènes la nouvelle de la capitulation de Phalaicos (27 Skirophorion) (39). Il nous sem-

---

(35) *Philippe* 1.
(36) [Plutarque], *Vie des dix orateurs* 837 F ; Lysias fr. 280 (*Oratores attici* II, p. 302.)
(37) *Philippe* 7 : ἔφθητε ποιησάμενοι τὴν εἰρήνην πρὶν ἐξεργασθῆναι τὸν λόγον.
(38) *Philippe* 7.
(39) Démosthène XIX 60 et 125.

ble, comme à Blass et à Drerup (40), que c'est cette dernière date qu'il convient d'adopter. En effet l'intervention de Philippe est donnée comme très prochaine, mais non pas même encore comme certaine (41). Les Phocidiens ne sont pas encore considérés comme vaincus et Isocrate leur attribue des succès sur les Thébains (42), succès dont témoigne également Démosthène (43). C'est à l'égard des Thébains qu'Isocrate montre la plus grande hostilité et il s'étend complaisamment sur leurs torts envers les autres Grecs (45). L'allusion même que fait Isocrate au conflit entre Athènes et Thèbes à propos d'Oropos (46), est comme un rappel discret des espoirs de compensations territoriales qu'Eschine et ses amis avaient répandus à Athènes (47). Or, dans le courant de l'été, une lettre de Philippe vint démentir ces bruits (48). D'autre part Isocrate ne semble faire preuve d'aucune hostilité contre les Phocidiens (49) ; or, pendant le séjour à Pella de l'ambassade athénienne chargée de recueillir le serment de Philippe (après le 23 Thargélion), Eschine recommandait à celui-ci de faire preuve de prudence dans tout ce qui touchait aux affaires de Delphes (50).

---

(40) Blass *Die attische Beredsamkeit*, 2ᵉ édition, II, p. 314. Cf. aussi Wendland, *Beiträge zur athenischen Politik und Publicistik des 4. Jahrunderts (Nachrichten der Königlichen Gesellschafts der Wissenschaften zu Göttingen*, 1910, p. 127 et suiv.) Pour la date donnée par l'argument anonyme, voir plus bas à propos de la lettre III.

(41) *Philippe* 74 (ἐὰν τὰ περὶ Φωκέας διοικήσῃς).

(42) *Philippe* 54-55.

(43) Démosthène XIX 148-149, 320 (ἐκρατοῦντο δὲ Θηβαῖοι καὶ μάχην ἥττηντο καὶ τρόπαιον ἀπ' αὐτῶν εἰστήκει).

(44) *Philippe* 53-54.

(45) Cf. Démosthène XIX 20, 21, 53, 62-63, 112, 220 ; Eschine II 119, 136-137.

(46) *Philippe* 53.

(47) Démosthène XIX 22, 220, 326.

(48) Démosthène XIX 37-39.

(49) *Philippe* 54 : Isocrate y attribue l'initiative de la guerre aux Thébains et ne blâme pas l'emploi fait par les Phocidiens des trésors de Delphes.

(50) Eschine II 114 : καὶ δὴ καὶ περὶ τῆς εἰς Πύλας στρατείας εἶπον καὶ περὶ τῶν ἱερῶν καὶ περὶ Δελφῶν καὶ περὶ τῶν Ἀμφικτυόνων, καὶ μάλιστα μὲν Φίλιππον ἠξίουν μὴ μεθ' ὅπλων ἀλλὰ μετὰ ψήφου καὶ κρίσεως τἀκεῖ καθιστάναι, εἰ δ' ἄρα μὴ δυνατὸν εἴη (τοῦτο δ' ἦν πρόδηλον · τὸ γὰρ στρατόπεδον παρῆν καὶ συνήθροιστο), εἶπον ὅτι τὸν μέλλοντα ὑπὲρ Ἑλληνικῶν ἱερῶν βουλεύεσθαι πολλὴν προσήκει πρόνοιαν ὑπὲρ εὐσεβείας ἔχειν καὶ τοῖς περὶ τῶν πατρίων ἐγχειροῦσι διδάσκειν προσέχειν τὸν νοῦν. Cf. *Philippe* 68 et 140. — D'ailleurs d'autres rapports de pensée se montrent entre Isocrate et Eschine ; celui-ci, dans le discours qu'il tint, prétend-il, à Philippe lors de la première ambassade, rappela les services rendus par Athènes à Amyntas et à Philippe (II 26) et eut recours à la légende d'Acamas pour justifier les prétentions

Tout nous conduit donc à juger qu'Isocrate a mis la dernière main au *Philippe* au printemps de 346, probablement entre avril et juin, alors que les Athéniens cherchaient à tirer le meilleur parti de la paix qu'ils avaient acceptée le 19 Elaphébolion et quand Philippe paraissait l'arbitre désintéressé des affaires de Grèce.

III

LES IDÉES POLITIQUES DU *PHILIPPE*

Philippe et la Grèce. — Pendant cette periode d'incertitude où les conditions de la paix sont arrêtées, mais où les serments ne sont pas encore échangés, Isocrate adresse à Philippe ce discours où il expose, non seulement ses idées personnelles, mais aussi celles de ses amis. En effet, s'il est exagéré de voir en Isocrate le porte-parole d'un véritable parti politique, en revanche il ne faut pas croire à une fiction littéraire quand il se dit encouragé par ses amis (51), car nous verrons que son œuvre n'a pas été sans influence, sinon sur l'activité, du moins sur les idées politiques de ses contemporains.

En Philippe qui avait déjà attiré son attention, Isocrate voit l'homme capable de rétablir la paix entre les Grecs et de les diriger dans cette lutte contre la Perse qu'il avait déjà prêchée dans le *Panégyrique*. D'ailleurs cet intérêt qu'il lui porte n'implique nullement une admiration sans réserve pour la monarchie macédonienne. Certes Isocrate connaît de façon précise les rapports de Philippe et de ses ἑταῖροι ; il vante le dévouement de ces derniers (52) et connaît leur esprit d'indépendance (53). Mais. pour lui comme pour Démosthène, les

---

athéniennes sur Amphipolis (II 31). Or, Isocrate fait lui aussi, dans le *Philippe*, appel à une légende, celle d'Héraclès (109-112) et cite les services rendus par les Athéniens aux ancêtres de Philippe (33-34.)

(51) *Philippe* 22-23.
(52) *Philippe* 19.
(53) *Philippe* 154 : ἦν βασιλικῶς, ἀλλὰ μὴ τυραννικῶς αὐτῶν ἐπιστατῇς. La méconnaissance de ce sentiment ne devait pas être étrangère à l'assassinat de Philippe, et on connaît les difficultés qu'eut Alexandre à obtenir des Macédoniens l'obéissance absolue qu'il trouvait chez les Orientaux.

Macédoniens restent des barbares ; il l'indique nettement à plusieurs reprises (54) ; contrairement à ce que pense Kessler (55), l'opposition qu'il marque entre *Macédonien* et *Hellène* n'est pas celle qui existe entre *Romain* et *Latin* ; et la seule concession qu'il fasse parfois (56), c'est de faire des Macédoniens un groupe intermédiaire entre Grecs et Barbares. Au contraire Philippe (et tout roi argéade) est un Héraclide (57), donc un Hellène ; l'origine hellénique de sa famille a été reconnue après les guerres médiques par les *hellanodikes* d'Olympie (58), et cette qualité est si importante pour Isocrate, (comme d'ailleurs pour tous les Grecs) (59) qu'il va jusqu'à indiquer dans son discours le thème d'un *Eloge d'Héraclès* (60). C'est en tant qu'Héraclide que Philippe intéresse l'orateur athénien, au même titre qu'Archidamos dans la génération précédente (61) quant Isocrate croyait encore au pouvoir des rois de Sparte. C'est par la personne même de Philippe qu'est attirée l'attention de l'orateur (62) ; et il est tout à fait d'accord en cela avec les Amphictyons qui en transférant à Philippe les voix des Phocidiens, inscriront dans leurs listes des hiéromnémons παρὰ Φιλίππου (et non pas παρὰ τοῦ βασιλέως τῶν Μακεδόνων). Il va même plus loin : c'est d'un arbitre impartial que le monde Grec a besoin et Philippe est précisément libre de tous liens (ἄφετος) de nationalité (63).

D'autre part il est vrai qu'Isocrate ne se montre pas un adversaire intransigeant du régime monarchique, tout au moins

---

(54) *Philippe* 107 : Caranos établit son royaume en Macédoine, précisément parce que les *Grecs* ne peuvent pas supporter la monarchie. Cf. *Panégyrique* 70 ; des *races* et des peuples de toute sorte (ἔθνη πολλὰ καὶ γένη παντοδαπὰ) séparent les Athéniens des Thraces.

(55) Kessler, *Isokrates und die panhellenische Idee*, p. 47.

(56) *Philippe* 154-155.

(57) *Philippe* 76, 115, 132.

(58) Hérodote V 22 : οἱ ἐν τῇ Ὀλυμπίῃ διέποντες ἀγῶνα Ἑλλήνων οὕτω ἔγνωσαν εἶναι.... Ἀλέξανδρος δὲ ἐπειδὴ ἀπέδεξε ὡς εἴη Ἀργεῖος ἐκρίθη τε εἶναι Ἕλλην...

(59) Si la conjecture de M. Foucart qui introduit συγγενείας dans le texte de Didymos (*Etude sur Didymos*, p. 106) est exacte, on aurait aussi cherché à rattacher Hermias d'Atarnes à la race grecque par des liens de parenté.

(60) *Philippe* 109. Y aurait-il là une critique (ou au moins un souvenir) de l'*Héraclès* d'Antisthène, dont le *Cyrus* aurait pu aussi fournir divers traits à Isocrate (*Philippe* 66 et 132) ?

(61) *Philippe* 127. Cf. l'*Archidamos* qui date de 366 et la *Lettre IX* à Archidamos qui date environ de 356.

(62) *Philippe* 70. La tendance est encore plus nette dans les lettres II et III.

(63) *Philippe* 127.

s'il est appliqué à des populations dont le caractère hellénique n'est pas indiscutable. Le *Nicoclès* résume les arguments en faveur de la monarchie, et la même tendance se montre encore ailleurs (64), comme elle se dévoile aussi chez d'autres penseurs du même temps, notamment chez Xénophon et Platon (65). Plus tard même Isocrate ira plus loin, jusqu'à ne pas repousser l'idée d'une apothéose de Philippe (66).

Mais ce qui, plus que toute autre chose, pousse l'orateur à demander l'intervention du roi de Macédoine, c'est le désir de trouver en lui un chef pour la lutte des Grecs contre les Barbares. Isocrate nous explique que les dieux se servent de certains héros comme d'intermédiaires entre eux et les hommes (67), et il est tout naturellement porté à personnifier en un homme une idée politique : c'est le rôle qu'il donne dans le passé à Héraclès dans le *Philippe* même, à Thésée (68) et Agamemnon dans le *Panathénaïque*, à Solon et à Clisthène dans l'*Aréopagitique* ; au début de sa carrière Alcibiade lui a semblé une figure du même ordre (69). Dans le présent, il a cherché vainement ce guide, ce προστάτης (pour employer l'expression usuelle de la politique grecque) : successivement Timothée, Denys, les chefs thessaliens, Archidamos n'ont pu réaliser les espoirs qu'il mettait en eux (70). Maintenant le vieil orateur compte sur le roi de Macédoine, en se rendant compte de toutefois que des précautions sont nécessaires pour faire accepter aux Grecs son hégémonie.

La vraie intention du *Philippe* nous est nettement indiquée au début de la lettre qu'Isocrate adresse, deux ans plus tard au roi de Macédoine (71) ; il s'agit de lui donner des conseils, plus encore dans l'intérêt de la Grèce que dans le sien propre.

---

(64) *Evagoras* 70 ; *Philippe* 107.

(65) A. Thibaudet, *La campagne avec Thucydide*, p. 201.

(66) *Lettre III* 5. La fréquence des comparaisons avec les ἡμιθέοι prouve que dans le *Philippe* même cette idée se présente vaguement à l'esprit de l'auteur.

(67) *Philippe* 149-150. Xénophon semble obéir à une tendance du même genre en bâtissant le plan de sa Cyropédie.

(68) De même Euripide (*Suppliantes* 404-409, 427-455) fait de Thésée le porte-parole de la démocratie athénienne.

(69) *Sur l'Attelage, passim ; Busiris* 5.

(70) Cf. G. Mathieu, *Les idées politiques d'Isocrate*, chap. IX.

(71) *Lettre II* 1-2 ; en particulier.·. προειλόμην φροντίζειν τῶν σῶν πραγμάτων καὶ τῆς πόλεως ἕνεκα τῆς ἐμαυτοῦ καὶ τῶν ἄλλων Ἑλλήνων.

Or c'est une tâche assez délicate ; d'une part Isocrate risque de froisser Philippe en signalant les points sur lesquels sa politique n'est pas exempte de tout défaut et, en attirant l'attention de ses adversaires sur ces questions, de leur donner une aide inattendue ; d'autre part un éloge trop vif de Philippe peut susciter la jalousie toujours en éveil des autres Etats grecs et éveiller chez le roi un désir trop fort de domination. De là vient que souvent notre auteur procède d'une manière indirecte, surtout lorsqu'il doit traiter quelque projet délicat.

C'est ainsi qu'il introduit de façon toute impersonnelle l'éloge de Philippe et le tableau de sa puissance (72). La prudence lui est ici d'autant plus nécessaire qu'il est au début de son discours et qu'il y a lieu d'habituer peu à peu le public à l'idée que le roi de Macédoine, ce nouveau venu parmi les grandes puissances de l'Hellade, est précisément celui qui doit désormais les guider. Aussi prétend-il seulement rapporter fidèlement les paroles des admirateurs de Philippe, de même que plus loin (73), il transcrira les accusations mensongères, affirme-t-il, de ses adversaires.

De là vient aussi la fréquence des conseils presque purement moraux et portant parfois à peu près uniquement — à première vue — sur la morale personnelle (74). Ce faisant, Isocrate se conforme à une de ses habitudes, car toutes ses œuvres politiques sont remplies de préoccupations morales et il veut, grâce à elles, transporter dans la vie des Etats les règles qui régissent la vie des individus (75). C'est là d'ailleurs une tendance commune aux intellectuels de son temps : Isocrate veut étendre la morale de l'individu à l'Etat, comme Platon veut faire lire dans l'Etat « en plus grandes lettres » les caractères moraux des individus (76). Particulièrement caractéristique de cette union est le passage (77) où Isocrate recommande à Phi-

---

(72) *Philippe* 18-23.
(73) *Philippe* 73-77.
(74) *Philippe* 16.
(75) Cf. principalement *Sur la paix* 119-120 ; et, pour l'étude particulière de cette question, Spitzer, *Der staatliche Ehrgefühl bei Isokrates* (*Zeitschrift für oesterreichische Gymnasien*, 1895, XLVI, p. 385-396.)
(76) Platon, *République* 368 C-369 B.
(77) *Philippe* 133.

lippe la modération à la fois dans la puissance et dans la richesse.

Indirectement encore l'orateur laisse voir son anxiété sur les vraies intentions de Philippe, et parfois perce, sous la confiance obstinément affirmée, une inquiétude du même ordre que celle qui fait dédier à Néron le *De Clementia* de Sénèque Certes Isocrate dit qu'un Héraclide ne peut vouloir que le bien de la Grèce, que lui attribuer de mauvais desseins est lui faire injure (78) ; mais il y a quelque chose de forcé dans les railleries dirigées contre les soupçons du parti démosthénien (79), et cette défense de Philippe prend parfois l'aspect d'un avertissement. Par la même intention, l'auteur rappelle certains faits antérieurs ; l'on ne peut guère en douter quand on rapproche l'importance que la question du retour des bannis a eue pendant tout le règne d'Alexandre et en particulier sous le règne d'Alexandre (80), de la mention qui en faite à propos de Cyrus le jeune et d'Agésilas (81).

Ce n'est pas qu'Isocrate ne procède jamais par conseils directs ; au contraire il en use fréquemment (82), et surtout quand il demande à Philippe de faire preuve d'impartialité dans ses rapports avec les Grecs (83). Et l'union des deux procédés d'exhortation s'explique facilement : les sugestions portent sur les points où le roi de Macédoine doit modifier sa conduite passée, les conseils sur les questions toutes nouvelles qui se présentent à lui.

Isocrate va donc d'abord (car la réconciliation des Grecs est la condition préalable de la lutte contre les Barbares) examiner les rapports de Philippe avec les différentes citées grecques et principalement avec les quatre Etats qui passent encore pour les plus puissants (84); Athènes, Thèbes, Argos et Sparte. Et cet examen sera fait avec une franchise telle qu'elle en deviendra maladroite ; en insistant sur la faiblesse des « gran-

---

(78) *Philippe* 76-77.
(79) *Philippe* 75.
(80) Cf. [Démosthène] *Sur les traités avec Alexandre,* 10, 15-18 ; G. Mathieu, *Bibliothèque de l'Ecole des Hautes Etudes,* 216ᵉ fascicule, p. 18.
(81) *Philippe* 95 (Cyrus), 87 (Agésilas.)
(82) *Philippe* 35, 68, 73, 80, 107, 115.
(83) *Philippe* 80, 87.
(84) *Philippe* 30 et 46.

des puissances » grecques (85), Isocrate n'encourage-t-il pas Philippe à leur imposer sa domination? Du moins le manque d'habileté politique de cet exposé nous en garantit-il la sincérité.

Isocrate s'adresse à Philippe seul ; il remet à plus tard le soin d'instruire les villes grecques de leur rôle dans la future confédération (86). Peut-être le *Panathénaïque* se rattachera-t-il à cette idée ; l'orateur, pressé par le temps, y semble indiquer quelle place Athènes et Sparte doivent tenir dans la Grèce, bien que la condition préalable posée par lui en 346, l'union de tous les Grecs, semble plus loin que jamais de sa réalisation, surtout dans le sens qu'il indique, en 342 et en 339 (87). En 346, c'est la politique de Philippe à l'égard des cités grecques, et non pas l'inverse qu'il veut définir.

Athènes d'ailleurs tient assez peu de place dans le discours et ce qu'Isocrate en dit de plus net, se trouve presque entièrement rassemblé dans l'exorde. C'est que, pour lui, la paix de Philocrate règle définitivement les rapports de la Macédoine avec Athènes (88). Cependant il se rend compte que des conflits peuvent naître encore de certaines questions en litige ; et, comme il ne peut les supprimer toutes par son silence (89), il consacre tout le début de son discours à traiter celle qui tenait le plus à cœur aux Athéniens : la question d'Amphipolis. C'est d'ailleurs un renoncement réciproque qu'il demande aux deux adversaires (90) ; les Athéniens doivent se résigner à la perte de cette ville qui leur fut déjà si nuisible et se contenter de la possession sûre de la Chersonèse que la chute de Kersobleptès garantit contre toute incursion thrace (91); d'ailleurs

---

(85) *Philippe* 39-40, 47-55.

(86) *Philippe* 83.

(87) Il ne semble pas qu'il y ait lieu de croire avec Wendland (*Beiträge zu athenischer Politik und Publicistik der 4. Jahrhunderts*, dans les *Nachrichten der Königl. Gesellschaft der Wissenschaften zu Göttingen*, 1910, p. 138-142) qu'Isocrate souhaite alors une intervention de Philippe dans la politique intérieure d'Athènes.

(88) *Philippe* 56.

(89) Rien ne marque mieux l'opposition des caractères d'Isocrate et de Démosthène que *Philippe* 3 : ἐγὼ δὲ περὶ μὲν τῶν ἀμφισβητουμένων οὐδὲν ἀπεφαινόμην ; et *Première Philippique* 38 : εἰ μὲν ὅσ' ἄν τις ὑπερβῇ τῷ λόγῳ ἵνα μὴ λυπήσῃ, καὶ τὰ πράγμαθ' ὑπερβήσεται, δεῖ πρὸς ἡδονὴν δημηγορεῖν.

(90) *Philippe* 5-7.

(91) Ce n'est pas, je crois, trop forcer les intentions d'Isocrate qu'interpréter ainsi la fin du § 6.

une réconciliation des Grecs ne peut que satisfaire les justes revendications d'Athènes sur un autre territoire que lui ont enlevé les Thébains ; et, par cette allusion à Oropos (92), Isocrate s'associe à la politique de compensations dont Eschine et ses amis faisaient miroiter les avantages aux yeux des Athéniens (93). Quant à Philippe, il doit préférer l'immense avantage moral que présente l'amitié d'Athènes, au profit matériel que lui donne la possession d'Amphipolis (94) et Isocrate reprend avec un optimisme que la réalité n'a pu détromper, cet argument que Démosthène signalait déjà comme bien connu en 352 (95). Si jamais un conflit renaît, la faute en sera, pour la plus grande part du moins, aux démagogues (96) qui dominent le peuple athénien et l'ont empêché de prendre l'initiative de la lutte contre les Barbares. Mais Isocrate est bien persuadé qu'une telle catastrophe ne se reproduira pas et, comme en un symbole de l'alliance qu'il juge déjà réalisée, vers la fin de son œuvre (97), il place sur le même rang Héraclès et Thésée, l'ancêtre de la maison royale de Macédoine et le héros proprement athénien, fondateur de la démocratie (98).

Au contraire Thèbes est considérée par Isocrate comme la cause de tous les troubles dont souffre la Grèce ; et malgré ses souhaits de réconciliation générale il fait preuve d'une violence très grande contre les Thébains. Il ne fait d'ailleurs que répéter ce qu'avec plus ou moins de netteté il a dit dans le *Plataïque* et dans l'*Archidamos*. Certes, chez le héraut de la lutte contre la Perse, le souvenir de la trahison de 480 reste toujours vivant (99). Mais des souvenirs de jeunesse poussent encore Isocrate à se montrer sévère envers Thèbes ; enfant, il a connu les années où les « Béotiens de Phylé » enlevaient bœufs des paysans attiques (100) ; jeune citoyen, il a sans

(92) *Philippe* 53.
(93) Cf. Démosthène, *Sur la paix* 10 et *Sur l'ambassade* 22, 220, 326.
(94) *Philippe* 5-6.
(95) Démosthène XXIII *Contre Aristocratès* 111.
(96) *Philippe* 129.
(97) *Philippe* 144.
(98) Cf. sur ce dernier point *Hélène* 32, *Panathénaïque* 128 ; et aussi Euripide, *Suppliantes* 404 et suiv. ; Aristote, *Constitution d'Athènes* fr. 2, cité par Plutarque, *Thésée* 25.
(99) *Plataïque* 59-62.
(100) Aristophane, *Acharniens* 1023.

doute participé à ces gardes qu'imposait aux Athéniens la menace thébaine (101), mal conjurée par des trèves de dix jours (102); plus tard il a subi la guerre décélique (qui l'a ruiné) et craint en 404 pour l'existence même d'Athènes (103); et il n'était pas un démocrate assez déterminé pour être reconnaissant aux Thébains de l'appui prêté à Thrasybule. Aussi les ménage-t-il d'autant moins que Philippe a été otage chez eux et que l'orateur peut supposer que cette période de sa vie lui a également laissé de mauvais souvenirs. A la vérité il rappelle bien qu'Héraclès est l'objet d'un culte spécial à Thèbes (104), mais c'est principalement sur les excès des Béotiens qu'il insiste, sur leurs empiétements dans le Péloponnèse, en Thessalie, à Mégare, en Eubée, à Oropos (105). Ecrivant au moment où le bruit court que Philippe marche contre les Thébains et non contre les Phocidiens (106), il n'a pas un mot de blâme contre ces derniers et au contraire juge que les premiers s'estimeront heureux si, grâce à Philippe, ils peuvent obtenir la paix et rester maîtres de la seule Béotie (107).

Dans le Péloponnèse, Philippe pouvait compter sur la sympathie de tous les Etats autres que Sparte. Isocrate reconnaît le fait sans hésitation (108), et l'énumération qu'il fait des plus décidés : Argiens, Messéniens, Mégapolitains, coïncide avec celle que Démosthène fera quelques semaines plus tard (109). Il n'insiste pas sur les rapports de Philippe avec les derniers peuples, sans doute parce que l'alliance existait déjà et lui paraissait durable, ce qu'elle fut en effet (110). Mais Argos, bien qu'elle fût loin de jouer dans la politique grecque un rôle comparable à celui d'Athènes, attire plus son attention. C'est qu'Argos est la patrie des Héraclides, donc la ville avec la-

---

(101) Andocide, *Sur les Mystères* 45.
(102) Thucydide V 26, 2.
(103) Xénophon, *Helléniques* II 2, 19.
(104) *Philippe* 32. — Les Thébains portaient, comme insigne distinctif de leurs bouchers, la massue d'Héraclès (Xénophon, *Hellénique* VII 5, 20); cf. aussi, pour l'union de Thèbes et de la massue, Euripide, *Héraclès,* 467-471.
(105) *Philippe* 53.
(106) Démosthène, *Sur l'ambassade* 20-21, 74, 112 ; Eschine, *Sur l'ambassade* 136-137.
(107) *Philippe* 55 fin.
(108) *Philippe* 74.
(109) Démosthène, *Sur la paix* 18 ; cf. aussi *Sur l'ambassade* 261-262.
(110) Polybe XVII 14.

quelle Philippe a le plus de liens religieux (111) ; et d'autre part elle est celle où les troubles intérieurs ont pris la forme la plus grave. Les massacres de 370 sont encore vivants dans le souvenir d'Isocrate (112) qui d'ailleurs leur attribue pour seule cause la guerre avec Sparte, en négligeant le souvenir des révolutions sanglantes qui avaient déjà eu lieu en 418 et en 416. Philippe peut donc voir là plus qu'ailleurs combien son intervention est nécessaire ; et, de fait, parmi les Grecs se sont les Argiens qui bénéficieront le plus de la politique de Philippe ; car ils recevront en 346 une voix (113) au conseil amphictyonique et en 337 la Cynurie (114), et les deux fois ce sera aux dépens de leurs adversaires acharnés, les Lacédémoniens.

Ceux-ci ne sont guère mieux traités que les Thébains. Isocrate, qui rappelle leur ancienne hégémonie (115), insiste surtout sur leurs fautes (116), évidemment pour mettre Philippe en garde contre des erreurs analogues (117), mais aussi pour montrer combien est plus redoutable cet Etat qui, au moment où est écrit le discours, tente encore d'empêcher Philippe de franchir les Thermopyles (118). Pour rendre ce tableau plus frappant, l'auteur accumule en quelques lignes tous les événements qui depuis près de trente ans ont été défavorables aux Spartiates (119) : perte de quatre cents citoyens à Leuctres, invasion de la Laconie par Epaminondas, hostilité avouée des Messéniens, haine à peine dissimulée des autres Péloponnésiens, crainte d'une nouvelle intervention thébaine. Aucune de ces affirmations n'est fausse (120) ; à peine peut-on voir une exagération quand Isocrate fait des Messéniens les serviteurs (οἰκέται) révoltés des Spartiates ; mais visiblement il tient à montrer la décadence de cette ville qu'il considérera toujours comme la rivale la plus dangereuse d'Athènes.

------

(111) *Philippe* 32.
(112) *Philippe* 52.
(113) Foucart, *Etude sur Didymos* p. 91.
(114) Polybe IX 28, 7 ; XVII 14 7 ; Pausanias II 20, 1, VII 11, 2.
(115) *Philippe* 147.
(116) *Philippe* 43, 95, 99, 104.
(117) *Philippe* 86.
(118) Diodore de Sicile, XVI 59.
(119) *Philippe* 47-50.
(120) En 351 encore, les Thébains sont intervenus pour protéger Mégalopolis (Diodore XVI 39).

De ce tableau, une conclusion se dégage : les cités grecques ont besoin de paix et cependant elles ne se réconcilieront que si elles y sont forcées (121) : or Philippe peut imposer cette réconciliation et il a besoin qu'elle soit réalisée avant de partir pour la conquête de l'Asie (122) ; son devoir est donc tout tracé.

Philippe et la Perse. — Isocrate est à la fois plus prolixe et plus précis quand il parle de la lutte que Philippe doit entreprendre contre la Perse. C'est là en effet la partie la plus importante de son discours et celle où il exprime ses idées les plus anciennes. La réconciliation de la Grèce n'est que la préface de la lutte contre les Barbares ; c'est une opération indispensable, mais qui à elle seule ne peut suffire au bonheur de la Grèce ; et l'orateur ne manque pas d'insister sur le lien qui unit les deux parties de son discours (123). Et cette lutte même, en assurant la prospérité du monde grec affermira en lui la conscience de son unité comme l'ont déjà fait les guerres médiques (124). A plusieurs reprises (125), Isocrate rappelle que ce sujet a déjà été traité dans le *Panégyrique* ; et, à en juger d'après les termes qu'il emploie (126), ce dernier discours lui aurait même été uniquement consacré. C'est qu'Isocrate voit là en 346 la seule question essentielle et qu'il ne se soucie pas, en rappelant les titres à l'hégémonie que possèdent les rivaux de Philippe et spécialement les Athéniens, de souligner les difficultés de la réconciliation de la Grèce.

Aussi est-ce cette conviction qui lui fait affirmer l'unité de sa vie (127) toute entière consacrée à la prédication de cette lutte. C'est elle aussi qui nous empêche de voir simplement un excès de vanité littéraire dans le regret qu'à mots couverts

---

(121) *Philippe* 39-40.

(122) *Philippe* 15-16, 56, 88.

(123) Notamment *Philippe* 86.

(124) Cf. *Panégyrique* 173 : οὔτε γὰρ εἰρήνην οἷόν τε βεβαίαν ἀγαγεῖν, ἢν μὴ κοινῇ τοῖς βαρβάροις πολεμήσωμεν, οὔθ' ὁμονοῆσαι τοὺς Ἕλληνας, πρὶν ἂν καὶ τὰς ὠφελείας ἐκ τῶν αὐτῶν καὶ τοὺς κινδύνους πρὸς τοὺς αὐτοὺς ποιησώμεθα.

(125) *Philippe* 9, 11, 84, 93.

(126) *Philippe* 9 : la réconciliation des Grecs y est bien mentionnée, mais à titre accessoire, au moyen d'un participe (διαλυσαμέναις τὰ πρὸς σφᾶς αὐτάς).

(127) *Philippe* 130 ; cf. aussi 82.

Isocrate exprime d'avoir été devancé par la conclusion de la paix de Philocrate (128).

Cela étant, les raisons de l'hostilité contre la Perse sont supposées connues ; et l'auteur se dispense d'y faire plus que des allusions. Il rappelle bien les attaques des Perses contre la Grèce (129), l'intervention du Grand Roi dans les luttes entre Grecs (130), les projets de domination que certains attribuent encore à Okhos (131) ; mais il n'insiste pas ; une prédication de trente quatre ans — précédée d'ailleurs d'une action analogue, bien que moins continue, de Lysias et de Gorgias (132) — a rendu toutes ces idées familières à ses lecteurs. Il n'en est qu'une qu'il répète avec complaisance ; l'infériorité du Barbare par rapport au Grec (133) ; c'est qu'il se sent là en communion d'idées avec tous les Grecs du ve et du ive siècle ; depuis Euripide (134) jusqu'à Aristote (135), tous ont admis ce point comme indiscutable ; et quand Isocrate parle de subjuguer les Barbares (136), de les réduire à la condition d'hilotes (137), il est sûr de ne rencontrer chez personne d'opposition de principe et d'avoir seulement à démontrer que le projet est réalisable.

S'adressant à Philippe et n'ayant jamais lui-même pris part à la politique active (138), Isocrate se rend compte qu'il aurait mauvaise grâce à vouloir entrer dans le détail de la réalisation de son plan. Cependant, après avoir montré comment la situation future de la Grèce, unie sous Philippe, aidera celui-ci dans son expédition, il est en droit de lui indiquer ce qui, dans la situation de son adversaire, peut être favorable à ses desseins. Aussi revient-il à plusieurs reprises sur la faiblesse inhérente à l'empire perse (139), faiblesse qu'il a déjà signalée bien sou-

---

(128) *Philippe* 7.
(129) *Philippe* 42, 124, 147-148.
(130) *Philippe* 99-100.
(131) *Philippe* 76.
(132) Cf. G. Mathieu, *Les idées politiques d'Isocrate*, chap. III.
(133) *Philippe* 124, 139.
(134) Euripide, *Iphigénie à Aulis* 1400-1401, *Andromaque* 665-6, *Hécube* 1199-1201.
(135) Aristote, *Politique* 1252 b 8, 1256 b 5 et suiv.
(136) *Philippe* 140 (τοὺς βαρβάρους κατεστραμμένος), 154 (τῶν βαρβάρων ὡς πλείστων ἄρχειν).
(137) *Lettre* III 5 : ὅταν τοὺς βαρβάρους ἀναγκάσῃς εἱλωτεύειν τοῖς Ἕλλησι.
(138) *Philippe* 17-23, 81 (cf. *Lettre* I 9), 98, 105.
(139) *Philippe* 121, 124-125.

vent (140), et que, s'il faut en croire Xénophon (141), l'Arcadien Antiokhos avait dépeinte en termes amusants (142). Selon lui cette faiblesse s'est encore accrue sous le règne d'Okhos, et il étend complaisamment (143) ; il va même, pour établir un contraste plus fort entre le Grand Roi régnant et ces prédécesseurs, jusqu'à attribuer à Artaxerxès Mnémon une puissance qu'il lui déniait ailleurs (144) et jusqu'à dissimuler les lenteurs des satrapes qui pendant plus de deux ans avaient empêché Conon d'entreprendre des opérations navales contre les Lacédémoniens, lenteurs bien connues de lui pourtant puisqu'il en parle explicitement dans le *Panégyrique* (145). Un long développement est consacré à dépeindre cette faiblesse de l'empire perse vers 346 ; l'Egypte est indépendante de fait et en 357 le Roi en personne a échoué dans l'expédition qu'il a dirigée contre elle (146) ; la Phénicie, la Cilicie, Chypre ont bien été reconquis (147), mais tout ferment de révolte n'y est pas encore étouffé et en tout cas ces régions sont ruinées pour longtemps. Ces indications ne seront pas indifférentes à la cour de Macédoine et, avant de s'enfoncer au cœur de l'empire perse, dédaignant de poursuivre Darios Codoman après Issos, Alexandre ira tout d'abord s'assurer de la Syrie, de la Phénicie et de l'Egypte.

Il ne serait même pas difficile, selon Isocrate, d'attirer dans le parti macédonien le dynaste de Carie, Idrieus (148), frère et successeur de Mausole. Mais ici rien ne nous indique sur quoi Isocrate s'appuie pour parler de « *traitements indignes* » infligés à Mausole et de guerre entre Idrieus et la Perse ; disposait-il de renseignements qui se sont perdus depuis, ou n'y

---

(140) Cf. *Panégyrique* 121, 140-142, 145, 175-180 ; *Plataïque* 41 ; *Sur la Paix* 97-98.

(141) Xénophon, *Helléniques* VII 1, 38 : ὁ δὲ Ἀντίοχος … ἀπήγγειλέ τε πρὸς τοὺς μυρίους ὅτι βασιλεὺς ἀρτοκόπους μὲν καὶ ὀψοποιοὺς καὶ οἰνοχόους καὶ θυρωρους παμπληθεῖς ἔχοι, ἄνδρας δὲ οἳ μάχοιντ' ἂν Ἕλλησι πάνυ ζητῶν οὐκ ἔφη δύνασθαι ἰδεῖν.

(142) Il est curieux de noter que l'Arcadie est une région qui sera obstinément fidèle à la Macédoine dans les années qui vont suivre.

(143) *Philippe* 137, et surtout 101-104.

(144) Il faut à ce sujet comparer le *Philippe* 99-100 avec les paragraphes du *Panégyrique* signalés plus haut (note 140.)

(145) *Philippe* 63 ; cf. *Panégyrique* 142 où il est question de *trois* ans, parce que les événements se répartissent sur trois archontats (Souniadès, Phormion et Diophantos ; cf. Foucart, *Etude sur Didymos*, p. 139-140.)

(146) *Philippe* 101 ; cf. Diodore XVI 40 et 48 ; Elien, *Histoire variée* IV 8, 4.

(147) Vers 348 (Diodore XVI 40 et 45) ; cf. *Philippe* 102.

(148) *Philippe* 103.

a-t-il là qu'un écho de faux bruits accueillis avec trop d'empressement par ceux dont ils favorisaient les plans ? Nos connaissances actuelles ne nous permettent pas de le dire.

Isocrate croit même que certains satrapes accorderont une aide active à Philippe et qu'en leur promettant « la liberté » on les attirera dans le camp des Grecs (149). Comment concilie-t-il cette liberté avec les projets d'asservissement des barbares que nous exposerons plus loin ? Il néglige de nous le dire. D'autre part, dans le *Panégyrique* (150), il reconnaît le loyalisme dont les Asiatiques ont fait preuve à l'égard d'Artaxerxès Mnémon (il y voit d'ailleurs un signe de leur manque d'énergie). Mais depuis 380 des événements se sont produits qui expliquent, en partie du moins, les espoirs d'Isocrate ; entre 370 et 360, la plupart des satrapes d'Asie Mineure ont tenté de se rendre indépendants ; et en 347 l'un d'eux, Orontès, s'est encore révolté en Eolide. Les espoirs qu'Isocrate met en eux ne se réaliseront d'ailleurs pas lors de l'expédition d'Alexandre ; mais la cour de Macédoine, où se trouve alors Artabazos, va nouer des relations au moins avec un de ces dynastes, Hermias d'Atarnes, qui les paiera de sa vie (151).

L'orateur peut aussi donner des conseils au roi de Macédoine en rappelant les expéditions faites auparavant en Asie par les Grecs. Laissons de côté l'expédition mythique d'Héraclès (152) qui fournit à Isocrate des arguments plus moraux et religieux que politiques. Ce sont les expéditions des Dix-Mille et d'Agésilas que Philippe doit surtout étudier. D'ailleurs la conduite d'Agésilas, nous l'avons vu, doit surtout l'instruire des précautions à prendre à l'égard des cités grecques jalouses de leur autonomie (153). Au contraire l'aventure des Dix-Mille est pleine d'enseignements pour un futur conquérant de la Perse (154) ; on y voit comment les mercenaires, jusqu'ici dangereux pour la sécurité des Grecs, peuvent être facilement rassemblés et menés contre les Perses, comment une troupe,

---

(149) *Philippe* 104.
(150) *Philippe* 145-146.
(151) Cf. Foucart, *Etude sur Didymos*, p. 42-43, 112-113, 130-131, 132-135 ; Démosthène, *Quatrième Philippique*, 32 et scholie.
(152) *Philippe* 111-112.
(153) *Philippe* 86-87.
(154) *Philippe* 90-98.

même peu nombreuse, peut parcourir la plus grande partie de l'empire perse (du moins au point de vue des Grecs, qui avant Alexandre se soucient peu des régions orientales), et comment elle peut remporter des succès même dans les circonstances défavorables et sous un chef peu expérimenté (155). Or Philippe est pourvu d'une armée nombreuse et exercée et pourra l'augmenter par tous les mercenaires que rendra disponible la pacification de la Grèce ; d'autre part il sera soutenu par la sympathie et l'aide du monde grec tout entier. Sa victoire complète ne fait donc aucun doute.

Quels en seront les fruits ? Isocrate a souvent dit à Philippe qu'il devait agir à la fois dans son propre intérêt et dans celui de toute la Grèce. Ce serait donc peu pour lui que de voir l'expédition profiter à la seule puissance macédonienne (156). L'essentiel à son avis est de ramener en Grèce la prospérité que, malgré toutes les apparences, les barbares possèdent encore plus que les Grecs. A bien des reprises Isocrate répète ce terme d'εὐδαιμονία qui implique à la fois prospérité matérielle et bonheur ; et on voit que c'est là le but essentiel de son discours. Aussi une entreprise de colonisation doit-elle succéder à la conquête ; on devra établir sur les terres conquises tous les Grecs qui, chassés de leurs villes par les dissensions politiques ou par la misère, forment le gros des armées de mercenaires, toujours prêtes à servir — et à trahir — ceux qui les paient (157). Dix ans auparavant, en des termes presque identiques (158), Isocrate exposait un projet analogue ; mais alors c'était Athènes qui devait le réaliser, et c'est en Thrace que les Grecs devaient émigrer. Si maintenant il cherche un autre terrain pour l'expansion grecque, c'est que la puissance macédonienne, inconnue encore en 356, s'est emparée de ces terres libres jusque là ; et en incitant Athènes à renoncer à Amphipolis, en appelant les Grecs à établir leurs colonies seulement sur les terres barbares, en citant l'exemple des La-

---

(155) *Philippe* 97. En fait Clearkhos a été harmoste spartiate à Byzance.
(156) *Philippe* 134.
(157) *Philippe* 120-121.
(158) *Sur la Paix* 24 : καὶ μὲν δὴ καὶ τῆς Θράκης ἡμῖν ἐξέσται τοσαύτην ἀποτεμέσθαι χώραν ὥστε μὴ μόνον αὐτοὺς ἄφθονον ἔχειν, ἀλλὰ καὶ τοῖς δεομένοις τῶν Ἑλλήνων καὶ δι' ἀπορίαν πλανωμένοις ἱκανὸν δύνασθαι βίον παρασχεῖν.

cédémoniens établis à Cyrène (159), Isocrate, dès le début de son discours, laisse prévoir la solution qu'il indiquera à la fin.

On en revient donc au projet que proposait déjà le *Panégyrique* (160) : l'Asie Mineure, en entier ou en partie, devra être séparée de l'empire perse (161) et des villes grecques y seront fondées qui serviront de refuges aux déracinés et de rempart au reste de la Grèce. En 380, Isocrate parlait seulement de réunir à la Grèce la côte qui s'étend de Cnide à Sinope (162) et où les colonies grecques étaient nombreuses. Il restait alors, du moins pour la côte Sud, en deçà des limites reconnues à la zône d'influence athénienne par le traité de Callias en 449 (163). En 346, Philippe étant plus fort que les Grecs de 380 et Okhos moins puissant (selon notre auteur) qu'Artaxerxès Mnémon, le plan devient plus ambitieux. L'orateur prévoit même, sans y insister, la destruction complète de l'empire perse (164) et ne voit plus dans les limites du traité de Callias qu'un minimum acceptable seulement en cas d'échec (165). Mais la tâche essentielle selon lui, c'est, selon une formule qu'intentionnellement il emprunte à d'autres (sans les nommer), de « *couper l'Asie de la Cilicie à Sinope* » (166). L'expression qui semble avoir été inspirée par la géographie d'Hérodote (167), implique l'annexion de toute l'Asie Mineure aux frontières de laquelle les colonies de mercenaires formeront comme un glacis (168). Quant à l'ensemble du plan, c'est l'application à l'Asie Mineure du projet conçu antérieurement pour la Thrace, mais c'est aussi l'annonce de la poli-

---

(159) *Philippe* 5.

(160) *Panégyrique* 133-136.

(161) *Philippe* 120-122 ; cf. *Panégyrique* 36.

(162) *Panégyrique* 162.

(163) Le « traité de Callias » stipulait que la Perse renonçait à toute action militaire sur la côte entre les îles Chélidoniennes (à l'ouest de Phasélis) et les Cyanées (à l'entrée du pont Euxin), et à une journée de marche à l'intérieur des terres.

(164) *Philippe* 120 : ἢν ... μάλιστα μὲν πειραθῇς ὅλην τὴν βασιλείαν ἀνελεῖν.

(165) *Philippe* 123 : ἢν δ' οὖν τούτων διαμάρτῃς, ἀλλ' ἐκεῖνό γε ῥᾳδίως ποιήσεις, τὰς πόλεις τὰς τὴν Ἀσίαν κατοικούσας ἐλευθερώσεις.

(166) *Philippe* 120 : διαλαβεῖν τὴν Ἀσίαν, ὡς λέγουσί τινες, ἀπὸ Κιλικίας μέχρι Σινώπης.

(167) Hérodote II 34 : ἡ δὲ Αἴγυπτος τῆς ὀρεινῆς Κιλικίης μάλιστά κη ἀντίη κέεται. Ἐνθεῦτεν δὲ ἐς Σινώπην τὴν ἐν τῷ Εὐξείνῳ πόντῳ πέντε ἡμερέων ἰθέα ὁδὸς εὐζώνῳ ἀνδρί.

(168) *Philippe* 122 : προβαλέσθαι ⟨ταύτας τὰς πόλεις⟩ πρὸ ἁπάντων ἡμῶν.

tique d'Alexandre qui fondera un grand nombre de villes à la limite de son empire (169).

Une fois ce plan réalisé, l'empire de Philippe sera composé de trois groupes de peuples : Grecs, Macédoniens, barbares. Brièvement Isocrate indique comment devra être traité chacun d'eux : « *il faut être le bienfaiteur des Grecs, le roi des Macédoniens, le maître des Barbares* » (170). La formule concise peut être éclairée par d'autres : on connaît le conseil d'Aristote invitant Alexandre à agir en chef avec les Grecs, en maître avec les Barbares (171); à la fin de sa vie, Isocrate est encore plus net : « *les barbares doivent être les hilotes des Grecs* » (172). On peut donc imaginer que les villes dont l'orateur demande la fondation seront surtout des colonies militaires, tandis que les indigènes continueront à cultiver le sol au profit des conquérants.

Enfin Philippe qui aura pris l'initiative de cette réorganisation du monde grec et barbare, en retirera une gloire immortelle (173) ; et Isocrate voit en cela la récompense suprême. Cette gloire sera comparable, sinon à celle des héros divinisés comme Héraclès, du moins à celle des ἡμίθεοι et des guerriers de la légende (174); en y pensant, l'orateur est dans l'état d'esprit qui fait accepter l'apothéose, que dans les derniers jours de sa vie il prédira nettement à Philippe (175). Et, par un de ces procédés raffinés de composition dont s'enorgueillit Isocrate, le discours qui dans son début tirait ses conseils du souci de l'intérêt bien entendu, finit par les considérations les plus élevées sur la gloire et le désintéressement.

---

(169) Philippe emploie la même politique en Thrace où il a fondé Philippes en 357 et où il fondera Philippopolis en 343 ou 342. Cf. Kessler, *Isokrates und die panhellenische Idee*, pp. 21, 40, 57.

(170) *Philippe* 154.

(171) Plutarque, *Sur la fortune d'Alexandre* I 6.

(172) *Lettre III* 5 : ὅταν τοὺς μὲν βαρβάρους ἀναγκάσῃς εἱλωτεύειν τοῖς Ἕλλησι. Dans le *Philippe* 154, le mot ἐπιμελεία est employé pour désigner l'attitude de Philippe à l'égard des barbares; or c'est le même terme qui dans l'*Archidamos* 64 désigne celle des Spartiates à l'égard des Péloponnésiens.

(173) *Philippe* 136, 146-148.

(174) *Philippe* 144-145, 153.

(175) *Lettre* III 5.

IV

L'ACTION DU *PHILIPPE*

Quelle influence ces idées ont-elles eue sur la politique grecque et spécialement sur la conduite de celui à qui le discours était adressé ?

Isocrate certes jugeait que l'expression seule de l'idée était déjà une action suffisante (176), que le discours a atteint son but quand le public a été frappé de la beauté de la forme et de la nouveauté du sujet (177). Mais son optimisme le persuade que la valeur morale ou logique des idées oblige les faits à se conformer à elles (178). Aussi n'est-il pas étonnant que non content de vouloir agir par des discours sur la culture littéraire ou philosophique de ses contemporains, il ait prétendu aussi employer le discours — ou plus exactement la composition oratoire — à la direction de la politique de son temps (179). De là vient qu'il a donné sa forme définitive au discours « hellénique et politique » dont le *Panégyrique* est le premier exemple (180). Dans le dernier de ses ouvrages, le *Panathénaïque*, il revient encore à la définition de ce genre de discours et en indique les traités les plus frappants : l'emploi des traditions historiques et légendaires, transformées même, si besoin est, pour produire une leçon morale, l'appel aux idées générales et la discussion des grandes questions de politique grecque (181). Le *Philippe* est un de ces discours où Iso-

---

(176) *Nicoclès* 1 ; *Archidamos* 5 ; *Philippe* 4.

(177) *Panégyrique* 7-8 ; *Philippe* 98, 105, 110 ; *Lettre* V 1.

(178) *Archidamos* 36, *Philippe* 37.

(179) Sur toutes ces idées d'Isocrate, cf. G. Mathieu, *Les idées politiques d'Isocrate*, chap. IV.

(180) Isocrate insiste sur les caractéristiques de ce genre de discours dans le *Panégyrique* 3, 46, 66.

(181) *Panathénaïque* 246 : λόγον.... χαλεπὸν φανούμενον καὶ δυσκαταμάθητον, καὶ πολλῆς μὲν ἱστορίας γέμοντα καὶ φιλοσοφίας, παντοδαπῆς δὲ μεστὸν ποικιλίας καὶ ψευδολογίας, οὐ τῆς εἰθισμένης μετὰ κακίας βλάπτειν τοὺς συμπολιτευομένους, ἀλλὰ τῆς δυναμένης μετὰ παιδείας ὠφελεῖν τοὺς ἀκούοντας. Cf. aussi *Sur l'Echange* 65.

crate prétend unir le plaisir esthétique à l'action politique (182),
et l'auteur est si content de son œuvre qu'il pense, appuyé
sur le jugement de ses disciples (183), avoir droit à la reconnaissance de la Grèce entière.

Isocrate a-t-il atteint son but ? Le *Philippe* a-t-il été pour
ses premiers lecteurs un ouvrage de polémique politique pou-
vant avoir quelque influence sur les affaires de Grèce et de
Perse, ou une œuvre purement littéraire, sans résultat pratique ? Ceux qui ont étudié ce discours et l'ensemble de l'œuvre
d'Isocrate, ont sur ce point des opinions divergentes.

L'œuvre jugée par les modernes. — L'auteur anonyme de l'introduction (ὑπόθεσις) qui a été transmise par nos
manuscrits, ne croit pas que Philippe ait prête attention aux
projets suggérés par Isocrate, et il rejette tout l'effet du discours jusqu'à l'avènement d'Alexandre (184). Un jugement
encore plus sévère se fait jour chez les critiques ou les histo-
riens français qui ont eu récemment à s'occuper du *Philippe* :
Ouvré (185) ne voit dans les ouvrages d'Isocrate que pensées
superficielles et arrangement habile des périodes. MM. Cavaignac et Jardé s'expriment en termes encore plus durs sur les
idées politiques d'Isocrate (186). De même Kaerst étudiant

---

(182) Sur le *Philippe* considéré comme œuvre littéraire, voir plus loin *Introduction*, VII.

(183) *Philippe* 23 : ἐλπίζουσιν οὐ μόνον σὲ καὶ τὴν πόλιν ἕξειν μοι χάριν ὑπὲρ τῶν
εἰρημένων, ἀλλὰ καὶ τοὺς Ἕλληνας ἅπαντας.

(184) Ὑπόθεσις τοῦ πρὸς Φίλιππον λόγου, ἀδήλου τοῦ γράψαντος : .... Καὶ ὁ μὲν
Φίλιππος λαβὼν τὸν λόγον καὶ ἀναγνοὺς οὐκ ἐπείσθη τοῖς λεγομένοις, ἀλλ' ἀνεβάλετο
τέως · ὕστερον δὲ ὁ παῖς ὁ τούτου Ἀλέξανδρος ἀναγνοὺς τὸν λόγον καὶ ἐρεθισθεὶς
ἐστράτευσε κατὰ Δαρείου τοῦ ὑστέρου.

(185) H. Ouvré, *Les formes littéraires de la pensée grecque*, p. 509 : « Celui qui
jugea le *Panégyrique* plus profond que le *Phèdre* et le *Banquet*, prétendit que ses
déclamations avaient plus de force efficiente que les harangues de Démosthène.
Il refusa les leçons de métaphysique de Platon et voulut enseigner la diplomatie
à Philippe » ; *Ibid.*, p. 514 : « Où le rhéteur (*Isocrate*) ne trouve qu'un motif de
s'abandonner et de s'affadir, la politique (*Demosthène*) aperçoit mille raisons de
résister. » Cf. d'ailleurs Gomperz, *Les penseurs de la Grèce*, trad. Reymond, II,
p. 439 où il est question de la « réelle nullité » d'Isocrate.

(186) E. Cavaignac, *Histoire de l'antiquité*, II p. 232 : « Les idées qu'il a déve-
loppées lui-même dans ses écrits publiés ne valent certes pas le mal inouï qu'il
s'est donné pour en rendre l'expression parfaite. » — Jardé, *La formation du peuple grec*, p. 406 : « Ces discours où le balancement des périodes ne vise qu'à
plaire à l'oreille, où les arguments sont indifféremment empruntés aux temps les
plus mythiques ou à l'époque contemporaine, où Héraclès et Agamemnon voisi-
nent comme champions de l'hellénisme avec Jason de Phères et Philippe de Macé-

l'organisation de la ligue de Corinthe, y voyait un fait absolument nouveau et ne citait pas Isocrate parmi ceux qui ont pu contribuer à en préparer la formation (187).

D'autres reconnaissent qu'Isocrate s'aveugle, plus ou moins volontairement, sur la difficulté qu'il y a à concilier les revendications athéniennes et macédoniennes au sujet de Thrace et de la Chersonèse, mais avouent que Philippe a pu profiter de son action pour faire accepter plus facilement ses actes par l'opinion publique (188).

Une tendance contraire est représentée principalement par des érudits d'outre-Rhin. Ils voient dans Isocrate l'homme clairvoyant, le défenseur de la seule politique qui, à les en croire, pouvait sauver la Grèce par l'action de la Macédoine. Telle est l'opinion de Lenschau (189), d'E. Meyer (190) et, encore plus nettement celle de Kahrstedt (191). La politique contemporaine est intervenue pour renforcer cette opinioin ; et plus certains philologues allemands éprouvaient d'aversion pour Démosthène en qui ils voyaient l'avocat opposé aux rois, plus ils étaient portés à voir dans Isocrate le véritable politique et à faire, à vingt quatre siècles de distance, une assimiliation forcée du panhellénisme au pangermanisme (192). En se répétant, de telles affirmations n'ont pas été non plus

doine, sont des œuvres de pure rhétorique qui ne semblent pas être sorties d'un cercle restreint de lettres et dont on a grand'peine à retrouver l'influence sur la politique contemporaine. »

(187) Kaerst, *Der Korinthische Bund* (*Rheinischer Museum*, 1897, LII, p. 554.)

(188) Wendland, *Beiträge zu athenischer Politik und Publicistik der 4. Jahrhunderts* (*Nachrichten der Königlichen Gesellschaft der Wissenschaften zu Göttingen*, 1910, p. 135.)

(189) Lenschau, dans Kroll, *Die Altertumswissenschaft im letzten Vierteljahrhundert* (Leipzig, 1905) p. 167 : « Pendant qu'un homme comme Isocrate, avec ses tendances macédoniennes décidées, valait pour l'ancienne histoire comme le type du beau parleur sans saveur et sans force, l'érudition actuelle reconnaît en lui le premier publiciste hellénique qui seul en opposition avec les politiciens pratiques de son temps montrait la vraie compréhension de la situation d'alors et avec les ouvrages de qui doit commencer quiconque veut comprendre l'histoire grecque au ıv⁰ siècle. »

(190) E. Meyer, *Isokrates zweites Brief an Philipp und Demosthenes zweite Philippika* (*Sitzungsberichte der Berliner Akademie*, 1909, I, p. 765 et 775-776.)

(191) Kahrstedt, *Forschungen zur Geschichte des vierten Jahrhunderts*, p. 127-128 (où il parle du « grand élan national qui rend si sympathiques Eschine et Isocrate ») et p. 141-142 (où il s'agit, il est vrai, de la *Lettre* II et où le *Philippe* est passé sous silence.)

(192) Cf. Drerup, *Aus einer alten Advokatenrepublik*, 1916 (en particulier, p. 32).

sans influer sur le jugement que Deonna porte sur Isocrate
(193).

En face de telles contradictions, nôtre devoir est de recourir aux documents contemporains d'Isocrate et de voir si
après 346 certaines idées du *Philippe* se retrouvent chez les
hommes politiques d'Athènes ou de Macédoine.

Isocrate et Eschine. — Quand nous lisons le plaidoyer
qu'Eschine prononça dans le procès de l'Ambassade, nous
sommes frappés par de nombreuses ressemblances avec le
Philippe. Bien entendu il ne s'agit pas uniquement des allusions aux événements de 346, mais du jugement que les
deux auteurs portent sur la marche des événements et sur
les rapports d'Athènes et de la Macédoine. Isocrate et Eschine
sont d'accord pour admettre que la paix de Philocrate n'a
pas été de tous points favorable à Athènes (194), et, avec plus
de modération, ils nous rappellent que Démosthène la jugeait
« honteuse et indigne d'Athènes » (195). C'est par Eschine (196)
que nous connaissons surtout la situation difficile d'Athènes
en 346 ; mais le plan primitif d'Isocrate impliquait un tableau du même genre que la conclusion de la paix a fait
disparaître de la rédaction définitive (197). Plus frappantes
encore sont les rencontres entre les deux auteurs quand
ils parlent de la guerre sacrée. Isocrate attribue l'initiative
de la guerre aux Thébains, et s'il rappelle que les Phocidiens
ont employé les trésors de Delphes pour l'entretien de leur
armée, il s'abstient de les en blâmer (198). C'est avec la
même prudence qu'Eschine, lorsqu'il est chargé avec ses collègues de recevoir le serment de Philippe, parle des affaires
de Delphes au roi de Macédoine (199). Au contraire les Thébains ne sont pas ménagés par les deux orateurs. Isocrate dénonce leur ambition, leurs empiétements sur tous leurs voi-

---

(193) W. Deonna, *L'Eternel présent* (*Revue des Etudes grecques*, 1922, p. 149-150).
(194) Isocrate, *Philippe* 5 ; Eschine, II, *Sur l'Ambassade* 6 et 9.
(195) Démosthène, XIX, *Sur l'Ambassade* 150.
(196) Eschine II 70-72.
(197) Isocrate, *Philippe* 56.
(198) Isocrate, *Philippe* 54.
(199) Eschine II 114.

sins et semble leur imputer tous les troubles qui désolent la Grèce (200), fidèle en cela à l'hostilité qu'il a toujours montrée contre Thèbes et dont le *Plataïque* et l'*Archidamos* contiennent tant de témoignages. La même hostilité se trouve franchement avouée dans le plaidoyer d'Eschine (201) selon qui tous les Athéniens s'attendaient dans l'été de 346 à voir Philippe intervenir contre les Thébains (209). Quand Isocrate parle d'un territoire athénien pris injustement par les Thébains (203), il veut désigner Oropos que, selon des affirmations voilées d'Eschine (204), Philippe devait rendre à Athènes pour compenser la perte d'Amphipolis. Il arrive même que les arguments employés par les deux orateurs, quand ils s'adressent à Philippe, soient du même genre : si nous en croyons Eschine, dans le discours qu'il prononça devant Philippe lors de la première ambassade, il rappela au roi de Macédoine les services qu'Athènes avait rendus à Amyntas et à lui-même (205) et fit appel à la légende d'Acamas pour prouver les droits d'Athènes sur Amphipolis (206) ; quelques mois plus tard, à Pella, il insista sur les qualités morales que la Grèce s'attendait à trouver en Philippe (207). Or ces mêmes conseils de prudence et de générosité sont à plusieurs reprises donnés par Isocrate (208) qui rappelle également les services qu'Athènes a rendus aux ancêtres de la dynastie macédonienne (209), et l'emploi des légendes pour soutenir une thèse de morale politique est l'un des traits caractéristiques de l'art d'Isocrate qui dans le *Philippe* insiste longuement sur la légende d'Héraclès (210). De telles rencontres ne peuvent être fortuites et il

---

(200) Isocrate, *Philippe* 53-54.

(201) Eschine II 119 : Ἐγὼ γὰρ παρὰ Φιλίππῳ μὲν ὢν ἠξίωσα, πρὸς δ' ὑμᾶς ἥκων ἀπήγγελλον ὅτι τὰς Θήβας Βοιωτίαν δίκαιον ἡγοίμην εἶναι καὶ μὴ τὴν Βοιωτίαν Θήβας.

(202) Eschine II 136 : οὐ πάντες προσεδοκᾶτε Φίλιππον ταπεινώσειν Θηβαίους ὁρῶντα αὐτῶν τὴν θρασύτητα ;

(203) Isocrate, *Philippe* 53 : τὴν δ' ἡμετέραν πόλιν μέρος τι τῆς χώρας ἀπεστέρουν.

(204) Démosthène, XIX, *Sur l'Ambassade* 22 : εἶναι μέντοι καὶ ἄλλο διῳκημένον αὐτῷ, οὐ μήν πω τοῦτο βούλεσθαι λέγειν... · ὑπηνίττετο δ' οὕτω καὶ παρεδήλου τὸν Ὠρωπόν.

(205) Eschine II 26.

(206) Eschine II 31.

(207) Eschine II 114.

(208) *Philippe* 68 et 140.

(209) *Philippe* 33-34.

(210) *Philippe* 109-112. La légende d'Agamemnon est employée de façon analogue dans le *Panathénaïque* 72-89.

nous faut admettre qu'un des deux auteurs a agi sur l'autre.)
Or il y a lieu de considérer les arguments d'Eschine comme
datant plutôt de 343, moment où a lieu le procès de l'Ambassade, que de 346 ; et l'infériorité de sa culture explique qu'il
ait emprunté facilement des arguments et des procédés d'exposition aux orateurs de même tendance que lui (211).

D'autres traces de l'influence d'Isocrate sur les orateurs favorables à Philippe se laissent voir plus indirectement. Selon
Démosthène (212), Eschine après son retour de Macédoine pro-
testait violemment contre ceux qui accusaient Philippe ; or
c'est l'attitude qu'a adoptée Isocrate en divers passages de son
discours (213).

Démosthène, de son côté, dans le plaidoyer *contre Aristocratès*, fait allusion comme à un argument bien connu de
ses auditeurs, à l'intérêt qu'aurait Philippe à avoir l'amitié
d'Athènes plutôt que de posséder Amphipolis (214). Or c'est
l'idée même qu'Isocrate place en tête de son *Philippe* (215).

Tout nous conduit donc à penser que le discours d'Isocrate
n'a pas été sans influence sur les hommes politiques athéniens et a contribué tout au moins à fournir des idées aux
partisans de la Macédoine.

Isocrate et la politique de Philippe. — Le *Philippe*
semble avoir également été utilisé pour la rédaction de la
lettre que Philippe aurait adressée aux Athéniens sous l'archontat de Théophrastos (340-339) et qui forme le douzième
morceau du recueil démosthénien. Depuis longtemps il a été
reconnu que le style de cette lettre trahissait l'influence de

---

(211) Isocrate de son côté semble bien, dans le *Panathénaïque* 140, faire une
allusion au procès de Timarque, jugé en 345. Le *Panathénaïque* a été commencé
en 342, quand le procès de l'Ambassade venait d'attirer à nouveau l'attention sur
la rivalité d'Eschine et de Démosthène.

(212) Démosthène, XIX, *Sur l'Ambassade* 308 : οὕτω δ' ἀτόπους τινὰς ἐν τῇ πόλει
καὶ δυσχερεῖς ἀνθρώπους εἶναι ὥστ' οὐκ αἰσχύνεσθαι λοιδορουμένους αὐτῷ καὶ βάρβαρον αὐτὸν ἀποκαλοῦντας.

(213) *Philippe* 73-75.

(214) Démosthène, XXIII, *Contre Aristocratès* 111 : Φίλιππον.... ᾧ πολὺ δήπου
μᾶλλον ἐλυσιτέλει τὰς ἐξ ἁπάσης Μακεδονίας προσόδους ἀδεῶς λαμβάνειν ἢ μετὰ κινδύνων τὰς ἐξ Ἀμφιπόλεως, καὶ χρῆσθαι φίλοις αἱρετώτερον ἦν αὐτῷ τοῖς πατρικοῖς ὑμῖν
ἢ Θετταλοῖς.

(215) *Philippe* 5.

l'enseignement d'Isocrate (216). Mais dans le fond également on peut remarquer des analogies frappantes avec le discours même d'Isocrate. Philippe, dans sa lettre, appuie ses revendications sur l'histoire non seulement des dernières années, mais du siècle précédent (217), de même qu'Isocrate fait appel aussi bien au souvenir de Thésée ou d'Héraclès qu'à la réalité contemporaine pour justifier ses idées. Le Perse est représenté dans les deux ouvrages comme l'ennemi héréditaire des Athéniens et de tous les Grecs (218). Fait plus curieux : les souverains du ive siècle que cite Philippe sont précisément Evagoras et Denys (219) avec qui Isocrate s'était trouvé en rapports et dont le dernier était même cité en exemple dans le *Philippe* (220). Enfin, en deux endroits au moins, l'identité de pensée entraîne l'identité d'expression entre la lettre et le *Philippe* ; les deux écrivains attaquent dans les mêmes termes les orateurs du parti national, les accusant de ne chercher dans la guerre que leur profit personnel (221) et de ne composer leurs discours que d'injures (222).

Certes il y a de forts arguments contre l'authenticité absolue de la lettre, et ceux même qui l'admettent, entendent par là que le recueil démosthénien nous donne le texte qui fut lu à l'assemblée du peuple athénien, mais que cette lettre est dûe à un secrétaire de Philippe ou à un des écrivains fréquentant sa cour ; dès la fin du xviiie siècle, J. de Tourreil émettait l'hypothèse que la lettre avait été rédigée par Aristote (223), et H. Weil cite, à titre d'exemple seulement, les noms d'Eu-

---

(216) Cf. notamment H. Weil, *Les harangues de Démosthène*, p. 403, et les notes à XII, 1, 16, 18.

(217) [Démosthène] XII 7, 21.

(218) [Démosthène] XII 6-7.

(219) [Démosthène] XII 10.

(220) *Philippe* 65, 81.

(221) *Philippe* 73 : αἰσθάνομαι γάρ σε διαβαλλόμενον ὑπὸ τῶν ... τὴν εἰρήνην τὴν τοῖς ἄλλοις κοινὴν πόλεμον τοῖς αὐτῶν ἰδίοις εἶναι νομιζόντων. — [Démosthène] XII 19 : φασὶ γὰρ οἱ τῆς πολιτείας τῆς παρ' ὑμῖν ἔμπειροι τὴν μὲν εἰρήνην πόλεμον αὐτοῖς εἶναι, τὸν δὲ πόλεμον εἰρήνην. La pensée d'Isocrate est d'ailleurs citée par Aristote, *Rhétorique* 1410 b 29.

(222) *Philippe* 81 : οὔτε γὰρ φωνὴν ἔσχον ἱκανὴν οὔτε τόλμαν δυναμένην ὄχλῳ χρῆσθαι καὶ μολύνεσθαι καὶ λοιδορεῖσθαι τοῖς ἐπὶ τοῦ βήματος καλινδουμένοις. — [Démosthène] XII 19 : ἔτι δὲ τῶν πολιτῶν τοῖς γνωριμωτάτοις καὶ τῶν ἔξωθεν τοῖς ἐνδοξοτάτοις λοιδορουμένους ἐπὶ τοῦ βήματος.

(223) J. de Tourreil, *Remarques sur la lettre de Philippe (Œuvres de M. de Tourreil*, 1721, tome II, p. 412).

'mène de Cardia et de Python de Byzance (224). Mais comme
la lettre ne nous est pas transmise par le meilleur manuscrit
de Démosthène (Σ = *Parisinus* 2934), comme d'autre part Didymos (225) nous donne pour la fin un texte sensiblement différent de celui du recueil démosthénien, il semble à peu près
sûr que nous avons ici le texte tel qu'il figurait dans l'histoire
d'Anaximénès de Lampsaque (226).

Mais, même dans ce cas, il n'en est pas moins intéressant
de voir que cette lettre est inspirée du *Philippe*. En effet nous
avons affaire, non pas sans doute à une lettre réelle de Philippe, mais du moins à un remaniement d'un document authentique, fait par un historien contemporain. Nous pouvons
donc nous en servir pour connaître les idées du roi de Macédoine, aussi bien que nous nous servons des discours écrits
par Thucydide pour connaître les plans de Périclès. Et ceci
est d'autant plus légitime qu'Anaximénès a vécu à la cour de
Macédoine (227), que partisans et adversaires de l'authenticité
reconnaissent que l'auteur était bien informé de la politique
de son temps (228) et que son histoire est au plus postérieure
au procès de la Couronne (229) qui venait d'attirer à nouveau
l'attention publique sur tous les événements de 346 à 338.
Nous pouvons donc considérer comme à peu près évident
qu'en 340 le *Philippe* était encore assez estimé à la cour de
Macédoine pour qu'on jugeât utile d'y prendre des éléments
pour une note officielle adressée au peuple athénien.

Ce n'est pas seulement dans sa propagande auprès des Grecs,
mais aussi dans son action politique que la Macédoine a tenu
compte des idées exprimées par Isocrate dans le *Philippe*.
Nous avons déjà eu l'occasion de constater que Philippe, après
346, et ensuite Alexandre réalisent certaines idées proposées
par Isocrate. Parmi ces faits, il en est qui méritent qu'on y
insiste. Après Chéronée, Philippe remet à Athènes le territoire

---

(224) H. Weil, *Les harangues de Démosthène*, p. 403.
(225) Didymos, *Commentaire sur Démosthène*, colonne X, lignes 25-30.
(226) Foucart, *Etude sur Didymos*, p. 70-71 du tirage à part.
(227) Foucart, *Etude sur Didymos*, p. 70. — Anaximénès de Lampsaque est en
outre l'auteur de la *Rhétorique à Alexandre*, transmise sous le nom d'Aristote.
(228) H. Weil, *Les harangues de Démosthène*, p. 402-403; Foucart, *Etude sur
Didymos*, p. 70.
(229) Foucart, *Etude sur Didymos*, p. 67.

3

d'Oropos, enlevé à Thèbes (230) et satisfait ainsi une des revendications exprimées en 346 par Isocrate (231) ; la guerre contre la Perse, engagée en fait dès le moment où le Grand Roi avait secouru Périnthe, est poussée avec activité ; Philippe y convie tous les Grecs et fait passer en Asie une armée sous les ordres de Parménion (232), offrant ainsi un débouché aux mercenaires grecs, comme le conseillait l'orateur dix ans auparavant (233). Mais Philippe aurait-il complètement réalisé le plan d'Isocrate, poussé jusqu'aux limites de l'Asie Mineure (234) ? Ou bien n'aurait-il fait que reprendre les plans d'Agésilas ? Ou au contraire le succès l'eût-il entraîné aussi loin qu'Alexandre ? On ne peut répondre à ces questions sans s'égarer dans les hypothèses.

Isocrate et la politique d'Alexandre. — Philippe mort, Alexandre reprend et complète son œuvre en Grèce et en Asie ; alors encore toute influence isocratique n'est pas exclue chez le disciple d'Aristote. Les documents du ive siècle nous donnent peu de détails précis sur l'organisation de la ligue de Corinthe et la connaissance que nous en avons, reste assez fragmentaire (235). Néanmoins elle semble reposer sur quelques-uns des principes qu'a soutenu Isocrate. Le principe de la liberté et de l'autonomie des cités grecques est aussi fortement affirmé dans la constitution de la ligue (236) que dans l'œuvre d'Isocrate (237). L'exemption du tribut, aussi bien que l'appel à la liberté, est destinée à attirer les Grecs d'Asie (238) ; or l'utilité de leur appui et le moyen de l'ob-

---

(230) Pausanias, I, 34.
(231) *Philippe* 53.
(232) Diodore XVI 91, 2.
(233) *Philippe* 96, 120-121.
(234) C'est l'opinion d'E. Meyer, *Isokrates zweites Brief an Philipp und Demosthenes zweite Philippika* (*Sitzungsberichte* de l'Académie de Berlin, 1909, p. 766).
(235) Une inscription publiée par Cavvadias ('Αρχαιολογικὴ Ἐφημερίς, 1918, p. 128-148) nous donne quelques précisions, mais elle se rapporte à une réorganisation faite en 302 par Antigone Iᵉʳ et Démétrios Poliorcète ; cf. P. Roussel, *Revue archéologique*, 1923, p. 117 et suiv.
(336) [Démosthène], *Sur les conventions avec Alexandre*, 7.
(237) Cf. le *Panégyrique*, le discours *Sur la Paix* ; et, dans le *Philippe* 87-88, la critique d'Agésilas. Cf. aussi Kaerst, *Gesch. des hellenistischen Zeitalters*, 2ᵉ éd., I, p. 143.
(238) Kaerst, *Der korinthische Bund* (*Rheinisches Museum*, 1897, LII, p. 538).

tenir n'avaient pas échappé à l'orateur (239). Des mesures
sont prises pour éviter les coups de main des bannis (240).
D'autre part le roi de Macédoine, commandant en chef des
Grecs, reste en dehors de cette confédération qui lui confie cependant le pouvoir exécutif (241) ; et c'est précisément parce
que Philippe était dégagé de tout lien (ἄφετον) avec les cités
grecques qu'Isocrate l'avait choisi pour réaliser son idéal (242).
Enfin, si vraiment le statut politique des cités d'Asie échappe
à la compétence de la ligue et qu'il y ait là une manifestation
de l'absolutisme d'Alexandre (243), ce fait est la conséquence
logique de la différence d'attitude qu'Isocrate conseillait à Philippe à l'égard des Grecs et des sujets du roi de Perse (244).

Au contraire les campagnes d'Alexandre, par le fait même
que leurs résultats dépassaient de beaucoup les espérances
d'Isocrate — et de tous les Grecs, — ne nous montrent pas
d'influence de celui qui fixait comme limite à l'expansion
grecque une ligne tirée de la Cilicie à Sinope (245). Alexandre
en cherchant à assimiler les Perses aux Grecs, se libère à la
fois de l'enseignement d'Aristote (246) et des conseils d'Isocrate (247).

Ce n'est pas un pur discours d'apparat qu'Isocrate adressait
à Philippe dans l'été de 346. Les contemporains, surtout ceux
qui étaient favorables à la Macédoine, ont été vivement frappés de certains de ses arguments ; et, tout au moins tant que
vécut Philippe, la politique macédonienne n'a pas dédaigné de
s'inspirer dans ses mesures de quelques-unes des idées isocratiques.

---

(239) *Philippe* 104.
(240) [Démosthène], *Sur les conventions avec Alexandre,* 16 ; cf. *Philippe* 96,
120-121.
(241) Kaerst, *Rheinisches Museum*, LII, p. 534-535.
(242) *Philippe* 127. Il y a d'ailleurs lieu de noter une situation analogue dans les
rapports d'Athènes et des cités de la seconde confédération. Cf. Marshall, *The
second athenian confederacy*, p. 31.
(243) Kaerst, *Rheinisches Museum*, LII, p. 542-544.
(544) *Philippe* 154.
(545) *Philippe* 120.
(246) Plutarque, *Sur la fortune d'Alexandre,* I, 6 : Οὐ γὰρ, ὡς Ἀριστοτέλης
συνεβούλευεν αὐτῷ, τοῖς μὲν Ἕλλησιν ἡγεμονικῶς, τοῖς δὲ βαρβάροις δεσποτικῶς
χρώμενος.
(247) *Philippe* 154 ; *Lettre III* 5.

V

LES RAPPORTS D'ISOCRATE ET DE PHILIPPE
ENTRE LES DEUX GUERRES SACRÉES (346-339)

La publication du *Philippe* inaugurait entre Isocrate et la cour de Macédoine des rapports qui ne devaient cesser que par la mort de l'orateur. Le succès de l'ouvrage avait été si net que les disciples d'Isocrate songèrent à suivre le conseil donné par leur maître (248) et à compléter de leur mieux son œuvre. Du moins savons-nous que Théopompe adressa à Philippe une *Lettre* (c'est-à-dire un traité de politique et de morale) dont Didymos nous cite quelques lignes (249). La date ne peut en être déterminée avec exactitude ; tout ce qui est certain, c'est que l'ouvrage, antérieur à la mort d'Hermias d'Atarnes (341), est postérieur à la paix de Philocrate (250). Théopompe, comme Isocrate, y incitait Philippe à assumer la direction des Etats grecs (251) et lui indiquait des alliés possibles en Asie-Mineure (252). L'analogie de sujet et de procédé avec l'œuvre d'Isocrate est donc frappante.

Les relations d'Isocrate avec Philippe et son entourage durent se manifester par un certain nombre de lettres d'un tour moins oratoire que le discours publié en 346. Quatre seulement de ces missives nous ont été conservées dans le recueil des œuvres isocratiques ; et encore l'authenticité de certaines a-t-elle, nous le verrons, été vivement attaquée. Mais il n'est pas douteux que d'autres lettres aient existé et nous verrons en particulier que la *Lettre V* (à Alexandre) suppose l'existence d'une lettre à Philippe que nous ne possédons plus.

------

(248) *Philippe* 85 et 110.
(249) Didymos, colonne V, ligne 21.
(250) Foucart, *Etude sur Didymos*, p. 104-105.
(251) C'est sans doute cette *Lettre à Philippe* que Théon d'Alexandrie (*Progymnasmata* 8) appelle *Eloge de Philippe* et dont il nous a conservé une phrase : εἰ βουληθείη Φίλιππος τοῖς αὐτοῖς ἐπιτηδεύμασιν ἐμμεῖναι, καὶ τῆς Εὐρώπης πάσης βασιλεύσει (Théopompe, fragment 285 = *Fragm. histor. graec*, éd. Müller, I, p. 327).
(252) Foucart, *Etude sur Didymos*, p. 105.

La Lettre II. — La plus ancienne des lettres conservées
est la deuxième du recueil (*Lettre II*, à Philippe). Si Isocrate
écrivit au roi de Macédoine dans les deux années qui suivirent
la paix de Philocrate, alors que les rapports entre Athènes et
la Macédoine étaient officiellement satisfaisants, aucune trace
ne nous en est restée. Mais les auteurs de notre recueil nous
ont conservé en raison à la fois de son sujet et de l'événement
mémorable qui en fut l'occasion, la lettre que l'orateur adressa
à Philippe au moment où celui-ci venait d'être blessé et où il
semblait de nouveau devoir intervenir activement dans les
affaires de Grèce. Le commentaire de Didymos sur Démosthène
nous montre quel intérêt excitait chez les anciens tout ce qui
se rapportait aux blessures de Philippe (253) ; et on s'explique
ainsi que la lettre d'Isocrate ait été conservée pour grossir le
dossier où figuraient aussi Théopompe, Marsyas, Douris et Cal-
listhène. Le texte de Didymos nous est également précieux en
ce qu'il nous permet de fixer la date de la lettre. En effet, avant
sa découverte, aucun document sûr ne nous renseignait sur les
événements auxquels la lettre fait allusion, et Wilamowitz
n'avait que des arguments subjectifs à donner pour en affirmer l'authenticité et en placer la date en 341-0 (254). Il est
vrai que le *Panathénaïque* (§ 64) contient un renvoi formel à
la fin du § 16 de la *Lettre II* et qu'ainsi l'authenticité de celle-ci
nous est attestée par l'auteur lui-même. Mais surtout maintenant voyons trop nettement le lien de la lettre avec la politique
contemporaine pour que nous puissions encore croire à une
falsification et pour que les divergences de date puissent ex-
céder quelques mois.

Pour écrire à Philippe, Isocrate prend occasion de la blessure que celui-ci reçut à la clavicule droite lors de sa campagne contre le roi illyrien Pleuratos (255). M. Foucart date cette
campagne de 345 (256) ; E. Meyer la reporte au printemps

---

(253) Foucart, *Etude sur Didymos*, p. 63-66.
(254) Wilamowitz-Mœllendorff, *Aristoteles und Athen*, II, p. 397-398.
(255) Didymos, colonne XII, lignes 63 et suivantes. Diodore, XVI 93, 6, nomme
le même roi Pleurias. Cf. Foucart, *Etude sur Didymos*, p. 118-120.
(256) Cf. Foucart, *Etude sur Didymos*, p. 118.

de 344 (257). C'est à cette dernière date que nous tendrions à nous rallier ; car les termes dans lesquels Isocrate parle du danger couru alors par Philippe (258), semblent nous empêcher d'admettre un trop long intervalle entre les divers événements auxquels l'orateur fait allusion. Cette blessure avait fait grande impression sur les Grecs, comme toutes les blessures de Philippe (259) ; et en particulier à Athènes les moins clairvoyants parmi les adversaires de la Macédoine avaient espéré une fois de plus qu'on en avait fini avec le roi (260). Mais quelle qu'eût été la gravité de l'alerte, il n'y a pas lieu de s'en exagérer l'importance et de reporter la composition de la *Lettre II* jusqu'en mai 343, comme le fait Kahrstedt (261) qui d'ailleurs, passant sous silence le *Philippe*, voit dans cette missive le premier indice de rapports entre Isocrate et Philippe. Au moment où écrivait Isocrate, l'émotion soulevée par cet incident n'avait pas encore disparu et Philippe était sans doute à peine rétabli. Car Isocrate parle trop longuement du danger couru par le roi pour qu'on y voie un simple motif d'exorde. Or quelques mois plus tard, Philippe fait preuve d'une activité politique qui témoigne de son complet rétablissement.

En effet, en moins d'un an, Philippe envoie deux ambassades à Athènes : l'une avant l'hiver de 344 (262), l'autre, conduite par Python de Byzance, au printemps de 343 (263). C'est qu'à ce moment le parti démosthénien fait preuve de plus d'activité à Athènes ; et en Grèce s'affirme une certaine résistance à la politique macédonienne : Sparte reprend sa politique hostile aux Messéniens et aux Mégalopolitains, amis de Philippe,

---

(257) E. Meyer, *Isokrates zweites Brief an Philipp und Demosthenes zweite Phi lippika* (*Sitzungsberichte* de l'Académie de Berlin, 1909, p. 761-762).

(258) *Lettre II* 12.

(259) Foucart, *Etude sur Didymos*, p. 64 et 118.

(260) Des sentiments analogues s'étaient fait jour déjà en 351 (cf. Démosthène, IV, *Première Philippique*, 10-11) ; et une simple absence devait les faire renaître en 342 (cf. Démosthène, VIII, *Sur les affaires de Chersonèse*, 35-36).

(261) Kahrstedt, *Forschungen...*, p. 85. — Kessler, *Isokrates und die panhell. Idee*, p. 63, va jusqu'à 342-1.

(262) Denys d'Halicarnasse, *Première lettre à Ammée*, 10. Cf. E. Meyer, *Sitzungsberichte* de l'Académie de Berlin, 1909, p. 770 ; P. Cloché, *La Grèce de 346 à 339* (*Bulletin de correspondance hellénique*, 1920, p. 117).

(263) Eschine, II 125 ; Démosthène XVIII, *Sur la Couronne*, 136 ; VII, *Sur l'Halonnèse*, 20-22. Cf. E. Meyer, *Sitzungsberichte...*, 1909, p. 775-778 ; P. Cloché, *Bulletin de correspondance hellénique*, 1920, p. 124-126.

et Athènes lui paraît favorable (264) ; en même temps se préparent les procès auxquels Philocrate et Eschine seront exposés en 343 pour leur rôle dans la paix de 346. Athènes et Philippe sont donc en état de conflit presque déclaré. Or, tandis qu'Isocrate invite de façon pressante Philippe à s'assurer la bienveillance d'Athènes (265) et qu'il insiste sur les attaques dont il est l'objet, il ne dit point que le roi de Macédoine ait déjà cherché à mettre fin au conflit et que ses conseils ne soient que des encouragements (au contraire de ce qu'il fait quand il parle du soin que Philippe doit prendre de sa sûreté). Nous devons donc admettre que la lettre est antérieure non seulement à l'ambassade de Python, comme le dit von Hagen (266), mais même à l'ambassade qui provoqua la *Deuxième Philippique*.

Comme Isocrate parle des rapports des Thessaliens avec Philippe en des termes analogues à ceux qu'il employait en 346 (267), on peut admetre que la réorganisation accomplie en Thessalie à l'automne de 344 (268) n'était pas encore faite. Aussi fixerons-nous, comme E. Meyer (269), la composition de la *Lettre II* à une date qui ne peut être postérieure à août ou au plus à septembre 344.

Trois idées remplissent cette lettre : des conseils de prudence à Philippe (§ 1-10), un rappel des projets de lutte contre les Barbares (§ 11), un appel à une politique d'amitié à l'égard d'Athènes (§ 14-23). En conseillant la prudence à Philippe qui a failli récemment périr dans un engagement de cavalerie, Isocrate insiste sur cette idée que c'est de la vie du roi que dépend la réussite de tous ses plans et que les devoirs du chef sont différents de ceux du simple soldat (270). Certes on peut

---

(264) E. Meyer, *Sitzungsberichte....*, 1909, p. 774 ; P. Cloché, *Bulletin de correspondance hellénique*, 1920, p. 117. Cf. Démosthène, *Deuxième Philippique* et argument de Libanios.

(265) *Lettre II* 13-23.

(266) Von Hagen, *Isokrates und Alexander* (*Philologus*, 1908, LXVII, p. 122-123).

(267) *Lettre II* 20 : δικαίως κέχρηται Θετταλοῖς καὶ συμφερόντως ἐκείνοις, ἀνδράσιν οὐκ εὐμεταχειρίστοις, ἀλλὰ μεγαλοψύχοις καὶ στάσεως μεστοῖς; cf. *Philippe* 20 : οὐ Θετταλοὺς ... οὕτως οἰκείως πρὸς αὐτὸν διακεῖσθαι πεποίηκεν ὥσθ' ἑκάστους αὐτῶν μᾶλλον ἐκείνῳ πιστεύειν ἢ τοῖς συμπολιτευομένοις.

(268) Démosthène, VI, *Deuxième Philippique* 22.

(269) E. Meyer, *Sitzungsberichte* de l'Académie de Berlin, 1909, p. 762-763 ; cf. aussi Beloch, *Griechische Geschichte*, 2e éd., III, 2, p. 289.

(270) *Lettre II* 3-5, 9.

voir là une conception « moderne » (271) des devoirs du chef d'armée, conception qui ne fut d'ailleurs acceptée ni par Philippe ni par Alexandre. Mais cette idée est aussi provoquée chez Isocrate par le souci qu'il a de la personne de Philippe sans qu'il porte aucun intérêt au royaume de Macédoine (272). Philippe, plus qu'un chef d'Etat, est l'ἡγεμὼν désigné pour la grandeur de la Grèce, et c'est à ce titre qu'il doit ménager sa vie.

Les projets de lutte contre les Barbares sont brièvement rappelés ; et si l'idée essentielle du *Philippe* est nettement résumée dès le début (273), Isocrate se borne à quelques formules frappantes (274). C'est que la réconciliation de la Grèce, condition préalable de l'expédition contre les Barbares, est plus éloignée qu'en 346 ; les conflits ont repris entre Athènes et Philippe, et c'est à les faire disparaître qu'on doit tout d'abord s'appliquer.

Isocrate attribue à Athènes seule, et surtout à ses hommes politiques, la responsabilité de ces conflits (275). Mais en disant que seuls les dieux ne commettent pas de fautes (276), en insistant sur l'avantage que Philippe trouvera dans un rapprochement avec Athènes (277), il exhorte à mots couverts le roi de Macédoine à modifier sa politique. Il n'est plus question ici comme dans le *Philippe* d'unir la force à la persuasion (278); et la domination déguisée qu'Isocrate souhaitait en 346, se transforme en une alliance sur un pied d'égalité.

Ces conseils ne devaient pas être complètement inutiles à la politique macédonienne. A la fin de 344, une ambassade de Philippe se plaignait au peuple athénien de calomnies répandues, par les orateurs et analogues à celles que dénonçait Isocrate (279). En même temps, inaugurant une politi-

---

(271) E. Meyer, *Sitzungsberichte* de l'Académie de Berlin, 1909, p. 764.
(273) *Lettre II* 3 ; cf. *Philippe* 70.
(273) *Lettre II* 1-2.
(274) *Lettre II* 11.
(275) *Lettre II* 14-16 ; cf. *Philippe* 8.
(276) *Lettre II* 16 ; cf. *Philippe* 35.
(277) *Lettre II* 17.
(278) *Philippe* 15-16.
(279) Démosthène, VI, argument de Libanios : ἔπεμψε πρέσβεις ὁ Φίλιππος πρὸς τοὺς Ἀθηναίους, αἰτιώμενος ὅτι διαβάλλουσιν αὐτὸν μάτην πρὸς τοὺς Ἕλληνας ὡς ἐπαγγειλάμενον αὐτοῖς πολλὰ καὶ μεγάλα, ψευσάμενον δέ.

que de concessions (au moins verbales), Philippe faisait répandre le bruit qu'il allait se montrer plus indulgent pour les Phocidiens (280) ; et au printemps de 343 Python de Byzance était chargé par lui d'offrir aux Athéniens une révision de la paix de 346 (281). Les idées chères à Isocrate devaient à Athènes même profiter de cette attitude conciliante de Philippe ; et quand au printemps de 343 une ambassade perse se présentait à Athènes, les efforts du parti démosthénien (282) ne pouvaient empêcher qu'une réponse peu satisfaisante lui fût faite (283). Ceux qui traitaient le Perse de « *barbare* » et d' « *ennemi commun des Grecs* » avaient donc gain de cause ; et il ne nous est pas interdit de croire qu'Isocrate entre autres, est visé par Hégésippe quand il parle de ceux qui ont « *fait la leçon* » à Python de Byzance (284).

La Lettre V. — La cinquième lettre du recueil Isocratique est adressée à Alexandre, et nous voyons par sa première phrase qu'elle accompagnait une lettre à Philippe. On a été tout naturellement tenté de supposer qu'elle avait été envoyée en même temps que la *Lettre II* telle était l'opinion d'Auger (285), et c'est à elle que se ralliait Wilamowitz quand il fixait la date des deux lettres en 341 ou 340 (286). Mais il nous est impossible de conserver cette opinion maintenant que nous savons que la *Lettre II* date de 344 et nous ne pouvons nous rallier à cette solution que proposent Cavaignac et Beloch (287).

---

(280) Démosthène, VI, 14-16.

(281) [Démosthène] VII, *Sur l'Halonnèse*, 21-22. Cf. Wendland, *Isokrates und Demosthenes (Nachrichten der Königlichen Gesellschaft der Wissenschaften zu Göttingen*, 1910, p. 305).

(282) Démosthène, X, *Quatrième Philippique*, 33-34.

(283) Androtion et Philokhoros, cités par Didymos, colonne VIII, lignes 8 et suivantes ; cf. Foucart, *Etude sur Didymos*, p. 160-163 ; Cloché, *Bulletin de correspondance hellénique*, 1920, p. 124-126. — Au même moment, Eschine est acquitté, à trente voix de majorité seulement il est vrai.

(284) [Démosthène] VII, 23 : ἔλεγε δὲ ⟨Πύθων⟩ τούτους τοὺς λόγους .... ὑπὸ τῶν ἐνθάδε διδασκάλων προδεδιδαγμένος. Cf. Wendland, *Nachrichten Göttingen*, 1910, p. 306.

(285) *Isocratis opera omnia*, éd. A. Auger, 1782.

(286) Wilamowitz-Mœllendorff, *Aristoteles und Athen*, II, p. 398. Drerup (édition, t. I, p. CLXI), agit de même en datant les deux lettres de 342-1, (il les sépare dans *Aus einer alten Advokatenrepublik*, p. 39).

(287) Cavaignac, *Histoire de l'antiquité*, II, p. 402, note 6 ; — Beloch, *Griech. Gesch.*, 2ᵉ éd. III, 2, p. 32.

En effet, à ce moment, Alexandre est âgé de douze ans à peine, étant né à la fin de 356 (288), trop jeune par conséquent, quelle que fût sa précocité, pour s'intéresser aux questions dont parle la *Lettre V*.

En effet, après avoir félicité Alexandre de la sympathie qu'il témoigne aux Athéniens, Isocrate l'approuve pour son goût pour la philosophie, lui accorde que l'éristique peut avoir quelque utilité pour les simples particuliers, mais l'incite vivement à se consacrer surtout à la rhétorique qui, selon lui, est la véritable science du gouvernement.

Nous avons là un épisode de la lutte qu'Isocrate ne cessa de mener contre ses rivaux, un résumé des déclarations de principe que contiennent le *Contre les Sophistes* et le discours *Sur l'Echange*. D'ailleurs ici Isocrate ne s'oppose pas uniquement aux purs éristiques, mais aussi aux dialecticiens de l'école de Platon (289) ou de celle d'Aristote. Nous devons donc reporter la lettre au moment où ce dernier est précepteur d'Alexandre : le programme d'éducation du fils de Philippe était devenu une matière à controverse entre les deux écoles (290), comme l'était aussi l'appréciation du rôle et du caractère d'Hermias (291).

Notre lettre n'est donc pas antérieure à 343/2, date où commence le préceptorat d'Aristote. Comme d'autre part, contrairement à la *Lettre IV*, la *Lettre V* ne fait nulle allusion à des hostilités, ni même à des difficultés entre Philippe et Athènes, elle est certainement antérieure, et au moins de plusieurs mois, à la déclaration officielle de guerre qui se produisit en octobre 340. Si nous admettons avec Wilamowitz (292) qu'Alexandre et Philippe n'ont pu se trouver réunis que pendant les quartiers d'hiver du roi de Macédoine, nous arrivons à une précision

---

(288) Arrien, *Anabase*, VII 28, citant Aristoboulos à propos de la mort d'Alexandre.

(289) La prédiction qui termine la lettre rappelle d'ailleurs, et sans doute avec intention, celle que dans le *Phèdre* 279 A Socrate fait au sujet d'Isocrate même et que celui-ci considère peut-être à la fin de sa vie comme un éloge mérité.

(290) Cf. aussi la *Rhétorique à Alexandre* d'Anaximénès de Lampsaque, à laquelle un rhéteur de la période romaine a ajouté une préface formée de centons isocratiques.

(291) Sur la polémique au sujet d'Hermias, cf. Foucart, *Etude sur Didymos*, p. 42 et suivantes.

(292) Wilamowitz-Mœllendorff, *Aristoteles und Athen*, II, p. 398.

supplémentaire. Von Hagen (293) songe au début du préceptorat, donc à l'hiver de 342/1 ; E. Meyer (294) reprend, avec d'autres arguments, la date de 341/0, proposée par Wilamowitz. Il ne nous semble pas que l'on puisse jamais se décider de façon certaine entre ces deux dates ; qu'il nous suffise de savoir que ce sont les seules entre lesquelles on peut hésiter.

La Lettre IV. — La *Lettre IV* est à la fois la moins importante de celles qu'Isocrate a adressées à des Macédoniens et celle qui soulève le problème le plus embarrassant. Tout d'abord quel en est le destinataire ? Les manuscrits de la vulgate nomment Philippe (comme ils font pour la *Lettre I* qui est sûrement adressée à Denys de Syracuse) ; l'*Urbinas* 111 et ses dérivés (*Vaticanus* 936 et *Ambrosianus* O 144) désignent Antipatros, mais la suscription est plus récente que le texte dans les deux premiers de ces manuscrits. Depuis Bekker, les éditeurs sont tous d'accord pour préférer l'envoi à Antipatros, la faute qui l'a fait attribuer à Philippe étant toute naturelle vu la place de la lettre entre une lettre à Philippe et une à Alexandre. Isocrate avait sans doute connu Antipatros lorsque celui-ci vint en mission à Athènes soit en 346 soit plus tard (après Chéronée, c'est lui que Philippe enverra encore à Athènes, et nous savons qu'outre l'ambassade conduite par Python de Byzance au printemps de 343, des ambassades macédoniennes se trouvèrent à Athènes à l'automne de 344 et au printemps de 342).

La lettre est-elle authentique ? On en a douté pour des raisons de fond et surtout de forme. C'est une lettre de recommandation adressée à Antipatros en faveur d'un certain Diodotos, disciple d'Isocrate, et de son fils. Tous deux veulent s'établir en Macédoine et Isocrate demande pour eux la protection d'Antipatros en insistant surtout sur les qualités de Diodotos et sur sa franchise qui l'a brouillé avec plusieurs souverains d'Asie.

---

(293) Von Hagen, *Isokrates und Alexander* (*Philologus*, 1908, LXVII, p. 121.)
(294) E. Meyer, *Sitzungsberichte* de l'Académie de Berlin, 1909, p. 763, note 3.

Certes ce Diodotos nous est absolument inconnu (295), mais nous sommes loin de connaître tous les disciples d'Isocrate. Et si c'est dans le genre de la « lettre de recommandation » que la falsification est la plus tentante, il est tout aussi naturel de penser qu'un chef d'école comme Isocrate, en rapports constants avec des souverains et des hommes d'Etat, a dû en écrire un grand nombre, et le plus étonnant n'est pas que celle-ci ait été conservée, mais bien qu'elle ait été la seule.

Restent les doutes appuyés sur des arguments de forme. Keil (296) s'est employé à démontrer que le style de la lettre interdisait de l'attribuer à Isocrate ; Blass (297) n'a pas été convaincu par cette démonstration, mais Wilamowitz (298) l'a reprise en insistant sur deux points en particulier : les mots ἄττα σίνη que nous lisons l'un à côté de l'autre (299) seraient absolument contraires à l'usage d'Isocrate. L'argument ne nous semble pas sans réplique. Nous avons ici, il est vrai, le seul exemple d'ἄττα dans l'œuvre d'Isocrate ; mais, commençant par une voyelle, ce mot devait être embarrassant pour un ennemi de l'hiatus et si Isocrate lui a le plus souvent préféré son équivalent τινά, il n'y a pas plus lieu de s'en étonner que de le voir employer διότι au lieu de ὅτι ou διττούς au lieu de δύο. Quant à σίνη, c'est évidemment un mot rare et plutôt poétique, mais est-ce le seul de cet ordre dans le vocabulaire d'Isocrate ? Si nous ne craignions de paraître trop subtils nous serions tentés d'admettre que l'écrivain a voulu relever ici par son expression ce que l'idée pouvait avoir à ses yeux de trop peu noble (300). Mais surtout nous avouerons que le procédé même de discussion de Keil et de Wilamowitz se heurte dans notre esprit à une objection de principe : les autres lettres d'Isocrate sont adressées à des chefs d'Etat et

---

(295) Y a-t-il plus qu'un rapport fortuit de nom avec Diodotos d'Erythrées qui collabora avec Eumène pour les *Ephémérides d'Alexandre?* Rien ne permet de se décider dans un sens ou dans l'autre.

(296) Keil, *Analecta Isocratea,* p. 142.

(297) Blass, *Die attische Beredsamkeit,* 2ᵉ éd., II p. 329 ; *Unechte Briefe (Rheinisches Museum,* 1899, LIV, p. 34-35.)

(298) Wilamowitz-Mœllendorff, *Aristoteles und Athen,* II, p. 393-394 ; *Unechte Briefe (Hermes,* 1898, XXXIII, p. 493.)

(299) *Lettre IV* 11 : τὸ σωμάτιον οὐκ εὐκρινὲς ὄν, ἀλλ' ἔχον ἄττα σίνη.

(300) Blass (*Rheinisches Museum,* 1899, LIV, p. 35) voit au contraire ici une expression empruntée à Diodotos (ou plus exactement à son fils.)

portent sur des questions politiques, celle-ci seule est véritablement une lettre particulière (301). Vouloir y trouver les
mêmes phrases que dans les autres, c'est adopter le principe
qui fait suspecter les plaidoyers d'Isocrate parce qu'ils ne ressemblent pas aux discours épidictiques. Disons même qu'à
notre avis un faussaire aurait eu soin, pour n'éveiller aucun
soupçon, de prendre modèle sur les autres lettres d'Isocrate.

Enfin la conclusion même de Wilamowitz nous semble
étrange. Il émet l'hypothèse que nous avons affaire à un exercice de rhétorique, mais il suppose aussi que la lettre a pu
être inventée par Diodotos ou par son fils « longtemps après la
mort d'Isocrate » (302). De quelle utilité aurait pu être, plusieurs années après la mort d'Isocrate, une lettre de recommandation attribuée à celui-ci ?

Nous jugeons donc que les adversaires de l'authenticité
n'ont pas encore fourni d'argument décisif, et jusqu'à nouvel
ordre nous considérerons la lettre comme authentique.

Au début, Isocrate nous apprend qu'au moment où il écrit,
Athènes est en guerre avec la Macédoine (303). Ceci nous permet de déterminer la date de façon approximative. Il s'agit
là de la guerre qui devint officielle entre Athènes et Philippe
en octobre 340 et qui aboutit en septembre 338 à la bataille
de Chéronée. Toute détermination plus précise reste hypothé-
tique ; mais il semble bien qu'il vaille mieux placer notre
lettre dans la première année de la guerre, quand les hostilités ne s'étaient pas encore étendues à la Grèce proprement
dite.

Dans cette lettre particulière, deux détails se rattachent aux
préoccupations politiques d'Isocrate. L'éloge très développé de
la franchise ($\pi\alpha\rho\rho\eta\sigma\iota\alpha$) (304) justifie les conseils qu'il a adressés
à Philippe et qu'il compte bien continuer à lui donner ; et la
mention des anciens rapports de Diodotos avec plusieurs sou-

---

(301) Blass (*Rheinisches Museum*, 1899, LIV, p. 34) remarque en outre que la
lettre, écrite pendant la guerre entre Athènes et la Macédoine, *ne pouvait pas*
être destinée à la publication.

(302) Wilamowitz-Mœllendorff, *Aristoteles und Athen*, II, p. 394 : « Vermag ich
doch nicht zu entscheiden, ob Diodotos oder sein sohn sich dies empfehlungss-
chreiben des berühmten mannes einmal, vielleicht als jener längst tot war, ver-
fertigt haben... »

(303) *Lettre IV* : νῦν ὅτε πολεμοῦμεν πρὸς ὑμᾶς.

(304) *Lettre IV* 4-6.

verains d'Asie Mineure (305), fait voir en celui-ci un homme qui pourra être utile pour préparer cette expédition d'Asie qu'Isocrate prêche depuis longtemps, et que Philippe se prépare à exécuter.

Le *Philippe* a donc inauguré en 346, entre Isocrate et la cour de Macédoine, des rapports que des lettres ont continué à entretenir pendant toute la durée de la paix et que même la reprise de la guerre n'est pas parvenue à interrompre.

VI

ISOCRATE ET PHILIPPE EN 338

Sous l'archontat de Chairondas, le 7 Métageitnion (306), la défaite des Athéniens et des Thébains à Chéronée soumettait définitivement la Grèce à Philippe. Nous possédons, dans notre recueil des œuvres d'Isocrate, une lettre (*Lettre III*) que celui-ci aurait adressée à Philippe après la bataille. Est-elle authentique ? Beaucoup de critiques en ont douté. Rostagni (307) la juge en contradiction avec les idées d'Isocrate qui à la fin de sa vie se serait rapproché des sentiments de Démosthène ; mais une telle évolution dans la pensée d'Isocrate n'est pas démontrée et la principale raison qui a entraîné la conviction des adversaires de l'authenticité est que la lettre fait mention (308) d'un entretien avec Antipatros, ce qui en reporterait la date à quelques semaines après la bataille, tandis qu'Isocrate serait mort, volontairement ou non, quelques jours après que la nouvelle de la défaite fut arrivée à Athènes. C'est en particulier pour cette raison que Wilamowitz (309) voit dans cette lettre une œuvre apocryphe, imaginée au mo-

---

(305) *Lettre IV* 7.
(306) Plutarque, *Camille* XIX 7. 1er septembre 338 (Cavaignac, *Histoire de l'antiquité*, II, p. 416.)
(307) Rostagni, *Isocrate e Filippo* (dans les *Entaphia in memoria di E. Pozzi*, 1913, p. 156.)
(308) *Lettre III* 1.
(309) Wilamowitz-Mœllendorff, *Aristoteles und Athen*, II, p. 397.

ment de la formation de la ligue de Corinthe par les partisans de la Macédoine.

Le fait est-il suffisamment établi pour nous obliger à rejeter l'authenticité de la lettre ? Kœpp (310) croit tout concilier en admettant que la lette a été écrite, non pas en 338 après Chéronée, mais en 346 après la soumission des Phocidiens, donc quelques mois ou quelques semaines après le *Philippe*. Mais il est impossible que la bataille décisive dont parle Isocrate (311) soit autre que Chéronée (en juillet 346, la reddition des Phocidiens ne fut précédée d'aucun combat sérieux) ; et l'hypothèse de Kœepp est invraisemblable.

Date de la mort d'Isocrate. — Mais la date même de la mort d'Isocrate n'est pas fixée irréfutablement au début de septembre 338. E. Havet (qui d'ailleurs considère comme apocryphes *toutes* les lettres d'Isocrate) a bien remarqué que cette tradition reposait sur une fausse interprétation qui remonte au moins à l'époque romaine (312). La *Vie* anonyme que nous transmettent nos manuscrits et qui présente la version la plus développée, ne dit pas qu'Isocrate mourut neuf ou quatorze jours après la bataille de Chéronée, mais qu'il mourut *postérieurement à la bataille de Chéronée* et qu'il resta sans nourriture *pendant les neuf jours* (selon Démétrios de Phalère) ou *les quatorze jours* (selon Aphareus) *qui précédèrent sa mort* (313). On voit donc que dans ce texte même l'autorité d'Aphareus, fils adoptif d'Isocrate, et de Démétrios est invoquée non en ce qui concerne la date, mais en ce qui concerne les circonstances de la mort ; encore n'avons-nous peut-être pas là un suicide (dans lequel certains croiraient voir un démenti de toute la vie d'Isocrate) (314), mais la conséquence naturelle de la maladie

---

(310) Koepp, *Isokrates als Politiker* (*Preussische Jahrbücher*, 1892, LXX, p. 486-7.)

(311) *Lettre III* 2.

(312) Cartelier et E. Havet, *Le discours d'Isocrate sur lui-même*, introduction, p. xcviii.

(313) *Vie d'Isocrate* (*Oratores attici*, éd. C. Muller, II, p. 482) : Ἀπέθανε δ' ἐπὶ Χαιρώνδου ἄρχοντος μετὰ τὴν ἐν Χαιρωνείᾳ μάχην, λυπηθεὶς διὰ τὴν ἧτταν καὶ τὴν συμφορὰν τὴν γεγενημένην ἐκεῖσε τοῖς Ἀθηναίοις παρὰ Φιλίππου. Ἀποκαρτερήσας δὲ ἐτελεύτησεν, ὡς μὲν ὁ Δημήτριός φησιν ἐννέα ἡμέρας, ὡς δὲ Ἀφαρεὺς δεκατέσσαρας.

(314) Von Hagen, *Isokrates und Alexander* (*Philologus*, 1908, LXVIII, p. 115 et suivantes.)

chez un vieillard de quatre-vingt-dix-huit ans (315). La date
véritable de la mort semble bien nous être donnée par un
passage où le Pseudo-Plutarque, qui connaît aussi d'ailleurs
la tradition précédente (316), nous apprend que la mort
d'Isocrate coïncida *avec les funérailles* des morts de Chéronée (317). Or les funérailles des Athéniens morts pour la
patrie avaient lieu à la fin de l'automne (ἐν τῷ χειμῶνι, dit
Thucydide (318), probablement lors de la fête des Ἐπιτάφια,
rattachée elle même aux Θήσεια qui se célébraient le 8 Pya-
nepsion. Telles sont donc les raisons, qui, après E. Havet, et
avec Drerup (319) et von Hagen (320) (qui reproduisent l'ar-
gumentation d'Ernest Havet sans le citer) nous conduisent à
fixer la mort d'Isocrate à la fin d'octobre 338 (321).

En admettant donc que la fête des Ἐπιτάφια ait eu lieu
alors à sa date régulière et n'ait pas été retardée par les
événements, deux mois entiers (322) se sont écoulés entre la
bataille de Chéronée et la mort d'Isocrate, et celui-ci a pu facilement s'entretenir avec Antipatros et écrire à Philippe.

Remarquons d'autre part que très probablement Hermippos
considérait la *Lettre III* comme authentique. En effet, selon
l'*argument* du *Philippe* (323), il aurait fixé la composition du
Philippe à une date peu éloignée de la mort d'Isocrate et de
celle du roi de Macédoine. Il y a là une erreur grossière dûe
évidemment à une fausse interprétation du texte d'Hermippos ;
l'auteur anonyme de l'*argument* a appliqué au « *discours à*

---

(315) Cartelier et E. Havet, p. xcviii.
(316) [Plutarque] *Vie des dix orateurs, Isocrate,* 14.
(317) [Plutarque] *Vie des dix orateurs, Isocrate* 22 : Ἐξελθεῖν δὲ τοῦ βίου οἱ μὲν
(Démétrios évidemment) ἐναταῖόν φασι σίτων ἀποσχόμενον, οἱ δὲ τεταρταῖον, ἅμα
ταῖς ταφαῖς τῶν ἐν Χαιρωνείᾳ πεσόντων.
(318) Thucydide II 34, 1.
(319) Drerup, édition I, p. clxii.
(320) Von Hagen, *Philologus*, 1908, LXVII, p. 115-120.
(321) K. Wenig (*Listy Filologické* 1921, p. 16 et suiv.) tout en se ralliant à la
tradition du suicide, le place *après la paix* et lui donne la maladie pour seule
cause. D'autre part Beloch (*Griechische Geschichte*, 2e éd., III 1, p. 577 et note 1)
se prononce pour la même date que nous et pour les mêmes raisons ; il semble
admettre cependant que la lettre pourrait être apocryphe, mais représenter une
bonne tradition, car elle ignore la légende du suicide.
(322) Chéronée étant à trois jours de marche d'Athènes (Démosthène, *Sur la
Couronne* 195), le résultat du combat a dû être connu à Athènes au plus tard le
10 Métageitnion.
(323) Argument du *Philippe* :Ἔγραψε δὲ ὁ Ἰσοχράτης τὸν λόγον γέρων ὤν, μικρὸν
πρὸ τῆς ἑαυτοῦ καὶ Φιλίππου τελευτῆς, ὥς φησιν Ἕρμιππος.

Philippe » (c'est ainsi qu'il appelle l'œuvre) ce qu'Hermippos disait d'une « *lettre à Philippe* ». Or la seule lettre d'Isocrate à Philippe à laquelle la date donnée puisse convenir, est précisément la *Lettre III*.

La Lettre III. — Pour faire douter de l'authenticité de cette lettre, il ne resterait donc que des raisons sentimentales. Certes il peut nous paraître étrange qu'au lendemain de la défaite de sa patrie, Isocrate, écrivant au vainqueur, se félicite d'avoir pu vivre jusqu'à ce jour (324). Mais nous avons vu qu'Isocrate se juge plus Hellène qu'Athénien ; et si nous cédons à de tels scrupules, nous n'aurons pas de raison pour ne pas suspecter l'authenticité du *Philippe* (325). D'ailleurs le contenu de la lettre n'est pas tel qu'on y voie une contradiction avec les idées qu'Isocrate se faisait des rapports de Philippe et de la Grèce. Isocrate rappelle le but qu'il proposait à Philippe dans le discours de 346 : réconcilier les cités grecques et les entraîner contre les Barbares (326). La première partie de cette tâche s'accomplissant d'elle-même à la suite du succès de Philippe, l'orateur se doit à lui-même et doit à ceux qui approuvent ses idées de rappeler à Philippe la nécessité de lutter contre la Perse (327). Il le fait par lettre, mais en regrettant de ne pouvoir aller trouver Philippe pour donner plus de force à ses arguments (328). Il termine en rappelant quel a été l'idéal de sa vie et se félicite d'avoir vu, non point Philippe victorieux, mais son rêve en voie de réalisation (329).

Nous n'avons donc pas là une flatterie indigne au vainqueur, mais l'appel répété à celui qui est désormais le maître de la Grèce pour qu'il use de son pouvoir en faveur de l'expansion grecque. Qu'il y ait quelque précipitation et quelque maladresse dans cet appel, nous ne nous le dissimulons pas ; mais les anciens étaient généralement moins scrupuleux que nous en pareille matière. Peut-être même, en rappelant à Philippe sa

---

(324) *Lettre III* 6.
(325) Von Hagen, *Philologus*, 1908, LXVII, p. 115-120 ; cf. d'ailleurs déjà E. Havet, édition du discours *Sur l'Echange*, p. xcvii.
(326) *Lettre III* 1-2 et 5.
(327) *Lettre III* 3.
(328) *Lettre III* 4.
(329) *Lettre III* 5-6.

« mission panhellénique », Isocrate espérait-il le détourner de traiter Athènes avec trop de rigueur et croyait-il rendre service à sa patrie. Le regret qu'Isocrate exprime d'être empêché par la vieillesse de se rendre auprès de Philippe, peut avoir été inspiré par le même sentiment ; et nous imaginerions volontiers que l'apôtre de la lutte contre les Barbares — poussé peut-être par ses disciples — eût assumé, si sa santé le lui eût permis, le rôle d'intermédiaire qui illustra alors Démade (330).

La mort qui enleva Isocrate à la fin d'octobre 338, ne lui permit pas de voir l'organisation de la ligue de Corinthe et le début de la campagne contre la Perse, du moins avait-il prévu ces événements qu'il avait un peu contribué à rendre possibles ; et nous avons vu (331) qu'en accordant à Athènes la possession d'Oropos, le roi de Macédoine ne se montrait pas tout à fait indifférent, même dans les détails, aux conseils de l'orateur.

VII

L'ART LITTÉRAIRE DANS LE *PHILIPPE*
ET DANS LES *LETTRES*

Il est impossible d'étudier une œuvre d'Isocrate en faisant abstraction du soin que l'orateur a apporté à la forme. Cependant nous ne ferons pas une étude complète de ses procédés de style et de composition à propos du *Philippe* et des lettres aux Macédoniens ; cette recherche a été faite par nombre de

---

(330) Denys d'Halicarnasse, (*Jugement sur Isocrate,* I) qui croit au suicide d'Isocrate, mais n'indique pas la date précise (ἐτελεύτα δὲ τὸν βίον ἐπὶ Χαιρωνίδου [sic] ἄρχοντος ὀλίγαις ἡμέραις ὕστερον τῆς ἐν Χαιρωνείᾳ μάχης), se fait peut-être l'écho de soucis de cet ordre qui préoccupèrent alors l'école isocratique, quand il dit qu'au moment de la mort d'Isocrate les intentions de Philippe n'étaient pas encore connues (ἀδήλου ἔτι ὄντος πῶς χρήσεται τῇ τύχῃ Φίλιππος). En 322, le chef de l'école platonicienne, Xénocrate de Chalcédoine, bien que métèque, fut adjoint à l'ambassade envoyée auprès d'Antipatros vainqueur. (Cf. P. Cloché, *Les dernières années de l'Athénien Phocion, Revue historique,* 1923, CXLIV, p. 166).

(331) Voir plus haut, *Introduction,* III.

critiques, et c'est en partant des résultats acquis par eux que nous examinerons en quoi les œuvres que nous étudions, se rattachent à l'ensemble de la pratique littéraire d'Isocrate et surtout en quoi elles s'en écartent.

Les intentions littéraires d'Isocrate dans le Philippe. — Cette méthode nous semble d'autant plus légitime que l'auteur lui-même nous avertit que le *Philippe* ne ressemble pas exactement à ses autres œuvres. Il nous affirme que le discours est d'un style simple dépourvu des procédés d'ornementation dont sont remplis les ouvrages précédents (332). Que cette simplicité soit toute relative, qu'elle provienne en partie de la vieillesse et de la fatigue dont Isocrate se plaint à plusieurs reprises (333), il n'en est pas moins de notre devoir d'examiner jusqu'à quel point ces affirmations se trouvent justifiées par l'étude du vocabulaire, de la phrase et du plan du *Philippe*. En même temps nous nous poserons ces questions en ce qui concerne les *Lettres*, mais en notant dès le début que ces productions plus courtes — et dont une au moins (la *Lettre IV*) n'était pas destinée à la publication — doivent nous fournir moins ample matière à des remarques importantes.

Cette recherche de la simplicité est peut-être due, sans qu'Isocrate l'avoue explicitement, au désir de se défendre contre ceux qui ne voyaient en lui qu'un maître de l'art littéraire et lui refusaient toute compétence dans les questions politiques ; c'est du moins avec une certaine irritation qu'il parle des éloges qu'on accorde d'ordinaire à son style et avec complaisance qu'il affirme la prééminence du fond sur la forme (334). C'est pourquoi il supprime parfois les développements que l'on attendrait de lui (335). Ce n'est point d'ailleurs sans que proteste en lui le vieil artiste en composition oratoire : à plus d'une reprise il semble regretter le sacrifice d'un

(332) *Philippe* 27.
(333) *Philippe* 84, 149.
(334) *Philippe* 4, 94.
(335) *Philippe* 33 (sur les rapports d'Athènes et d'Héraclès), 138 (sur les arguments contenus dans ses discours précédents.)

beau développement (336), et pour qui ne lirait que le début de la lettre à Alexandre, elle semblerait un simple exercice de vanité littéraire (337). Mais, dans l'ensemble, Isocrate veut concilier ses principes de composition et son souci, désormais prédominant, de l'action politique.

Le choix et l'ordre des mots. — Ce n'est pas dans l'emploi de mots rares que réside pour Isocrate la principale qualité du style. Il demande surtout au vocabulaire des qualités d'exactitude et de pureté (338) ; et c'est de cela même que résulte, s'il faut l'en croire (339), le caractère inimitable de son style. D'ailleurs, avec ces mots empruntés en général à la langue usuelle, il sait former des expressions variées et éviter la monotonie (340). Aussi les seuls mots un peu étrangers à l'usage de la prose attique que nous rencontrons (λιγυρὸς et σίνη) se trouvent-ils dans une lettre (341). A cela s'ajoute le pluriel μετριότητες (342), dû à un procédé familier à Isocrate (343). L'emploi de πρὸ au sens « prégnant » (*comme préliminaire de...*) (344), celui de τε répété (345) viennent sans doute d'une influence du style de Thucydide (dont la pensée a parfois inspiré Isocrate) (346). Quant à la présence de περὶ ὑμῶν αὐτῶν et de πρὸς σφᾶς αὐτάς (au lieu de περὶ ἀλλήλων et de πρὸς ἀλλήλας), elle est due à une nuance très fine de pensée, tous les Grecs ne formant aux yeux d'Isocrate qu'un seul groupe ayant les mêmes intérêts.

La redondance n'est pas inconnue à ce vocabulaire. Blass n'en aperçoit que dans les lettres (347) ; mais elle n'est pas ab-

---

(336) *Philippe* 59, 98, 105, 110.
(337) *Lettre V* 1.
(238) *Philippe* 4 : τὴν δὲ λέξιν ... ἀκριδῶς καὶ καθαρῶς ἔχουσαν.
(339) *Panathénaïque* 3.
(340) Cf. par exemple le début du § 67, ou la variété d'emploi des infinitifs (87 : προῃρεῖτο... πολεμεῖν... καὶ... καταγαγεῖν).
(341) *Lettre IV* 4 et 11. Cf. d'ailleurs l'explication que Blass (*Rheinisches Museum*, 1899, p. 35) donne de l'emploi de σίνη.
(342) *Lettre III* 4.
(343) Blass, *Die attische Beredsamkeit*, 2ᵉ éd., II, p. 134.
(344) *Philippe* 56 : ταῦτα διοικεῖς πρὸ τῆς στρατείας....
(345) *Philippe* 54, 80 ; *Lettre V* 4.
(346) Cf. G. Mathieu, *Isocrate et Thucydide* (*Revue de philologie*, 1918, p. 124-129.)
(347) Blass, *Die attische Beredsamkeit*, 2ᵉ éd., II, p. 135. — *Lettre IV* 13 : φίλων καὶ προσφιλεστάτων (texte suspect) ; *Lettre V* 1 : καταλελειμμένον καὶ λοιπὸν ὄν.

sente du *Philippe* (348). Aussi peut-être devrait-on la considérer comme un trait de la vieillesse de l'orateur. Celui-ci d'ailleurs ne néglige pas le procédé inverse de la distinction des synonymes (349), et c'est ainsi qu'il renforce une comparaison entre Cyrus et Philippe par l'opposition d'ἄνθρωπος et d'ἀνήρ (350).

L'ordre des mots est plus déterminé chez Isocrate par des soucis d'harmonie que des préoccupations de variété ou d'originalité stylistique ; aussi l'hyperbate est-elle rare chez lui ; cependant quelques exemples se présentent à nous (351), et deux seulement (352) admettent l'explication de Blass qui y voit un moyen d'éviter l'hiatus (353).

Parmi les défauts qui, selon la doctrine d'Isocrate, détruisaient l'harmonie et qu'il convenait d'éviter dans la construction de la phrase se trouve la répétition de syllabes identiques (354). Il est évident qu'un précepte ne peut s'appliquer dans tous les cas ; aussi n'est-il pas étonnant que quatre fois dans le *Philippe* Isocrate lui-même s'en soit affranchi (355).

Beaucoup plus stricte et beaucoup plus généralement acceptée par les contemporains et les successeurs d'Isocrate (356) est la loi qui interdit l'hiatus ; et son observation passe presque pour le criterium de l'influence isocratique. Cependant le *Philippe* présente quelques hiatus, mais leur présence peut facilement s'expliquer. Les moins rares sont ceux qui sont dûs à l'emploi de περί (357). Comme l'avait déjà fait remarquer E. Havet (358), περί est la seule préposition dont la voyelle finale ne se modifie pas dans un mot composé dont le second élément commence par une voyelle ; il n'y a donc pas lieu de s'étonner

---

(348) *Philippe* 53 : ἡττηθέντων καὶ δυστυχησάντων ; 67 : τῆς ἐξ ἀρχῆς γενέσεως.

(349) Blass, *Die attische Beredsamkeit*, 2ᵉ éd., II, p. 135.

(350) *Philippe* 139.

(351) *Philippe* 17 : ἐλύπησάν τινές με τῶν πλησιασάντων ; 18 : ἀνοήτοις ἐπιχειρῶ πράγμασιν ; 22 : μόνοις αὐτοῖς τὸν λόγον τῶν ἐν τῇ πόλει ; 24 : ἄν τι σοι φανῇ τῶν ἐν ἀρχῇ λεγομένων ; 116 : διὰ παντός σε τοῦ λόγου ; *Lettre V* 1 : περὶ τὸν αὐτὸν ὄντα σὲ τόπον ἐκείνῳ.

(352) *Philippe* 22 et 24.

(353) Blass, *Die attische Beredsamkeit*, 2ᵉ éd., II p. 158.

(354) Isocrate, Τέχνη, fr. 12, édition Benseler-Blass.

(355) *Philippe* 14 : ὑπὸ πόλεσι ; 78 et 89 : οὐκ ἂν ἀντειπεῖν ; 98 : ἂν ἀνοητὸς (ces derniers exemples déjà signalés par Blass).

(356) Blass, *Die attische Beredsamkeit*, 2ᵉ éd., II, p. 140.

(357) 1 : περὶ οὗ ; 10 : περὶ αὐτῆς ; 19 : περὶ αὐτὸν ; 72 et 110 : περὶ αὐτῶν ; 76 : περὶ αὐτοῦ ; 83 et 85 : περὶ ὧν ; 62 : περὶ Ἑλλήσποντον.

(358) Cartelier et E. Havet, éd., p. 198.

que sa présence en hiatus fût autorisée puisqu'elle était normale en « hiatus intérieur ». Une raison dn même ordre explique l'hiatus de ὅτι que nous rencontrons deux fois (359). Πρὸ cause également deux fois l'hiatus (360) ; nous faut-il dans le premier cas corriger le texte et écrire πρὸ 'χείνου, d'après ἢ 'χείνους que nous avons ailleurs (361) ? Nous ne le jugeons pas indispensable. Dans la langue classique, πρὸ étroitement rattaché par le sens à son régime et toujours frappé de l'accent grave est à proprement parler un proclitique ; pourquoi donc danc ces conditions Isocrate aurait-il eu plus de scrupules à prononcer πρὸ ἐχείνου que προέχουσι ? Reste enfin χαὶ οὐδὲν que nous lisons une fois (362) ; encore pourrions nous admettre que nous avons là un fait analogue à celui que nous montre la tradition manuscrite des poètes où la crase n'est pas marquée, et que les anciens, écrivant χαὶ οὐδέν, prononçaient χοὐδέν. Mais en admettant même un véritable hiatus, χαὶ est un mot d'un usage si courant, si indispensable qu'il eût été difficile de le soumettre aux règles strictes de l'hiatus sans apporter d'intolérables entraves à l'expression de la pensée (363).

Les lettres fournissent matière à des remarques analogues : nous y retrouvons des hiatus causés par περὶ et ὅτι (364). Enfin dens le seul *Urbinas* nous trouvons un hiatus formé par δύνη. Ἴδοις (365) ; mais la proposition que termine le premier de ces mots, n'ajoute rien d'essentiel à l'idée et, comme elle ne figure dans aucun autre manuscrit, nous pouvons y voir une glose passée dans le texte et la supprimer sans inconvénient.

C'est donc avec exactitude, mais sans rigueur trop absolue, qu'Isocrate applique ici la règle qui interdit l'hiatus dans le style oratoire et qui d'ailleurs était préparée par les habitudes générales de la langue littéraire grecque.

Les rythmes employés par Isocrate ont été étudiés principa-

---

(359) *Philippe* 22 et 85.
(360) 65 : πρὸ ἐχείνου ; 122 : πρὸ ἁπάντων.
(361) 132 ; cf. 36 et 100 : ἢ 'χείνας ; *Eginétique* 29 : ἢ 'χεῖνον.
(362) *Philippe* 14 ; 38 : χαὶ ὡς.
(363) Notre versification du xviie siècle admettait des licences semblables pour
et.
   (364) περὶ αὐτῆς (II 17), περὶ αὐτοῦ (IV 2), περὶ ὧν (III 1), περὶ ἡμᾶς (II 20), περὶ ὑμᾶς (IV 12), ὅτι ἂν (II 15, III 5, IV 12).
   (365) *Lettre II* 6.

lement par Blass (366) qui en a fait une analyse d'une minutie exagérée ; il les voit surtout dans les clausules des κῶλα ou des périoees, mais ces groupes ne correspondent pas pour lui à des divisions fondées sur le sens ; aussi, tout en reconnaissant qu'il y a un certain rythme dans la phrase isocratique ne chercherons-nous pas à constituer une « rythmique » du *Philippe* où d'ailleurs Isocrate déclare explicitement qu'il s'est écarté de ses procédés habituels (367).

Les figures de style sont aussi un des procédés qu'Isocrate exclut résolument du *Philippe*. Aussi ne trouvons-nous qu'une anaphore, toute naturelle d'ailleurs (368) et un ὁμοιοτέλευτον (169) ; et pour rencontrer une métonymie, Blass (370) a dû chercher un procédé aussi simple que la personnification qui se trouve dans : μὴ τὸ γῆρας τοὐμὸν εὑρεῖν (*Philippe* 149).

La période et les procédés généraux d'expression. — L'emploi de la période est, tout autant que la haine de l'hiatus, une des caractéristiques du style isocratique ; et son influence a été plus durable puisqu'elle s'est étendue hors de la littérature grecque et jusqu'à nos littératures modernes. Par période nous entendons, non pas à la façon de Blass (371) un groupe purement matériel de mots, mais une phrase organisée où l'idée principale se présente accompagnée harmonieusement de tous ses éléments accessoires. Tel est le type le plus fréquent de la phrase isocratique : l'idée est présentée sous deux aspects parallèles (par l'emploi de... μὲν... δέ...) ou opposés (par l'emploi de οὐκ... ἀλλά...), et chacune des propositions principales est éclairée par une série de subordonnées où le rythme ne sert qu'à faire ressortir les rapports d'idée. Rien n'est plus éloigné de la phrase ramassée de Thucydide ; mais les deux procédés d'expression ont leur beauté. Certes nous n'avons dans le *Philippe* rien qui soit égal à telle longue période du *Panégyrique* ou du discours *sur l'Echange* où l'archi-

---

(366) Blass, *Die attische Beredsamkeit*, 2ᵉ éd., II p. 145-170.
(367) *Philippe* 27.
(368) *Philippe* 108 (reprise de μόνος).
(369) *Philippe* 122 : ...ἔχουσι ...παρέχουσι ; cf. aussi la paronomase τὴν φήμην καὶ τὴν μνήμην (134) signalée par Norden, *Die antike Kunstprosa*, 3ᵉ éd. p. 117.
(370) Blass, *Die attische Beredsamkeit*, 2ᵉ éd., II p. 133.
(371) Blass, *Die attische Beredsamkeit*, 2ᵉ éd., II p. 160-170.

tecture compliquée de la phrase met en relief, pour le lecteur subtil, toutes les nuances de la pensée ; et en cela Isocrate a raison de juger que son œuvre de 346 est d'un ton relativement simple. Cependant les expressions parallèles par lesquelles s'exprime la puissance de Philippe (372) accumulent des arguments en faveur de son rôle de chef de la Grèce. La longue phrase par laquelle l'orateur oppose les qualités et la situation matérielle des Barbares et des Grecs (373) est un modèle de construction logique où la pensée rebondit par trois fois au moyen de ὥστε. Et telle est la virtuosité d'Isocrate dans le maniement de la période qu'il parvient à l'employer même dans l'exposition des faits (et non plus seulement pour l'expression de ses propres idées) : tous les détails de la situation des Spartiates depuis la bataille de Leuctres jusqu'à la paix de Philocrate, soit vingt-cinq ans d'histoire, sont ramassés et clairement exposés en une seule période (374).

D'autres procédés, plus personnels encore et qui se laissent moins aisément ranger en catégories, servent à Isocrate à la fois pour l'ornement de son discours et pour l'adjonction de nouvelles idées. Reprenant un procédé qu'il a employé dans l'*Aréopagitique* et qui doit encore lui servir dans le *Panathénaïque* (375), l'orateur cède la parole à ses élèves pour qu'ils fassent plus librement l'éloge de Philippe (376) ; et la longueur de ces prétendues citations augmente à mesure que vieillit Isocrate. D'autre part il personnifie en Héraclès le héros civilisateur (377), reprenant ici la méthode de transformation des héros mythologiques qu'il avait inaugurée dans l'*Hélène* et le *Busiris* en vue de la prédication morale.

Malgré ses déclarations modestes, Isocrate a donc bien réussi à réunir ici tout au moins les principaux de ses procédés littéraires et à faire du *Philippe* un discours caractéristique de son école.

---

(372) *Philippe* 15-16.
(373) *Philippe* 123-124.
(374) *Philippe* 48-50.
(375) *Aréopagitique* 56-57 ; *Panathénaïque* 204-214.
(376) *Philippe* 18-21.
(377) *Philippe* 109-112 ; cf. l'emploi analogue de la légende d'Agamemnon dans le *Panathénaïque* 72-89.

Le plan du Philippe. — Tout ce souci du détail n'a-t-il pas nui à l'ordre du discours ? Blass le prétend et juge que toute liaison entre les différents développements est absente de la seconde partie du *Philippe* qu'il juge en cela inférieur aux discours précédents (378). Nous devons reconnaître qu'il y a des répétitions même dans la première partie (379). Mais Isocrate affirme (380) que son discours forme un tout et que les différentes parties concourent à un ordre général que l'on aperçoit à la fin. Nous ne croyons pas qu'il se soit trompé : le discours se compose de deux grandes parties ayant chacune son exorde et sa conclusion ; la première, préparée par la discussion de la question d'Amphipolis (§ 1-8) et l'éloge de Philippe (17-23), traite du devoir, de l'intérêt et de la possibilité qu'a Philippe de réconcilier les Grecs et se termine par la défense de Philippe contre ses calomniateurs (73-77) et l'exposé de la gloire qu'il retirera de sa conduite (79-82). La seconde partie traite de la guerre contre les Barbares ; l'exorde sert en même temps à montrer la liaison entre les deux tâches de Philippe (83-88) ; puis nous voyons la situation des deux adversaires (88-104), les traditions qui poussent Philippe à agir (105-118), et les résultats matériels (119-127) et moraux (132-148) de la victoire. En guise de conclusion, Isocrate insiste sur la nécessité d'une collaboration du roi de Macédoine avec lui pour cette tâche (149-152) et, en quelques formules plus brèves que de coutume, il indique une fois de plus le résultat essentiel à atteindre (154-155).

A notre avis, l'œuvre est donc bien équilibrée dans son ensemble et dans ses parties ; et, moins sévères qu'Isocrate, nous ne considérons pas comme un défaut la simplicité toute relative que sa vieillesse lui a imposée.

L'ordre des idées dans les lettres. — Les lettres, beaucoup plus courtes, prêtent moins à un déploiement de composition oratoire. Cependant la *Lettre II* nous donne encore un exemple de la division en deux parties : l'une traitant de la

---

(378) Blass, *Die attische Beredsamkeit*, 2ᵉ éd., II, p. 187 et 315-316.
(379) Le § 48 reprend seulement avec plus de détails le § 44.
(380) *Philippe* 24.

sécurité personnelle de Philippe (§ 1-10), l'autre de ses rapports avec Athènes (13-21) ; mais la liaison entre elles est beaucoup moins habile et se ressent de la liberté de composition qui est admise dans le style épistolaire. La *Lettre V*, dans sa brièveté, consiste essentiellement en une opposition entre la philosophie éristique et la culture oratoire, encadrée entre un exorde et une prédiction : La *Lettre III* elle aussi ne nous présente que deux brefs développements : l'un sur les résultats de la bataille de Chéronée, tels que les voit Isocrate, l'autre sur la tâche qui s'impose désormais à Philippe.

Seule la *Lettre IV*, avec son trop long développement sur la franchise, nous offre un plan moins équilibré que les autres ; mais nous avons vu que son caractère de lettre privée et destinée à rester secrète suffisait à la différencier des autres ; elle n'ajoute rien à la gloire d'Isocrate, mais ce n'est pas sur elle, ni même sans doute sur aucune des lettres, que l'orateur comptait pour passer à la postérité. Le *Philippe* au contraire, œuvre faite à loisir, en vue de la publication, s'il n'est pas la meilleure des compositions isocratiques, n'en reste pas moins un bon exemple des discours « politiques et helléniques » où le travail de la forme sert heureusement à intéresser aux idées de l'écrivain. Les contemporains d'Isocrate ne s'y sont pas trompés ; et nous avons déjà vu que s'ils avaient surtout subi l'influence de ses conseils, ils n'avaient pas dédaigné parfois de lui emprunter des expressions.

VIII

LA TRADITION MANUSCRITE

La formation du recueil isocratique. — Isocrate avait lui-même publié ses discours épidictiques, comme l'exigeait leur caractère de propagande politique ou morale ; mais ce n'est pas à lui que remonte le recueil de ses œuvres que nous possédons aujourd'hui. Qu'il n'ait pas songé à réunir toutes ces œuvres en un seul corps, la polémique qui s'engagea après sa mort au sujet de ses plaidoyers suffit à nous le prouver : son fils adoptif Aphareus refusait d'en considérer aucun comme authentique, tandis qu'Aristote prétendait qu'on pouvait acheter des ballots entiers de plaidoyers d'Isocrate (381). Notre recueil, contenant six plaidoyers, ne remonte donc ni à Isocrate lui-même, ni à Aphareus ; sans doute doit-on en voir la lointaine origine dans une édition alexandrine, peut-être dûe à Callimaque, qui s'était aussi occupé des discours de Démosthène (382).

Quoi qu'il en soit, nous n'avons entre les mains qu'un choix plus restreint que celui des Alexandrins. En effet, encore à l'époque romaine, sur soixante discours que comprenait le recueil isocratique, Denys d'Halicarnasse en acceptait vingt cinq comme authentiques, et Cécilius de Calé-Acté en admettait vingt-huit (383). Il nous est impossible de voir dans notre recueil la reproduction des « discours authentiques » admis par Cécilius ; car, quoi qu'en pense Drerup (384), jamais ce critique n'aurait rangé parmi les *discours* nos neuf lettres, dont l'une (V, *A Alexandre*) est particulièrement courte, et en outre on devrait encore écarter le *Contre Callimachos* et le *Contre Euthynous* qui ne figurent pas dans l'*Urbinas* 111. Drerup d'ailleurs reconnait que leur absence dans ce manuscrits est dûe à un hasard (385) et voit dans nos vingt et un discours un recueil bien composé, formé de trois sections égales : plaidoyers, discours démonstratifs et sophistiques, discours délibératifs (386). Cela étant, il nous est permis de supposer qu'il nous manque sept des discours connus de Cécilius (une section entière, si nous suivons la théorie de Drerup).

---

(381) Denys d'Halicarnasse, *Jugement sur Isocrate*, XVIII : Μηδεὶς δ' ἀγνοεῖν ὑπολάβῃ με μήθ' ὅτι 'Αφαρεὺς, ὁ πρόγονός τε καὶ εἰσποίητος 'Ισοκράτει γενόμενος, ἐν τῷ πρὸς Μεγακλείδην περὶ τῆς ἀντιδόσεως λόγῳ διορίζεται μηδεμίαν ὑπό τοῦ πατρὸς ὑπόθεσιν εἰς δικαστήριον γεγράφθαι, μήθ' ὅτι δέσμας πάνυ πολλάς δικανικῶν λόγων 'Ισοκρατείων περιφέρεσθαί φησιν ὑπὸ τῶν βιβλιοπώλων 'Αριστοτέλης · ἐπίσταμαι γὰρ ταῦτα ὑπὸ τῶν ἀνδρῶν ἐκείνων λεγόμενα · καὶ οὔτ' 'Αριστοτέλει πείθομαι ῥυπαίνειν τὸν ἄνδρα βουλομένῳ, οὔτ' 'Αφαρεῖ τούτου γ' ἕνεχα λόγον εὐπρεπῆ πλαττομένῳ συντίθεμαι.

(382) Drerup (édition, I, p. cxiv) voit une preuve de ce fait dans la stichométrie de l'*Urbinas* 111 qui rappelle celle des manuscrits de Démosthène.

(383) [Plutarque] *Vie des dix orateurs*, Isocrate, 28 : φέρονται δ' αὐτοῦ λόγοι ἑξήχοντα, ὧν εἰσι γνήσιοι κατὰ μὲν Διονύσιον εἰκοσιπέντε, κατὰ δὲ Καικίλιον εἰκοσιοκτώ, οἱ δὲ ἄλλοι κατεψευσμένοι.

(384) Drerup, édition, I, p. lxxxvi-lxxxviii.

(385) Drerup, I, p. lxxxviii-lxxxix.

(386) Drerup, I, p. lxxxvi.

Jusqu'ici rien n'est venu compléter la connaissance que nous donnent d'Isocrate les manuscrits du Moyen-Age. En effet l'espoir que donnaient quelques lignes de Drerup, dans la préface de son édition (387), de voir réapparaître une dixième lettre d'Isocrate, a été déçu, puisque la prétendue lettre inédite d'Isocrate contenue dans un manuscrit de Bergame s'est trouvée n'être que le début de la *Rhétorique à Alexandre* (388). D'autre part les papyrus ne nous ont fourni que des fragments presque insignifiants et appartenant tous à des œuvres déjà connues (389). D'ailleurs aucun ne remonte plus haut que le Ier ou le IIe siècle *après* J. C., moment où nous pouvons aussi placer l'archétype de nos meilleurs manuscrits. En effet les hésitations que nous voyons dans l'*Urbinas III* et l'absence fréquente d'assimilation des propositions dans les mots composés (συνστήσαντες par exemple) nous fait remonter à un état de l'orthographe grecque telle qu'on pouvait la trouver dans un manuscrit du début de l'ère chrétienne (390). En l'état actuel de notre matériel, c'est donc seulement à un choix contemporain des Antonins que nous pouvons au plus remonter.

Les papyrus. — Les papyrus ne nous ont donc rendu aucun fragment inédit d'Isocrate, et même ses œuvres classiques sont peu représentées dans ce que l'Egypte nous a livré jusqu'ici. En 1906, Drerup (391) ne citait que onze morceaux d'Isocrate contenus dans des papyrus ; et depuis ce nombre ne s'est accru que de peu (392). Le *Philippe* en particulier n'est représenté que par un court fragment, contenu dans un papyrus du IIe siècle après J. C. et appartenant à la collection

---

(387) Drerup, I, p. XXVI-XXVII.
(388) Cf. G. Mathieu, *Deux manuscrits méconnus de la Rhétorique à Alexandre, Revue de philologie*, 1923, p. 58-64).
(389) Cf. Drerup, I, p. IV-VIII.
(390) Drerup, I, p. LXXI.
(391) Drerup, I, p. IV-VIII.
(392) *Oxyrhynchos papyri*, V, n° 844 (IIe siècle après J.-C., *Panégyrique*, plus de 700 lignes) ; VIII, n°ˢ 1015 (IVe siècle après J.-C., ; *A Démonicos* 40-46) et 1096 (parchemin du IVe siècle après J.-C. ; fin du *Panégyrique* et début du *Sur la Paix*) ; IX n° 1183 (fin du Ier siècle après J.-C. ; *Trapézitique* 44-48). — *Publicazioni della Società italiana per la ricerca dei papiri greci*, I, n° 16 (IIe siècle après J.-C. ; *Nicoclès* 47-51). — Goodspeed, *Chicago litterary papyri*, n° 1 (*A Nicoclès*, 9-11).

de l'archiduc Rainer (393). Nous y trouvons les restes de deux colonnes, l'une détériorée en bas et à gauche et dont onze lignes seulement subsistent, l'autre entière et contenant vingt-huit lignes de 13 à 17 lettres. Elles contiennent 1° la fin du § 114 (à partir de εἶχεν εἰς τοὺς Ἕλληνας) et le début du § 115 (jusqu'à κτήσασθαι τὴν); 2° la majeure partie des § 116 et 117 (de πειρῶμεν ἀποτρέπειν... à ... βωμοὺς ἱδρυ...) Nous pouvons donc dire que la papyrologie n'a pas modifié notre connaissance du *Philippe* qui repose toujours essentiellement sur les manuscrits.

Les familles de manuscrits. — Le nombre des manuscrits qui nous transmettent tout ou partie de l'œuvre d'Isocrate dépasse largement la centaine (394). Depuis Bekker, c'est une tradition établie de diviser ceux qui ont été utilisés par les éditeurs en deux familles, selon qu'ils contiennent en entier ou seulement en partie le discours *sur l'Echange*. En effet, tandis que l'*Urbinas 111* (Γ) et les manuscrits qui en dérivent nous donnent ce discours en entier, les manuscrits connus antérieurement à la découverte de ce groupe (c'est-à-dire à 1812, date de la publication par Moustoxydis du texte de l'*Ambrosianus* O 144) relient immédiatement l'avant dernière phrase du § 72 (τὴν ἑαυτοῦ διάνοιαν ἀσκήσει) au début du § 310 (πολλῶν δ'ἐφεστώτων μοι λόγων), nous privant ainsi des deux tiers environs de ce discours.

Non seulement la découverte de Γ et des manuscrits qui s'y rattachent nous a rendu l'immense service de combler une lacune qu'un texte de Photios (395) aurait dû faire prévoir et qui, devinée par J. Scaliger (396), n'en avait pas moins échappé à tous les éditeurs postérieurs; mais en outre, comme nous le verrons, ces manuscrits sont eu même temps que les plus complets, ceux qui nous donnent en général le texte le plus autorisé.

---

(393) Cf. Wessely, *Mitteilungen aus der Sammlung der Papyrus Erzherzog Rainer*, II-III, 1887, p. 74; — Haeberlin, *Griechische Papyri*, 1897, n° 80; — Keil, *Hermes*, 1888, XXIII, p. 383-85.

(394) Drerup, (I, préface, p. viii et suivantes) en compte 121.

(395) *Sur l'Echange*, argument: δύο δὲ καὶ ὀγδοήκοντα ἐτῶν ὄντι οὗτος αὐτῷ μέγιστος ὢν τῶν ἄλλων ὁ λόγος συνετάγη.

(396) Auger, édition, II, p. 620.

Cependant, si cette classification peut être suffisante en ce qui concerne les discours, elle ne l'est pas pour les Lettres. En effet les seuls manuscrits qui nous transmettent à la fois les discours et les lettres, appartiennent à la famille de Γ ; au contraire, dans la tradition dite « *de la vulgate* », les lettres sont en général isolées (seule le *Vaticanus* 64 contient en outre l'*Hélène* et l'*Evagoras*). Notre sujet nous amène donc à étudier successivement trois groupes de manuscrits ; ceux qui contiennent à la fois le *Philippe* et les lettres, et qui appartiennent tous à la famille de Γ, ceux qui contiennent le *Philippe*, mais non les lettres (et qui forment le groupe de la vulgate au sens étroit, auquel s'ajoute le *Laurentianus* LXXXVII 14 qui donne cependant le discours *Sur l'Echange* en entier), ceux enfin qui ne nous intéressent que pour les lettres (397).

L'Urbinas 111 et sa famille. — Depuis que Bekker, dans son édition de 1823 (398), a démontré la supériorité de l'*Urbinas 111* sur tous les autres manuscrits d'Isocrate, c'est sur lui et sur ceux qui en dérivent que reposent presque exclusivement nos éditions.

L'*Urbinas 111* (Γ), qui se trouve à la Bibliothèque Vaticane, date du IXe ou au plus tard du Xe siècle. Il groupe ses 405 feuillets in-4° (0,245 sur 0,185) en 51 quaternions et comprend dix neuf discours (le *Contre Callimachos* et le *Contre Euthynous* manquent) et les neuf lettres d'Isocrate. Le *Philippe* y occupe le douzième rang ; les deux lettres à Philippe, la lettre à Alexandre et la lettre à Antipatros y sont respectivement les cinquième, sixième, septième et huitième (399). Une lacune s'y trouve à la fin du discours *sur l'Échange*, nous privant des § 321, 322 et 323 et du début du discours *Sur l'attelage* (mutilé également dans les autres manuscrits et qui ici ne com-

___

(397) Il y a lieu de noter que les premières éditions d'Isocrate ont séparé très nettement les lettres et les discours. L'édition *princeps* des discours, due à Démétrios Chalcondyle, a paru à Milan en 1493; celle des lettres à Venise, chez Alde, en 1499 ('Επιστολαὶ διαφόρων φιλοσόφων ῥητόρων σοφιστῶν, vol. I) ; et ce n'est qu'en 1542 dans une édition de Venise que discours et lettres ont été réunis.

(398) *Oratores attici*, 2e vol., Oxford, Clarendon Press, 1823.

(399) On sait que l'ordre adopté d'habitude par nos éditions vient des éditions données par J. Wolf en 1553 et 1570.

mence qu'au milieu du § 3 par : τοῖς ἰδίοις ἀγῶσιν) (400). Utilisé
d'abord par Bekker, il a été spécialement étudié par Albert
Martin (401) et Buermann (402). Le dernier éditeur qui l'ait
examiné, Drerup (403), y voit l'œuvre de deux scribes (404),
revue par cinq ou plus précisément six correcteurs (405). Ce
qu'il y a d'intéressant à noter dans ces corrections c'est
qu'elles s'échelonnent du moment où a été écrit le manuscrit
jusqu'au xiii⁰ siècle et que celles qui datent des xi⁰ et xii⁰ et
xiii⁰ siècles (406), ont été faites d'après des manuscrits « de
la vulgate » (407). C'est donc le texte primitif de Γ qui sera
pour nous le plus intéressant.

Ce manuscrit, comme nous l'avons vu plus haut, remonte à
un archétype du 1er ou du ii⁰ siècle après J.-C., et nous a transmis le texte dans un état de conservation très supérieur à celui que présente l'immense majorité de nos manuscrits grecs.
Il est très rare que la leçon donnée par Γ soit telle que l'on
doive recourir à une conjecture, et en outre, ce qui est fort
important pour la constitution du texte d'un discours *épidic-
tique* d'Isocrate (408), la présence de l'hiatus n'y est qu'excep-
tionnelle. Ces qualités expliquent donc l'emploi prépondérant
que l'on a fait de Γ depuis un siècle.

Ce n'est pas cependant que la tâche de l'éditeur doive se bor-
ner à reproduire le texte de Γ et à tenir les autres manuscrits
comme inexistants. En effet *l'Urbinas* présente un certain
nombre de fautes que la vulgate permet de corriger, qu'il

---

(400) Tel est du moins l'état primitif du manuscrit, car la lacune a été corrigée
en marge postérieurement. Une autre lacune interrompt la lettre VIII au § 8.

(401) A. Martin, *Le manuscrit d'Isocrate Urbinas*, CXI (Bibliothèque des Ecoles
françaises d'Athènes et de Rome, fascicule 24) ; et *Nouvelles études sur le Manuscrit d'Isocrate du fonds d'Urbin* (*Revue de philologie*, 1895, XIX, p. 123-128 et
188-196).

(402) H. Buermann, *Die handschriftliche Ueberlieferung des Isokrates*, I, p. 16
et II.

(403) Dreruq, édition, I, préface, p. ix et lxv et suivantes.

(404) Drerup les désigne par Γ pr. et Γ mg. unc. p.

(405) Γ¹, Γ², Γ³, Γ⁴, Γ⁵ de Drerup, qui d'ailleurs attribue Γ² à deux scribes différents (Buermann en voit même trois).

(406) Γ³, Γ⁴, Γ⁵ de Drerup.

(407) Λ, Θ ou des manuscrits voisins.

(408) Comme le fait observer Drerup (I, p. lxv et lxxv), on peut admettre que
dans les œuvres qu'Isocrate déclare avoir le moins travaillées et dans celles qui
n'étaient pas destinées à paraître sous son nom (c'est le cas pour les plaidoyers),
quelques hiatus aient subsisté.

s'agisse de fautes purement matérielles (ce qui se produit surtout dans les les lettres où le texte de Γ s'impose bien moins que pour les discours), d'omissions (c'est le cas le moins fréquent) ou de répétition de mots à quelques lignes d'intervalle. Pourtant nous n'admettrons pas comme le fait Blass (409) que toute répétition de ce genre doive disparaître si elle ne figure pas à la fois dans la tradition de Γ et dans celle de la vulgate. Cette dernière peut avoir souvent corrigé le texte de l'archétype par un souci exagéré de la variété. Rien ne nous interdit de penser qu'Isocrate a parfois intentionnellement répété le même terme pour insister sur sa pensée. L'emploi d'un tel procédé n'est pas rare chez les orateurs : Hypéride notamment ne s'est pas fait faute d'y avoir recours, or Hypéride avait été disciple d'Isocrate (410). Si incertain que puisse être en pareille matière le critérium du goût personnel, nous ne nous interdirons pas d'accepter dans notre texte certaines répétitions de mots attestées par l'*Urbinas 111* et ses dérivés.

Le *Vaticanus* 936 (Δ), manuscrit sur papier du XIVᵉ siècle, dérive (par des intermédiaires inconnus) de Γ. Il comprend 234 feuilles (de 0,23 sur 0,15) et contient dix-huit discours (manquent le *Contre Callimachos*, le *Contre Euthynous* et le *Sur l'attelage*) dont le *Philippe* est le quinzième ; puis viennent huit discours de Thémistius, et enfin les neuf lettres d'Isocrate dans le même ordre que dans Γ. Parmi les quatre correcteurs qu'y distingue Drerup, deux (Δ¹ et Δ²), se seraient servis de l'archétype, un (Δ³) d'un manuscrit du type « de la vulgate » (voisin du *Laurentianus* LXXXVII 14); et un enfin n'aurait introduit que des corrections conjecturales. Utilisé par Bekker, il sert surtout à vérifier les leçons de Γ et de son descendant E.

Ce dernier, l'*Ambrosianus* O 144, est le premier de son groupe qui ait été connu. En effet c'est d'après lui qu'en 1812 Moustoxydis a pour la première fois publié le discours *sur l'Echange* au complet. C'est un manuscrit du XVᵉ siècle, sur papier, de 375 feuilles (0,235 sur 0,165) qui contient dix-huit

---

(409) Blass, édition, I, p. VI-VII.

(410) [Plutarque] *Vie des dix orateurs, Hypéride*, 3 ; *Isocrate* 10-11 ; Hermippos, fragment 64 (*Fragmenta historicorum græcorum*, III, p. 50). Par contre l'exemple d'Andocide, allégué par Drerup (I, p. LXXVI), ne me paraît pas concluant, Andocide n'ayant jamais passé pour un modèle de style.

discours et neuf lettres d'Isocrate (les mêmes que dans Δ et dans le même ordre). Comme par sa correction, et malgré sa date relativement récente, il se rapproche beaucoup de son ancêtre Γ, il a été fréquemment utilisé ; et en général on peut considérer comme sûre la leçon sur laquelle s'accordent Γ et E. E, employé par Baiter (411), a été attentivement étudié par Benseler en ce qui concerne le *Panégyrique*, le *Philippe*, le *Plataïque*, l'*Archidamos* et le discours *sur la Paix* (412).

Autres manuscrits du Philippe. — On désigne d'habitude sous le nom de *vulgate* le texte transmis par les manuscrits qu'avaient utilisées les éditeurs avant la découverte de Moustoxydis et le mouvement de recherches qui la suivit. Vingt de ces manuscrits contiennent le *Philippe ;* bien qu'ils soient loin d'avoir la valeur de Γ et de E, il est des cas où ils nous fournissent encore une contribution utile à l'établissement du texte d'Isocrate.

Le plus important est le *Vaticanus* 65 (Λ), le second des manuscrits d'Isocrate par ordre d'ancienneté ; en effet il est daté de 1063. Maintenant mutilé il comprend les vingt-et-un discours (le *Philippe* occupe la onzième place) formant deux volumes de 304 feuilles au total (0,217 sur 0,175). Son début qui, selon une hypothèse de Drerup (413), devait contenir une vie d'Isocrate, a été brûlé ; et un des correcteurs (414) a comblé la lacune au XIIIe siècle en écrivant à nouveau le début du *A Démonicos ;* d'autres corrections ont été apportées du XIe au XIVe siècle. Utilisé par Coraï (415) et Bekker, il a été également collationné pour le *Philippe* par Buermann (416).

A lui se rattachent un certain nombre de manuscrits bien moins importants qui reproduisent soit l'état où il se trouvait avant sa mutilation, soit son état actuel. Dans le premier

---

(411) Edition du *Panégyrique*, Leipzig, Weidmann, 1831 ; — Baiter et Sauppe, *Oratores attici*, 1re partie, fascicule II, Zurich, Hœhr, 1839.

(412) Edition de ces cinq discours par Benseler, 2 volumes (Leipzig, Engelmann, 1854).

(413) Drerup, édition, I, préface, p. xv.

(414) Λ³ de Drerup.

(415) Edition de Coraï, 2 volumes, Paris, Didot, 1807.

(416) Buermann, *Die handschriftliche Ueberlieferung des Isocrates*, I, p. 4 et suivantes.

5

gróupe, nous devons noter tout d'abord, parce que Bekker l'a consulté et que Keil (417) y a étudié les § 1-10 du *Philippe*, le *Marcianus* 415 (Ξ) ; il contient lui aussi les vingt-et-un discours (rangés au début dans un ordre un peu différent de celui de Λ ; mais le *Philippe* y est à la même place). Contentons-nous de citer les autres manuscrits du même groupe : *Laurentianus conv. suppr.* 84, manuscrit du xiv⁰ ou du xv⁰ siècle sur papier (418) ; *Urbinas* 112, écrit sur parchemin du xv⁰ siècle par Jean de Scutari (419) (le *Philippe* y est le quatorzième discours) ; *Palatinus* 187 écrit également sur parchemin par Jean de Scutari (il contient, sauf le discours *sur l'Echange*, les mêmes discours que le précédent et dans le même ordre); *Lugduno-Batavus* 29, écrit au xvi⁰ siècle sur papier (contenant les vingt-et-un discours dans l'ordre de Λ, si l'on excepte le transport du *A Démonicos* après le *Panégyrique*).

Les manuscrits qui dérivent de Λ après sa mutilation sont moins importants encore ; ce sont le *Palatinus* 135, manuscrit du xiv⁰ siècle sur papier, (dans lequel manquent les § 44-45 et 117-139 du *Philippe*, les § 11-35 de l'*Archidamos*, 51-58 du *Trapézitique*, 1-3 et 31-68 du *Contre Callimachos*); — le *Laurentianus* LVIII 12, et le *Laurentianus* LVIII 14, tous deux du xv⁰ siècle et sur parchemin (dans le second, manque le § 68 du *Contre Callimachos*); — enfin le *Parisinus* 2931, manuscrit du xv⁰ siècle sur papier (420). Ces quatre manuscrits contiennent les vingt-et-un discours, les trois derniers dans l'ordre de Λ, le premier dans un ordre analogue. Notons que le *Parisinus* 2931, déjà utilisé pour l'édition de 1782 par Auger (qui le désigne par I), a été revu en ce qui concerne le discours sur l'*Echange* par Cartelier (421).

Incomparablement plus intéressants sont d'autres manuscrits « *de la vulgate* », qui ne descendent pas de Λ, mais suivent une tradition analogue à la sienne. C'est le cas du *Laurentianus* LVIII 5 (N), manuscrit du xv⁰ siècle sur papier qui contient seulement avec une *Vie d'Isocrate* et des arguments,

---

(417) Keil, *Der Marcianus 415 des Isokrates*, (*Hermes*, 1887, XXII, p. 641-642).
(418) Cf. Buermann, I, p. 12.
(419) Cf. A. Martin, p. 5 ; Drerup, édition, I, préface, p. xlix.
(420) Pour ces quatre manuscrits, cf. Buermann, I, p. 11.
(421) Cartelier et Havet, édition, Introduction, p. cxx, note 2.

treize discours (ceux qui sont en tête dans Λ) (422). La même collection se trouve reproduite dans le *Parisinus* 2932 (Π des éditeurs du XIXᵉ siècle, K d'Auger), manuscrit du XVᵉ siècle sur papier; utilisé par Auger, il a été collationné par Buermann (423) pour le *A Démonicos* et le *Philippe*, et Drerup a dû s'en servir pour le *Nicoclès* et le *Sur la Paix*. (424).

A la vulgate aussi appartiennent le *Parisinus* 2930 (T des éditeurs récents, H d'Auger) et le *Parisinus* 2991 (N d'Auger), tous deux du XVᵉ siècle et sur papier, contenant les vingt-et-un discours dans un ordre analogue à celui de Λ (T a les arguments de six discours, dont celui du *Philippe*). Tous deux ont servi à Auger, puis à Cartelier pour son édition du discours *sur l'Echange* (425).

Une place à part doit être faite au *Laurentianus* LXXXVII 14 (Θ), manuscrit du XIIIᵉ siècle sur papier. Il ne contient que onze discours, dont le *Philippe* est le neuvième; mais, outre que par l'ancienneté il est le troisième de nos manuscrits, il nous donne, lui aussi, le texte intégral du discours *sur l'Echange*. De plus ses leçons, en général conformes à la tradition de la vulgate, se rapprochent cependant parfois de celles de Γ et ainsi il peut nous être de quelque secours en cas de désaccord des deux traditions. Il avait été utilisé par Bekker et son texte du *Philippe*, du *Panégyrique* et du *Panathénaïque* a été collationné par Buermann (426).

Enfin le *Philippe* nous est encore transmis par quelques autres manuscrits dont la filiation reste incertaine. D'ailleurs deux seulement ont été étudiés jusqu'ici : Baiter, puis Benseler se sont servis du *Scaphusianus* 43 (Z), manuscrit du XVᵉ siècle sur papier, qui nous donne les douze discours que Λ met en tête (427). De son côté Auger a employé le *Parisinus* 2990 (qu'il désigne par M); c'est un manuscrit du XVᵉ siècle sur papier, qui contient quinze discours d'Isocrate; mais le *Philippe*

---

(422) Cf. Buermann, I, p. 10.

(423) Buermann, I, p. 16.

(424) A l'heure actuelle (août 1924), nous n'avons pas encore appris que le second volume de l'édition Drerup ait paru.

(425) Cartelier et E. Havet, édition, Introduction, p. cxx, note 2.

(426) Buermann, I, p. 9 et 16. — Cobet a collationné le texte de l'*Aréopagitique*.

(427) N présente le même ordre et presque le même choix puisqu'il n'y ajoute que l'*Archidamos*.

qui y occupe la quatrième place, n'y est représenté que par les §§ 1-16 et 126-155. Le *Philippe* figure encore dans le *Laurentianus Ricciardianus* 12, manuscrit du xv° siècle sur papier (avec huit autres discours), dans le *Vindobonensis* 3, parchemin du xv° ou du xv° siècle, qui contient les vingt-et-un discours avec la *Vie d'Isocrate* qui a été introduite dans le recueil de Plutarque ; et dans le *Cremonensis* 160, manuscrit du xv° siècle sur papier (428).

Il convient d'ajouter qu'un secours peut nous être encore apporté par les notes que Victorius (Pietro Vettori) a mises en marge d'un exemplaire de l'édition aldine et qui contiennent les variantes intéressant le *Panégyrique*, le *Philippe* et le *A Nicoclès*, relevées par lui sur un manuscrit maintenant perdu (429).

Les manuscrits des Lettres. — Comme nous l'avons dit, aucun des manuscrits indépendants de Γ que nous venons d'énumérer, ne nous a transmis les lettres d'Isocrate ; et la tradition « *de la vulgate* » vient pour celles-ci d'un groupe tout différent.

Le manuscrit le plus ancien se trouve être aussi celui d'après lequel en 1499 Marc Musurus publia, chez Alde, les lettres d'Isocrate (430). C'est le *Vaticanus* 64, (Θ), parchemin de 289 feuilles, écrit en 1270 par divers scribes ; il débute par l'*Hélène* et l'*Evagoras* ; puis, après diverses œuvres d'Arrien, de Libanios, de Synésios, d'Eschine etc., se termine par les lettres d'Isocrate (les lettres à Philippe, à Alexandre et à Antipatros y sont respectivement les quatrième, cinquième, sixième et septième).

Le *Parisinus* 3054, écrit sur papier au xv° siècle par Jean Lascaris, débute par les neuf lettres d'Isocrate et contient ensuite des lettres de divers auteurs ; Auger l'a employé et le désigne par Q.

---

(428) Ce manuscrit contient sept discours d'Isocrate, dont le *Philippe* est le dernier ; les six autres (*A Nicoclès, Nicoclès, Panégyrique, A Démonicos, Hélène, Evagoras*) figurent dans le même ordre dans le *Marcianus* 415.

(429) Ces notes ont été publiées par Baiter dans son édition du *Panégyrique*, préface, p. xii et suivantes.

(430) Voir plus haut note 397.

A la bibliothèque ducale de Wolfenbüttel, se trouve un parchemin du xvᵉ siècle, que l'on désigne sous le nom de *Helmstadiensis* 806 ou de *Guelferbytanus* 902. Contenant entre autres œuvres les neuf lettres d'Isocrate, il a été reproduit photographiquement par Heinemann (431).

Les autres manuscrits du même groupe n'ont pas fourni de contribution à l'établissement du texte des lettres ; ce sont le *Palatinus* 134, du xvᵉ siècle ; le *Laurentianus* LXX 19, parchemin du xvᵉ siècle ; le *Vaticanus* 1336, de la fin du xvᵉ siècle, (dans lequel les lettres d'Isocrate suivent les lettres socratiques) ; le *Vaticanus* 1353, écrit au xvᵉ siècle par Constantin Lascaris ; et le *Vaticanus* 1461, parchemin du xvᵉ siècle.

D'autre part quelques manuscrits qui ne contiennent pas le *Philippe*, nous ont transmis les lettres d'Isocrate dans un ordre identique à celui où elles se présentent dans Γ. Ce sont le *Matritensis* N 98, du xvᵉ siècle (qui joint à diverses œuvres huit discours d'Isocrate et ses neuf lettres) ; le *Vaticanus* 1448, parchemin du xvᵉ siècle ; l'*Ottobonianus* 122, du xviiᵉ siècle (le plus récent de nos manuscrits d'Isocrate), qui semble copié sur le précédent ; et l'*Ottobonianus* 178, du xviᵉ siècle (qui comprend six discours et sept lettres d'Isocrate, les lettres aux fils de Jason et à Timothée n'y figurant pas).

Notre tradition manuscrite des lettres est donc à la fois moins abondante et moins riche en manuscrits intéressants que celle du *Philippe* ; et en général nous n'avons en présence que le groupe ΓΔE et le texte de Φ.

Constitution du texte. — Nous avons donc à établir notre texte d'après la tradition de la vulgate et d'après celle de Γ ; et en général les leçons fournies par cette dernière sont si supérieures aux autres qu'on s'explique que depuis Bekker elle ait été presque seule employée pour la constitution de notre texte d'Isocrate. En effet, par le sens satisfaisant qu'elle présente presque toujours, par la correction plus grande de ses phrases et de ses périodes, par son souci presque absolu

---

(431) Heinemann, *Die Handschriften der herzoglichen Bibliothek zu Wolfenbüttel*, I, 2, p. 232.

d'éviter l'hiatus (432), elle se place très au-dessus du texte plus plat, souvent traînant et parfois incorrect de la vulgate. Ce n'est pas cependant que nous nous interdisions d'avoir recours à celle-ci dans des cas, assez rares d'ailleurs, où le groupe ΓΔΕ ne nous fournira qu'une leçon inacceptable en raison de sa forme ou de son sens (433). Il arrivera même exceptionnellement qu'à défaut de toute tradition satisfaisante, nous acceptions une correction moderne. D'ailleurs il ne nous apparaît pas nécessaire de corriger Isocrate chaque fois que dans des circonstances analogues il n'emploie pas des expressions exactement semblables; en cas de désaccord des manuscrits sur un point, la comparaison avec d'autres passages d'Isocrate peut fournir un moyen de discrimination; mais si les manuscrits sont d'accord, pourquoi exiger qu'Isocrate ait toujours employé exactement les mêmes constructions et lui interdire par exemple d'écrire τῶν νῦν παρόντων dans une lettre (434) sous prétexte qu'il a écrit seulement τῶν παρόντων (435) dans le *Philippe?* En principe, en cas de désaccord entre les deux groupes de manuscrits, nous indiquerons les leçons de ΓΕ et celles de la vulgate, ne distinguant dans celle-ci entre l'apport des divers manuscrits que dans le cas où le fait présenterait une importance particulière. Par *codd.*, nous entendons l'accord des deux traditions (exception faite, le cas échéant, des manuscrits cités individuellement à ce propos).

---

(432) Sous réserve des observations faites plus haut.
(433) M. L. W. Laistner (*Classical quarterly*, 1921, p. 78-84), étudiant les leçons données pour le *Sur la Paix* par un papyrus du British Museum, conclut également qu'il ne faut pas se fier exclusivement à Γ.
(434) *Lettre III* 5.
(435) *Philippe* 115.

SIGLES

Γ   *Urbinas 111*, ix⁰ ou x⁰ siècle (contient dix-neuf discours et les *Lettres*).

Δ   *Vaticanus 936*, xiv⁰ siècle (contient dix-huit discours et les *Lettres*).

E   *Ambrosianus O 144*, xv⁰ siècle (contient dix-huit discours et les *Lettres*).

Z   *Scaphusianus 43*, xv⁰ siècle (contient douze discours).

Θ   *Laurentianus LXXXVII 14*, xiii⁰ siècle (contient onze discours).

Λ   *Vaticanus 65*, daté de 1063 (contient les vingt et un discours).

Ξ   *Marcianus 415*, xv⁰ siècle (contient les vingt et un discours).

Π   *Parisinus 2932*, xv⁰ siècle (contient treize discours).

vulg.   Texte des manuscrits inférieurs utilisés avant la découverte de l'*Urbinas*.

Pap.   Papyrus du ii⁰ siècle après J.-C., appartenant à la collection de l'archiduc Rainer.

Vict.   Notes mises par P. Vettori en marge de son exemplaire de l'édition aldine.

ΦΙΛΙΠΠΟΣ

—

Ὑπόθεσις τοῦ πρὸς Φίλιππον λόγου, ἀδήλου τοῦ γράψαντος.

—

Ἰστέον ὅτι τὸν λόγον τοῦτον ἔγραψε τῷ Φιλίππῳ ὁ Ἰσοκράτης μετὰ τὴν εἰρήνην τὴν γενομένην ὑπὸ τῶν περὶ τὸν Αἰσχίνην καὶ Δημοσθένην· διὸ καὶ ἔσχε καιρὸν γράψαι αὐτῷ τῷ Φιλίππῳ, ὡς φίλῳ γενομένῳ τῆς Ἀθηναίων πόλεως. Ἐν σχήματι δὲ τοῦ ἐγκωμιάσαι αὐτὸν παραινεῖ αὐτῷ διαλλάξαντα τὰς Ἑλληνικὰς πόλεις τὰς μεγάλας, πρὸς ἑαυτὰς στασιαζούσας, στρατεῦσαι κατὰ Περσῶν. Πρέπει γάρ σοι, φησὶ, τοῦτο ποιῆσαι, Ἡρακλείδῃ ὄντι καὶ οὕτω δυνατῷ. Καὶ ὁ μὲν Φίλιππος λαβὼν τὸν λόγον καὶ ἀναγνοὺς οὐκ ἐπείσθη τοῖς λεγομένοις, ἀλλ' ἀνεβάλετο τέως· ὕστερον δὲ ὁ παῖς ὁ τούτου Ἀλέξανδρος ἀναγνοὺς τὸν λόγον καὶ ἐρεθισθεὶς ἐστράτευσε κατὰ Δαρείου τοῦ ὑστέρου καὶ λεγομένου Ὤχου. Τὸ μὲν γὰρ κύριον ὄνομα Ὦχος ἐλέγετο, κολακεύοντες δ' αὐτὸν οἱ Πέρσαι ἐπίκλην αὐτὸν ὠνόμαζον Δαρεῖον, ὡς πρὸς τοὺς πρώτους προγόνους.

Ἡ δὲ στάσις τοῦ λόγου πραγματική· συμβουλεύει γάρ. Ἔγραψε δὲ ὁ Ἰσοκράτης τὸν λόγον γέρων ὤν, μικρὸν πρὸ τῆς ἑαυτοῦ καὶ Φιλίππου τελευτῆς, ὥς φησιν ὁ Ἕρμιππος.

οὕτω Benseler, Blass : τοιούτῳ vulg. || δ' αὐτὸν vulg. : δ' αὐτῷ C. Müller.

—

ΦΙΛΙΠΠΟΣ

—

Μὴ θαυμάσῃς, ὦ Φίλιππε, διότι τοῦ λόγου ποιήσομαι τὴν ἀρχήν οὐ τοῦ πρὸς σὲ ῥηθησομένου καὶ νῦν δειχθήσεσθαι μέλλοντος, ἀλλὰ τοῦ περὶ Ἀμφιπόλεως γραφέντος. Περὶ οὗ μικρὰ βούλομαι προειπεῖν, ἵνα δηλώσω καὶ σοὶ καὶ τοῖς ἄλλοις ὡς

—

1 ἄγνοιαν Γ Ε : ἄνοιαν vulg. || τῆς ἀρρωστίας Γ Ε : ὑπὸ τῆς ἀρρωστίας vulg.

οὐ δι' ἄγνοιαν οὐδὲ διαψευσθεὶς τῆς ἀρρωστίας τῆς νῦν μοι παρούσης ἐπεθέμην
γράφειν τὸν πρός σε λόγον, ἀλλ' εἰκότως καὶ κατὰ μικρὸν ὑπαχθείς.

2 Ὁρῶν γὰρ τὸν πόλεμον τὸν ἐνστάντα σοὶ καὶ τῇ πόλει περὶ Ἀμφιπόλεως πολλῶν κακῶν αἴτιον γιγνόμενον, ἐπεχείρησα λέγειν περί τε τῆς πόλεως ταύτης καὶ
τῆς χώρας οὐδὲν τῶν αὐτῶν οὔτε τοῖς ὑπὸ τῶν σῶν ἑταίρων λεγομένοις οὔτε τοῖς
ὑπὸ τῶν ῥητόρων τῶν παρ' ἡμῖν, ἀλλ' ὡς οἷόν τε πλεῖστον ἀφεστῶτα τῆς τούτων
διανοίας. 3 Οὗτοι μὲν γὰρ παρώξυνον ἐπὶ τὸν πόλεμον, συναγορεύοντες ταῖς ἐπιθυμίαις ὑμῶν· ἐγὼ δὲ περὶ μὲν τῶν ἀμφισβητουμένων οὐδὲν ἀπεφαινόμην, ὃν δ' ὑπε-
λάμβανον τῶν λόγων εἰρηνικώτατον εἶναι, περὶ τούτου διέτριβον, λέγων ὡς ἀμφότεροι
διαμαρτάνετε τῶν πραγμάτων καὶ σὺ μὲν πολεμεῖς ὑπὲρ τῶν ἡμῖν συμφερόντων, ἡ
δὲ πόλις ὑπὲρ τῆς σῆς δυναστείας· λυσιτελεῖν γὰρ σοὶ μὲν ἡμᾶς ἔχειν τὴν χώραν
ταύτην, τῇ δὲ πόλει μηδ' ἐξ ἑνὸς τρόπου λαβεῖν αὐτήν. 4 Καὶ περὶ τούτων οὕτως
ἐδόκουν διεξιέναι τοῖς ἀκούουσιν ὥστε μηδένα τὸν λόγον αὐτῶν μηδὲ τὴν λέξιν
ἐπαινεῖν ὡς ἀκριβῶς καὶ καθαρῶς ἔχουσαν, ὅπερ εἰώθασί τινες ποιεῖν, ἀλλὰ τὴν
ἀλήθειαν τῶν πραγμάτων θαυμάζειν καὶ νομίζειν οὐδαμῶς ἂν ἄλλως παύσασθαι τῆς
φιλονικίας ὑμᾶς, 5 πλὴν εἰ σὺ μὲν πεισθείης πλείονος ἄξιαν ἔσεσθαί σοι τὴν τῆς
πόλεως φιλίαν ἢ τὰς προσόδους τὰς ἐξ Ἀμφιπόλεως γιγνομένας, ἡ δὲ πόλις δυνηθείη
καταμαθεῖν ὡς χρὴ τὰς μὲν τοιαύτας φεύγειν ἀποικίας, αἵτινες τετράκις ἢ πεντάκις
ἀπολωλέκασι τοὺς ἐμπολιτευθέντας, ζητεῖν δ' ἐκείνους τοὺς τόπους τοὺς πόρρω μὲν
κειμένους τῶν ἄρχειν δυναμένων, ἐγγὺς δὲ τῶν δουλεύειν εἰθισμένων, εἰς οἷόνπερ
Λακεδαιμόνιοι Κυρηναίους ἀπώκισαν· 6 πρὸς δὲ τούτοις, εἰ σὺ μὲν γνοίης ὅτι
λόγῳ παραδοὺς τὴν χώραν ἡμῖν ταύτην αὐτὸς ἔργῳ κρατήσεις αὐτῆς καὶ προσέτι
τὴν εὔνοιαν τὴν ἡμετέραν κτήσει· τοσούτους γὰρ ὁμήρους λήψει παρ' ἡμῶν τῆς
φιλίας, ὅσους περ ἂν ἐποίκους εἰς τὴν σὴν δυναστείαν ἀποστείλωμεν, τὸ δὲ πλῆθος
ἡμῶν εἴ τις διδάξειεν ὡς, ἂν λάβωμεν Ἀμφίπολιν, ἀναγκασθησόμεθα τὴν αὐτὴν
εὔνοιαν ἔχειν τοῖς σοῖς πράγμασι διὰ τοὺς ἐνταῦθα κατοικοῦντας οἵαν περ εἴχομεν
Ἀμαδόκῳ τῷ παλαιῷ διὰ τοὺς ἐν Χερρονήσῳ γεωργοῦντας. 7 Τοιούτων δὲ πολλῶν
λεγομένων ἤλπισαν ὅσοιπερ ἤκουσαν, διαδοθέντος τοῦ λόγου διαλύσεσθαι τὸν πόλεμον
ὑμᾶς καὶ γνωσιμαχήσαντας βουλεύεσθαί τι κοινὸν ἀγαθὸν περὶ ὑμῶν αὐτῶν. Εἰ
μὲν οὖν ἀφρόνως ἢ νοῦν ἐχόντως ταῦτ' ἐδόξαζον, δικαίως ἂν ἐκεῖνοι τὴν αἰτίαν
ἔχοιεν· ὄντος δ' οὖν ἐμοῦ περὶ τὴν πραγματείαν ταύτην ἔφθητε ποιησάμενοι τὴν
εἰρήνην πρὶν ἐξεργασθῆναι τὸν λόγον, σωφρονοῦντες· ὅπως γὰρ οὖν πεπρᾶχθαι
κρεῖττον ἦν αὐτὴν ἢ συνέχεσθαι τοῖς κακοῖς τοῖς διὰ τὸν πόλεμον γιγνομένοις.
8 Συνησθεὶς δὲ τοῖς περὶ τῆς εἰρήνης ψηφισθεῖσι καὶ νομίσας οὐ μόνον ἡμῖν ἀλλὰ
καὶ σοὶ καὶ τοῖς ἄλλοις Ἕλλησιν ἅπασι συνοίσειν ἀποστῆσαι μὲν τὴν ἐμαυτοῦ διάνοιαν τῶν ἐχομένων οὐχ οἷός τ' ἦν, ἀλλ' οὕτω διεκείμην ὥστ' εὐθὺς σκοπεῖσθαι πῶς

---

3 λυσιτελεῖν Γ vulg. : λυσιτελεῖ Ε.
4 ὑμᾶς Γ : ὑμᾶς ταύτης Ε vulg.
6 "Ὅτι λόγῳ Γ Ε : ὅτι σὺ μὲν λόγῳ vulg. ‖ λήψει παρ' ἡμῶν Γ·Ε : παρ' ἡμῶν
λήψῃ vulg. ‖ ἐποίκους Γ Ε : ἀποίκους vulg. ‖ ὡς ἂν Γ : ὡς εἰ ἂν Ε ὡς ἦν vulg.
Cf. *Epist*. V 5 ‖ οἷανπερ Γ Ε : ἡμῶν οἵανπερ vulg. ‖ Ἀμαδόκῳ Γ¹ Ε (cf. Harpo-
crationem s. v.) : Μηδόκῳ Γ² vulg. ‖ γεωργοῦντας Γ Ε : κατοικοῦντάς τε καὶ γεωργοῦντας Vict.
7 πολλῶν λεγομένων Γ Ε : ὄντων τῇ πόλει τῶν λεγομένων ἡμῖν Λ Π Ξ ‖ ὑμᾶς
...ὑμῶν Γ Ε : ἡμᾶς ...ἡμῶν ΛΠΞ ‖ ἢ Γ : ἢ καὶ Ε ἢ οὐ cett. codd. ‖ αὐτὴν Γ Ε :
ὑμῖν vel ἡμῖν vulg. om. Λ.
8 Ἕλλησιν ἅπασι Γ : ἅπασιν Ἕλλησι Ε.

ἂν τὰ πεπραγμένα παραμείνειεν ἡμῖν καὶ μὴ χρόνον ὀλίγον ἡ πόλις ἡμῶν διαλιποῦσα
πάλιν ἑτέρων πολέμων ἐπιθυμήσειε · 9 διεξιὼν δὲ περὶ τούτων πρὸς ἐμαυτὸν εὕρισκον
οὐδαμῶς ἂν ἄλλως αὐτὴν ἡσυχίαν ἄγουσαν, πλὴν εἰ δόξειε ταῖς πόλεσι ταῖς μεγίσ-
ταις διαλυσαμέναις τὰ πρὸς σφᾶς αὐτὰς εἰς τὴν Ἀσίαν τὸν πόλεμον ἐξενεγκεῖν καὶ
τὰς πλεονεξίας, ἃς νῦν παρὰ τῶν Ἑλλήνων ἀξιοῦσιν αὐταῖς γίγνεσθαι, ταύτας εἰ
παρὰ τῶν βαρβάρων ποιήσασθαι βουληθεῖεν · ἅπερ ἐν τῷ πανηγυρικῷ λόγῳ τυγχάνω
συμβεβουλευκώς.

10 Ταῦτα δὲ διανοηθεὶς καὶ νομίσας οὐδέποτ' ἂν εὑρεθῆναι καλλίω ταύτης ὑπόθεσιν οὐδὲ κοινοτέραν οὐδὲ μᾶλλον ἅπασιν ἡμῖν συμφέρουσαν, ἐπήρθην πάλιν γράψαι
περὶ αὐτῆς, οὐκ ἀγνοῶν οὐδὲν τῶν περὶ ἐμαυτόν, ἀλλ' εἰδὼς μὲν τὸν λόγον τοῦτον
οὐ τῆς ἡλικίας τῆς ἐμῆς δεόμενον ἀλλ' ἀνδρὸς ἄνθουσαν τὴν ἀκμὴν ἔχοντος καὶ τὴν
φύσιν πολὺ τῶν ἄλλων διαφέροντος, 11 ὁρῶν δ' ὅτι χαλεπόν ἐστι περὶ τὴν αὐτὴν
ὑπόθεσιν δύο λόγους ἀνεκτῶς εἰπεῖν, ἄλλως τε κἂν ὁ πρότερον ἐκδοθεὶς οὕτως ᾖ γε-
γραμμένος ὥστε καὶ τοὺς βασκαίνοντας ἡμᾶς μιμεῖσθαι καὶ θαυμάζειν αὐτὸν μᾶλλον
τῶν καθ' ὑπερβολὴν ἐπαινούντων. 12 Ἀλλ' ὅμως ἐγὼ ταύτας τὰς δυσχερείας ὑπερι-
δὼν οὕτως ἐπὶ γήρως γέγονα φιλότιμος ὥστ' ἠβουλήθην ἅμα τοῖς πρὸς σε λεγομένοις
καὶ τοῖς μετ' ἐμοῦ διατρίψασιν ὑποδεῖξαι καὶ ποιῆσαι φανερὸν ὅτι τὸ μὲν ταῖς πανη-
γύρεσιν ἐνοχλεῖν καὶ πρὸς ἅπαντας λέγειν τοὺς συντρέχοντας ἐν αὐταῖς πρὸς οὐδένα
λέγειν ἐστίν, ἀλλ' ὁμοίως οἱ τοιοῦτοι τῶν λόγων ἄκυροι τυγχάνουσιν ὄντες τοῖς νόμοις
καὶ ταῖς πολιτείαις ταῖς ὑπὸ τῶν σοφιστῶν γεγραμμέναις, 13 δεῖ τοὺς βουλομένους
μὴ μάτην φλυαρεῖν, ἀλλὰ προὔργου τι ποιεῖν καὶ τοὺς οἰομένους ἀγαθόν τι κοινὸν
εὑρηκέναι τοὺς μὲν ἄλλους ἐᾶν πανηγυρίζειν, αὐτοὺς δ' ὧν εἰσηγοῦνται ποιησάσθαι
τινα προστάτην τῶν καὶ λέγειν καὶ πράττειν δυναμένων καὶ δόξαν μεγάλην ἐχόντων,
εἴπερ μέλλουσί τινες προσέξειν αὐτοῖς τὸν νοῦν. 14 Ἅπερ ἐγὼ γνοὺς διαλεχθῆναι
σοὶ προειλόμην, οὐ πρὸς χάριν ἐκλεξάμενος, καίτοι πρὸ πολλοῦ ποιησαίμην ἄν σοι
κεχαρισμένως εἰπεῖν, ἀλλ' οὐκ ἐπὶ τούτῳ τὴν διάνοιαν ἔσχον. Ἀλλὰ τοὺς μὲν ἄλλους
ἑώρων τοὺς ἐνδόξους τῶν ἀνδρῶν ὑπὸ πόλεσι καὶ νόμοις οἰκοῦντας, καὶ οὐδὲν ἐξὸν
αὐτοῖς ἄλλο πράττειν πλὴν τὸ προσταττόμενον, ἔτι δὲ πολὺ καταδεεστέρους ὄντας
τῶν πραγμάτων τῶν ῥηθησομένων, 15 σοὶ δὲ μόνῳ πολλὴν ἐξουσίαν ὑπὸ τῆς τύχης
δεδομένην καὶ πρέσβεις πέμπειν πρὸς οὕστινας ἂν βουληθῇς καὶ δέχεσθαι παρ' ὧν
ἂν σοι δοκῇ καὶ λέγειν ὅ τι ἂν ἡγῇ συμφέρειν, πρὸς δὲ τούτοις καὶ πλοῦτον καὶ
δύναμιν κεκτημένον ὅσην οὐδεὶς τῶν Ἑλλήνων, ἃ μόνα τῶν ὄντων καὶ πείθειν καὶ

---

9 δὲ περὶ Γ Ε : δ' ἕκαστα vulg. || παρὰ τῶν Ἑλλήνων ἀξιοῦσιν Γ Ε : ἀξιοῦσι παρὰ
τῶν Ἑλλήνων Λ Π Ξ.
10 ἅπασιν ἡμῖν Γ Ε : ἡμῖν vulg. || γράψαι Γ Ε : συγγράψαι vulg. || εἰδὼς μὲν
Γ² : εἰδὼς Γ¹ || τῆς ἡλικίας τῆς ἐμῆς Γ Ε : τῆς ἐμῆς ἡλικίας vulg.
11 πρότερον Γ Ε : πρότερος vulg.
12 ἐγὼ Γ : ἁπάσας ἐγὼ Ε ἐγὼ ἁπάσας vulg. || ἐπὶ γήρως vulg. : ἐν δυσχερείᾳ
(quod propter δυσχερείαν irrepsisse Blass suspicatur) || ὥστ' ἠβουλήθην Γ Ε (cf. 21
ubi omnes codices ἠ- exhibent): ὥστε βουληθῆναι vulg. || οὐδένα vulg. : οὐθένα Γ Ε.
13 τινες Γ Ε : om. cett. codd. || αὐτοῖς vulg. : αὐτῷ Γ Ε.
14 ἐκλεξάμενος Ε vulg. : ἐκδεξάμενος Γ || ἐπὶ τούτῳ Γ Ε : ἐπὶ τοῦτο vulg. (cf.
Aristotelis Ἀθηναίων Πολιτείαν XV 4: οἱ ἐπὶ τούτῳ τεταγμένοι) || ἔσχον Γ² Ε :
ἔχων Γ¹ || ἐξὸν αὐτοῖς Γ Ε Λ : αὐτοῖς ἐξὸν vulg. || πλὴν Γ Ε : ἢ vulg. || τῶν πραγ-
μάτων τῶν ῥηθησομένων Γ vulg. : τῶν ῥηθησομένων πραγμάτων Ε.
15 οὕστινας ἂν βουληθῇς Γ Ε (quod cum δοκῇ congruit) : οὓς ἂν βουληθείης
vulg. || πλοῦτον καὶ δύναμιν ...ὅσην Γ Ε : δύναμιν καὶ πλοῦτον ...ὅσον vulg. || ῥη-
θησόμενα Γ : νῦν ῥηθησόμενα Ε vulg. || προσδεήσεσθαι Γ² Ε : προσδείσεσθαι Γ¹.

βιάζεσθαι πέφυκεν · ὧν οἶμαι καὶ τὰ ῥηθησόμενα προσδεήσεσθαι. 16 Μέλλω γάρ σοι συμβουλεύειν προστῆναι τῆς τε τῶν Ἑλλήνων ὁμονοίας καὶ τῆς ἐπὶ τοὺς βαρβάρους στρατείας · ἔστι δὲ τὸ μὲν πείθειν πρὸς τοὺς Ἕλληνας συμφέρον, τὸ δὲ βιάζεσθαι πρὸς τοὺς βαρβάρους χρήσιμον. Ἡ μὲν οὖν περιβολὴ παντὸς τοῦ λόγου τοιαύτη τις ἔστιν.

17 Οὐκ ὀκνήσω δὲ πρὸς σὲ κατειπεῖν, ἐφ' οἷς ἐλύπησάν τινές με τῶν πλησιασάντων · οἶμαι γὰρ ἔσεσθαί τι προὔργου. Δηλώσαντος γάρ μου πρὸς αὐτοὺς ὅτι μέλλω σοι λόγον πέμπειν οὐκ ἐπίδειξιν ποιησόμενον οὐδ' ἐγκωμιασόμενον τοὺς πολέμους τοὺς διὰ σοῦ γεγενημένους, ἕτεροι γὰρ τοῦτο ποιήσουσιν, ἀλλὰ πειρασόμενόν σε προτρέπειν ἐπὶ πράξεις οἰκειοτέρας καὶ καλλίους καὶ μᾶλλον συμφερούσας ὧν νῦν τυγχάνεις προῃρημένος, 18 οὕτως ἐξεπλάγησαν μὴ διὰ τὸ γῆρας ἐξεστηκὼς ὦ τοῦ φρονεῖν ὥστ' ἐτόλμησαν ἐπιπλῆξαί μοι πρότερον οὐκ εἰωθότες τοῦτο ποιεῖν, λέγοντες ὡς ἀτόποις καὶ λίαν ἀνοήτοις ἐπιχειρῶ πράγμασιν · « ὅστις Φιλίππῳ συμβουλεύσοντα λόγον μέλλεις πέμπειν, ὃς εἰ καὶ πρότερον ἐνόμιζεν αὐτὸν εἶναί τινος πρὸς τὸ φρονεῖν καταδεέστερον, νῦν διὰ τὸ μέγεθος τῶν συμβεβηκότων οὐκ ἔστιν ὅπως οὐκ οἴεται βέλτιον δύνασθαι βουλεύεσθαι τῶν ἄλλων. 19 Ἔπειτα καὶ Μακεδόνων ἔχει περὶ αὐτὸν τοὺς σπουδαιοτάτους, οὓς εἰκός, εἰ καὶ περὶ τῶν ἄλλων ἀπείρως ἔχουσι, τό γε συμφέρον ἐκείνῳ μᾶλλον ἢ σὲ γιγνώσκειν. Ἔτι καὶ τῶν Ἑλλήνων πολλοὺς ἂν ἴδοις ἐκεῖ κατοικοῦντας, οὐκ ἀδόξους ἄνδρας οὐδ' ἀνοήτους, ἀλλ' οἷς ἐκεῖνος ἀνακοινούμενος οὐκ ἐλάττω τὴν βασιλείαν πεποίηκεν, ἀλλ' εὐχῆς ἄξια διαπέπρακται. 20 Τί γὰρ ἐλλέλοιπεν ; Οὐ Θετταλοὺς μὲν τοὺς πρότερον ἐπάρχοντας Μακεδονίας οὕτως οἰκείως πρὸς αὑτὸν διακεῖσθαι πεποίηκεν ὥσθ' ἑκάστους αὐτῶν μᾶλλον ἐκείνῳ πιστεύειν ἢ τοῖς συμπολιτευομένοις ; Τῶν δὲ πόλεων τῶν περὶ τὸν τόπον ἐκεῖνον τὰς μὲν ταῖς εὐεργεσίαις πρὸς τὴν αὑτοῦ συμμαχίαν προσῆκται, τὰς δὲ σφόδρα λυπούσας αὐτὸν ἀναστάτους πεποίηκεν ; 21 Μάγνητας δὲ καὶ Περραιβοὺς καὶ Παίονας κατέστραπται καὶ πάντας ὑπηκόους αὐτοὺς εἴληφεν ; Τοῦ δ' Ἰλλυριῶν πλήθους πλὴν τῶν παρὰ τὸν Ἀδρίαν οἰκούντων ἐγκρατὴς καὶ κύριος γέγονεν ; Ἁπάσης δὲ τῆς Θρᾴκης οὓς ἠβουλήθη δεσπότας κατέστησεν ; τὸν δὴ τοσαῦτα καὶ τηλικαῦτα διαπεπραγμένον οὐκ οἴει πολλὴν μωρίαν καταγνώσεσθαι τοῦ πέμψαντος τὸ βιβλίον καὶ πολὺ διεψεῦσθαι νομιεῖν τῆς τε τῶν λόγων δυνάμεως καὶ τῆς αὑτοῦ διανοίας ; » 22 Ταῦτ' ἀκούσας ὡς μὲν τὸ πρῶτον ἐξεπλάγην καὶ πάλιν ὡς ἀναλαβὼν ἐμαυτὸν ἀντεῖπον πρὸς ἕκαστον τῶν ῥηθέντων, παραλείψω, μὴ καὶ δόξω τισὶ λίαν ἀγαπᾶν εἰ χαριέντως αὐτοὺς ἠμυνάμην · λυπήσας δ' οὖν μετρίως, ὡς ἐμαυτὸν ἔπειθον, τοὺς ἐπιπλῆξαί μοι τολμήσαντας, τελευτῶν ὑπεσχόμην μόνοις αὐτοῖς τὸν λόγον τῶν ἐν τῇ πόλει δείξειν

---

16 πρὸς τοὺς Ἕλληνας συμφέρον Γ Ε : στρατεύειν ἰδίᾳ σοι τιμὴν φέρον vulg. ‖ βιάζεσθαι πρὸς τοὺς βαρβάρους Γ Ε : ἐπὶ τοὺς βαρβάρους vulg. ‖ παντὸς τοῦ λόγου Γ Ε : τοῦ λόγου παντός vulg.

17 τινές με Γ Ε (cf. 22) : μέ τινες vulg. ‖ τῶν πλησιασάντων Γ Ε² : τῶν πλησιαζόντων Ε⁴ vulg. ‖ προῃρημένος Γ vulg. : προειρημένος Ε.

18 ἐξεστηκὼς ὦ Γ Ε : ἐξέστηκα cett. codd. ‖ μέλλεις Γ : μέλλω Ε vulg.

20 ἐπάρχοντας Γ Ε : ἐπάρξαντας vulg. ‖ λυπούσας αὐτὸν Γ Ε : λυπούσας vulg.

21 Περραιβοὺς Ε : Περραιβαίους Γ Περρεβαίους Z vulg. ‖ αὐτοὺς vulg. : αὐτοῖς Γ Ε αὐτοῖς (id est τοῖς Μακεδόσι) Schneider ‖ Ἰλλυριῶν vulg. (quod Blass recipit propter 49 : τοῦ πλήθους τῶν Ἑλλήνων) : Ἰλλυρίου Γ Ε ‖ παρὰ Γ Ε : περὶ vulg. ‖ τοσαῦτα Jacob (collatis 98, VIII 140) : τοιαῦτα Γ Ε τοιοῦτον vulg.

22 λίαν Γ Ε : om. cett. codd. ‖ οὖν Γ Ε : οὖν οὐ vulg. ‖ τὸν λόγον τῶν ἐν τῇ πόλει Γ Ε : τῶν ἐν τῇ πόλει τὸν λόγον vulg.

καὶ ποιήσειν οὐδὲν ἄλλο περὶ αὐτοῦ πλὴν ὅ τι ἂν ἐκείνοις δόξῃ. 23 Τούτων ἀκούσαντες ἀπῆλθον, οὐκ οἶδ' ὅπως τὴν διάνοιαν ἔχοντες. Πλὴν οὐ πολλαῖς ἡμέραις
ὕστερον ἐπιτελέσθεντος τοῦ λόγου καὶ δειχθέντος αὐτοῖς τοσοῦτον μετέπεσεν ὥστ'
ᾐσχύνοντο μὲν ἐφ' οἷς ἐθρασύναντο, μετέμελε δ' αὐτοῖς ἁπάντων τῶν εἰρημένων,
ὡμολόγουν δὲ μηδενὸς πώποτε τοσούτου πράγματος διαμαρτεῖν, ἔσπευδον δὲ μᾶλλον
ἢγὼ πεμφθῆναί σοι τὸν λόγον τοῦτον, ἔλεγον δ' ὡς ἐλπίζουσιν οὐ μόνον σὲ καὶ τὴν
πόλιν ἕξειν μοι χάριν ὑπὲρ τῶν εἰρημένων ἀλλὰ καὶ τοὺς Ἕλληνας ἅπαντας.

24 Τούτου δ' ἕνεκά σοι ταῦτα διῆλθον, ἵν' ἄν τί σοι φανῇ τῶν ἐν ἀρχῇ λεγομένων
ἢ μὴ πιστὸν ἢ μὴ δυνατὸν ἢ μὴ πρέπον σοι πράττειν, μὴ δυσχεράνας ἀποστῇς
τῶν λοιπῶν μηδὲ πάθῃς ταὐτὸν τοῖς ἐπιτηδείοις τοῖς ἐμοῖς, ἀλλ' ἐπιμείνῃς ἡσυχάζουσαν ἔχων τὴν διάνοιαν, ἕως ἂν διὰ τέλους ἀκούσῃς ἁπάντων τῶν λεγομένων.
Οἶμαι γὰρ ἐρεῖν τι τῶν δεόντων καὶ τῶν σοὶ συμφερόντων. 25 Καίτοι μ' οὐ λέληθεν,
ὅσον διαφέρουσι τῶν λόγων εἰς τὸ πείθειν οἱ λεγόμενοι τῶν ἀναγιγνωσκομένων, οὐδ'
ὅτι πάντες ὑπειλήφασι τοὺς μὲν περὶ σπουδαίων πραγμάτων καὶ κατεπειγόντων ῥητορεύεσθαι, τοὺς δὲ πρὸς ἐπίδειξιν καὶ πρὸς ἐργολαβίαν γεγράφθαι. 26 Καὶ ταῦτ' οὐκ
ἀλόγως ἐγνώκασιν· ἐπειδὰν γὰρ ὁ λόγος ἀποστερηθῇ τῆς τε δόξης τῆς τοῦ λέγοντος
καὶ τῆς φωνῆς καὶ τῶν μεταβολῶν τῶν ἐν ταῖς ῥητορείαις γιγνομένων, ἔτι δὲ τῶν
καιρῶν καὶ τῆς σπουδῆς τῆς περὶ τὴν πρᾶξιν, καὶ μηδὲν ᾖ τὸ συναγωνιζόμενον καὶ
συμπεῖθον, ἀλλὰ τῶν μὲν προειρημένων ἁπάντων ἔρημος γένηται καὶ γυμνός, ἀναγιγνώσκῃ δέ τις αὐτὸν ἀπιθάνως καὶ μηδὲν ἦθος ἐνσημαινόμενος ἀλλ' ὥσπερ ἀπαριθμῶν,
27 εἰκότως, οἶμαι, φαῦλος εἶναι δοκεῖ τοῖς ἀκούουσιν. Ἅπερ καὶ τὸν νῦν ἐπιδεικνύμενον μάλιστ' ἂν βλάψειε καὶ φαυλότερον φαίνεσθαι ποιήσειεν· οὐδὲ γὰρ ταῖς περὶ
τὴν λέξιν εὐρυθμίαις καὶ ποικιλίαις κεκοσμήκαμεν αὐτόν, αἷς αὐτός τε νεώτερος ὢν
ἐχρώμην καὶ τοῖς ἄλλοις ὑπέδειξα, δι' ὧν τοὺς λόγους ἡδίους ἂν ἅμα καὶ πιστοτέρους ποιοῖεν. 28 Ὧν οὐδὲν ἔτι δύναμαι διὰ τὴν ἡλικίαν, ἀλλ' ἀπόχρη μοι τοσοῦτον, ἢν αὐτὰς τὰς πράξεις ἁπλῶς δυνηθῶ διελθεῖν. Ἡγοῦμαι δὲ καὶ σοὶ προσήκειν
ἁπάντων τῶν ἄλλων ἀμελήσαντι ταύταις μόναις προσέχειν τὸν νοῦν. Οὕτω δ' ἂν
ἀκριβέστατα καὶ κάλλιστα θεωρήσειας εἴ τι τυγχάνομεν λέγοντες, 29 ἢν τὰς μὲν
δυσχερείας τὰς περὶ τοὺς σοφιστὰς καὶ τοὺς ἀναγιγνωσκομένους τῶν λόγων ἀφέλῃς,
ἀναλαμβάνων δ' ἕκαστον αὐτῶν εἰς τὴν διάνοιαν ἐξετάζῃς, μὴ πάρεργον ποιούμενος
μηδὲ μετὰ ῥαθυμίας ἀλλὰ μετὰ λογισμοῦ καὶ φιλοσοφίας, ἧς καὶ σὲ μετεσχηκέναι
φασίν. Μετὰ γὰρ τούτων σκοπούμενος μᾶλλον ἢ μετὰ τῆς τῶν πολλῶν δόξης ἄμεινον
ἂν βουλεύσαιο περὶ αὐτῶν. Ἃ μὲν οὖν ἠβουλόμην μοι προειρῆσθαι, ταῦτ' ἐστιν.
30 Περὶ δ' αὐτῶν τῶν πραγμάτων ἤδη ποιήσομαι τοὺς λόγους. Φημὶ γὰρ χρῆναί σε
τῶν μὲν ἰδίων μηδενὸς ἀμελῆσαι, πειραθῆναι δὲ διαλλάξαι τήν τε πόλιν τὴν Ἀργείων
καὶ τὴν Λακεδαιμονίων καὶ τὴν Θηβαίων καὶ τὴν ἡμετέραν. Ἢν γὰρ ταύτας συ-

---

23 ἐθρασύναντο· Γ Ε : ἐθρασύνοντο vulg. ‖ ἢγὼ Γ : ἢ ἐγὼ Ε εἰς τὸ vulg. ; forsitan
ἢ 'γὼ legendum sit.
24 φανῇ Γ Ε : φαίνηται vulg. ‖ τοῖς ἐμοῖς Γ Ε : ἐμοὶ vulg.
26 οὐκ ἀλόγως Γ Ε : οὐ κακῶς vulg. ‖ δόξης τῆς Γ Ε : δόξης vulg.§‖ ἔτι δὲ Γ Ε :
ἔτι δὲ καὶ vulg. ‖ ἁπάντων ἔρημος codd. : om. Γ¹.
27 ἡδίους ἂν ἅμα Γ Ε : ἡδίους θ' ἅμα vulg.
28 ἀμελήσαντι vulg. : ἀμελήσαντες Ε ‖ εἴ τι τυγχάνομεν Vict. : εἰ τυγχάνομεν Γ
εἴ τι τυγχάνοιμεν Ε vulg.
29 μοι Γ Ε² Λ : σοι vulg.
30 χαλεπῶς Γ : χαλεπῶς οἶμαι Ε vulg.

στῆσαι δυνηθῇς, οὐ χαλεπῶς καὶ τὰς ἄλλας ὁμονοεῖν ποιήσεις. **31** Ἅπασαι γάρ εἰσιν ὑπὸ ταῖς εἰρημέναις καὶ καταφεύγουσιν, ὅταν φοβηθῶσιν, ἐφ' ἣν ἂν τύχωσιν τούτων, καὶ τὰς βοηθείας ἐντεῦθεν λαμβάνουσιν. Ὥστ' ἂν τέτταρας μόνον πόλεις εὖ φρονεῖν πείσῃς, καὶ τὰς ἄλλας πολλῶν κακῶν ἀπαλλάξεις.

32 Γνοίης δ' ἂν ὡς οὐδεμιᾶς σοι προσήκει τούτων ὀλιγωρεῖν, ἣν ἀνενέγκῃς αὐτῶν τὰς πράξεις ἐπὶ τοὺς σαυτοῦ προγόνους · εὑρήσεις γὰρ ἑκάστῃ πολλὴν φιλίαν πρὸς ὑμᾶς καὶ μεγάλας εὐεργεσίας ὑπαρχούσας. Ἄργος μὲν γάρ ἐστί σοι πατρίς, ἧς· δίκαιον τοσαύτην σε ποιεῖσθαι πρόνοιαν ὅσην περ τῶν γονέων τῶν σαυτοῦ · Θηβαῖοι δὲ τὸν ἀρχηγὸν τοῦ γένους ὑμῶν τιμῶσι καὶ ταῖς προσόδοις καὶ ταῖς θυσίαις μᾶλλον ἢ τοὺς θεοὺς τοὺς ἄλλους · **33** Λακεδαιμόνιοι δὲ τοῖς ἀπ' ἐκείνου γεγονόσι καὶ τὴν βασιλείαν καὶ τὴν ἡγεμονίαν εἰς ἅπαντα τὸν χρόνον δεδώκασι · τὴν δὲ πόλιν τὴν ἡμετέραν φασίν, οἷσπερ περὶ τῶν παλαιῶν πιστεύομεν Ἡρακλεῖ μὲν συναιτίαν γενέσθαι τῆς ἀθανασίας — ὃν δὲ τρόπον, σοὶ μὲν αὖθις πυθέσθαι ῥᾴδιον, ἐμοὶ δὲ νῦν εἰπεῖν οὐ καιρός — τοῖς δὲ παισὶ τοῖς ἐκείνου τῆς σωτηρίας. **34** Μόνη γὰρ ὑποστᾶσα τοὺς μεγίστους κινδύνους πρὸς τὴν Εὐρυσθέως δύναμιν ἐκεῖνόν τε τῆς μεγίστης ὕβρεως ἔπαυσε καὶ τοὺς παῖδας τῶν φόβων τῶν ἀεὶ παραγιγνομένων αὐτοῖς ἀπήλλαξεν. Ὑπὲρ ὧν οὐ μόνον τοὺς τότε σωθέντας δίκαιον ἦν ἡμῖν χάριν ἔχειν, ἀλλὰ καὶ τοὺς νῦν ὄντας · διὰ γὰρ ἡμᾶς καὶ ζῶσι καὶ τῶν ὑπαρχόντων ἀγαθῶν ἀπολαύουσι · μὴ γὰρ σωθέντων ἐκείνων οὐδὲ γενέσθαι τὸ παράπαν ὑπῆρχεν αὐτοῖς.

35 Τοιούτων οὖν ἁπασῶν τῶν πόλεων γεγενημένων ἔδει μὲν μηδέποτέ σοι μηδὲ πρὸς μίαν αὐτῶν γενέσθαι διαφοράν. Ἀλλὰ γὰρ ἅπαντες πλείω πεφύκαμεν ἐξαμαρτάνειν ἢ κατορθοῦν. Ὥστε τὰ μὲν πρότερον γεγενημένα κοινὰ θεῖναι δίκαιόν ἐστιν, εἰς δὲ τὸν ἐπίλοιπον χρόνον φυλακτέον ὅπως μηδὲν συμβήσεταί σοι τοιοῦτον, καὶ σκεπτέον τί ἂν ἀγαθὸν αὐτὰς ἐργασάμενος φανείης ἄξια καὶ σαυτοῦ καὶ τῶν ἐκείναις πεπραγμένων πεποιηκώς. **36** Ἔχεις δὲ καιρόν · ἀποδιδόντα γάρ σε χάριν ὧν ὤφειλες, ὑπολήψονται διὰ τὸ πλῆθος τοῦ χρόνου τοῦ μεταξὺ προϋπάρχειν τῶν εὐεργεσιῶν. Καλὸν δ' ἐστὶ δοκεῖν μὲν τὰς μεγίστας τῶν πόλεων εὖ ποεῖν, μηδὲν δ' ἧττον ἑαυτὸν ἢ 'κείνας ὠφελεῖν. **37** Χωρὶς δὲ τούτων εἰ πρός τινας αὐτῶν ἀηδές τί σοι συμβέβηκεν, ἅπαντα ταῦτα διαλύσεις · αἱ γὰρ ἐν τοῖς παροῦσι καιροῖς εὐεργεσίαι λήθην ἐμποιοῦσι τῶν πρότερον [ὑμῖν] εἰς ἀλλήλους πεπλημμελημένων. Ἀλλὰ μὴν κἀκεῖνο φανερόν, ὅτι πάντες ἄνθρωποι τούτων πλείστην μνείαν ἔχουσιν ὑφ' ὧν ἂν ἐν ταῖς συμφοραῖς εὖ πάθωσιν. **38** Ὁρᾷς δ' ὡς τεταλαιπώρηνται διὰ τὸν πόλεμον καὶ ὡς παραπλησίως ἔχουσι τοῖς ἰδίᾳ μαχομένοις. Καὶ γὰρ ἐκείνους αὐξανομένης τῆς ὀργῆς οὐδεὶς ἂν διαλλάξειεν · ἐπὴν δὲ κακῶς ἀλλήλους διαθῶσιν, οὐδενὸς διαλύοντος αὐτοὶ διέστησαν. Ὅπερ οἶμαι καὶ ταύτας ποιήσειν, ἢν μὴ σὺ πρότερον αὐτῶν ἐπιμεληθείης.

---

31 τύχωσιν τούτων Γ Ε : τούτων τύχωσι vulg.
32 σαυτοῦ Γ : σοὺς cett. codd. || ἑκάστῃ Γ Ε : ἐν ἑκάστῃ vulg.
33 οἷσπερ περὶ Blass : οἷσπερ Γ Ε οἷς περὶ vulg. || συναιτίαν Γ Ε : αἰτίαν vulg.
34 τῆς μεγίστης ὕβρεως Γ Ε: Blass propter μεγίστους suspectum judicat, τῆς ὕβρεως vulg. || οὐδὲ γενέσθαι Γ Ε : οὐδὲ ἂν γενέσθαι Λ Vict.
35 σοι τοιοῦτον Γ Ε : τοιοῦτον vulg. || ἐκείναις Γ : ἐκείνης Ε ἐκείνοις vulg.
36 ὤφειλες Γ Ε : ὀφείλεις vulg. || ἑαυτὸν Γ Ε : σεαυτὸν vulg. αὐτὸν Benseler.
37 ἐμποιοῦσι Γ Ε : ἐμποιήσουσι vulg. || ὑμῖν (quod Γ exhibet) delet Dobrec : ἡμῖν Ε vulg. || ὑφ' ὧν Γ : ὧν cett. codd.
38 αὐξανομένης vulg. : αὐξομένης Γ || ἐπὴν Γ : ἐπὰν Ε.

39 Ταχ' οὖν ἄν τις ἐνστῆναι τοῖς εἰρημένοις τολμήσειε, λέγων ὡς ἐπιχειρῶ σε πείθειν ἀδυνάτοις ἐπιτίθεσθαι πράγμασιν· οὔτε γὰρ Ἀργείους φίλους ἄν ποτε γενέσθαι Λακεδαιμονίοις οὔτε Λακεδαιμονίους Θηβαίοις οὔθ' ὅλως τοὺς εἰθισμένους ἅπαντα τὸν χρόνον πλεονεκτεῖν οὐδέποτ' ἄν ἰσομοιρῆσαι πρὸς ἀλλήλους. **40** Ἐγὼ δ' ὅτε μὲν ἡ πόλις ἡμῶν ἐν τοῖς Ἕλλησιν ἐδυνάστευε καὶ πάλιν ἡ Λακεδαιμονίων, οὐδὲν ἄν ἡγοῦμαι περανθῆναι τούτων· ῥᾳδίως γὰρ ἄν ἑκατέραν ἐμποδὼν γενέσθαι τοῖς πραττομένοις· νῦν δ' οὐχ ὁμοίως ἔγνωκα περὶ αὐτῶν. Οἶδα γὰρ ἁπάσας ὡμαλισμένας ὑπὸ τῶν συμφορῶν, ὥσθ' ἡγοῦμαι πολὺ μᾶλλον αὐτὰς αἱρήσεσθαι τὰς ἐκ τῆς ὁμονοίας ὠφελείας ἤ τὰς ἐκ τῶν τότε πραττομένων πλεονεξίας. **41** Ἔπειτα τῶν μὲν ἄλλων ὁμολογῶ μηδέν' ἄν δυνηθῆναι διαλλάξαι τὰς πόλεις ταύτας, σοὶ δ' οὐδὲν τῶν τοιούτων ἐστὶ χαλεπόν. Ὁρῶ γάρ σε τῶν τοῖς ἄλλοις ἀνελπίστων δοκούντων εἶναι καὶ παραδόξων πολλὰ διαπεπραγμένον, ὥστ' οὐδὲν ἄτοπον εἰ καὶ ταῦτα μόνος συστῆσαι δυνηθείης. Χρὴ δὲ τοὺς μέγα φρονοῦντας καὶ τοὺς διαφέροντας μὴ τοῖς τοιούτοις ἐπιχειρεῖν ἅ καὶ τῶν τυχόντων ἄν τις καταπράξειεν, ἀλλ' ἐκείνοις οἷς μηδεὶς ἄν ἄλλος ἐπιχειρήσειεν πλὴν τῶν ὁμοίαν σοὶ καὶ τὴν φύσιν καὶ τὴν δύναμιν ἐχόντων.

42 Θαυμάζω δὲ τῶν ἡγουμένων ἀδύνατον εἶναι πραχθῆναί τι τούτων, εἰ μήτ' αὐτοὶ τυγχάνουσιν εἰδότες μήτ' ἑτέρων ἀκηκόασιν ὅτι πολλοὶ δὴ πόλεμοι καὶ δεινοὶ γεγόνασιν, οὓς οἱ διαλυσάμενοι μεγάλων ἀγαθῶν ἀλλήλοις αἴτιοι κατέστησαν. Τίς γὰρ ἄν ὑπερβολὴ γένοιτο τῆς ἔχθρας τῆς πρὸς Ξέρξην τοῖς Ἕλλησι γενομένης; Οὗ τὴν φιλίαν ἅπαντες ἴσασιν ἡμᾶς τε καὶ Λακεδαιμονίους μᾶλλον ἀγαπήσαντας ἤ τῶν συγκατασκευασάντων ἑκατέροις ἡμῶν τὴν ἀρχήν. **43** Καὶ τί δεῖ λέγειν τὰ παλαιὰ καὶ τὰ πρὸς τοὺς βαρβάρους; Ἀλλ' εἴ τις ἀθρήσειε καὶ σκέψαιτο τὰς τῶν Ἑλλήνων συμφοράς, οὐδὲν ἄν μέρος οὖσαι φανεῖεν τῶν διὰ Θηβαίους καὶ Λακεδαιμονίους ἡμῖν γεγενημένων. Ἀλλ' οὐδὲν ἧττον Λακεδαιμονίων τε στρατευσάντων ἐπὶ Θηβαίους καὶ βουλομένων λυμήνασθαι τὴν Βοιωτίαν καὶ διοικίσαι τὰς πόλεις βοηθήσαντες ἡμεῖς ἐμποδὼν ἐγενόμεθα ταῖς ἐκείνων ἐπιθυμίαις· **44** καὶ πάλιν μεταπεσούσης τῆς τύχης καὶ Θηβαίων καὶ Πελοποννησίων ἁπάντων ἐπιχειρησάντων ἀνάστατον ποιῆσαι τὴν Σπάρτην, ἡμεῖς καὶ πρὸς ἐκείνους μόνοι τῶν Ἑλλήνων ποιησάμενοι συμμαχίαν συναίτιοι τῆς σωτηρίας αὐτοῖς κατέστημεν. **45** Πολλῆς οὖν ἀνοίας ἄν εἴη μεστός, εἴ τις ὁρῶν τηλικαύτας μεταβολὰς γιγνομένας καὶ τὰς πόλεις μήτ' ἔχθρας μήθ' ὅρκων μήτ' ἄλλου μηδενὸς φροντιζούσας πλὴν ὅ τι ἄν ὑπολάβωσιν ὠφέλιμον αὐταῖς εἶναι, τοῦτο δὲ στεργούσας μόνον καὶ πᾶσαν τὴν σπουδὴν περὶ τούτου ποιουμένας, μὴ καὶ νῦν νομίζοι τὴν αὐτὴν γνώμην ἕξειν αὐτάς, ἄλλως τε καὶ σοῦ μὲν ἐπιστατοῦντος

---

39 οὔτε Λακεδαιμονίους Γ E : οὔτ' ἄν Λακεδαιμονίους vulg.

40 ἄν ἡγοῦμαι Γ E (hoc enim Isocrates nondum opinabatur cum *Panegyricum* componeret) : ἡγούμην vulg.

41 ἀνελπίστων δοκούντων Γ E : δοκούντων ἀνελπίστων vulg. || μόνος Γ : μόνος ἄν cett. codd. || τοῖς τοιούτοις Γ E : τοιούτοις cett. codd. || ἄλλος codd. : ἄλλως E || ἐπιχειρήσειεν codd. : ἐπεχείρησεν Γ¹.

42 ἀλλήλοις αἴτιοι Γ E : αἴτιοί ἀλλήλοις vulg. (quod hiatum efficit) || Ξέρξην codd. : suspectum arbitrantur Dobree et Blass || γενομένης codd. : γενομένοις E.

43 δεῖ Γ E : δεῖ με vulg. || Ἑλλήνων Γ E : ἄλλων vulg. || διοικίσαι Γ² Vict. : διοικῆσαι Γ¹ E vulg.

44 μόνοι ...ποιησάμενοι edd. : μόνους ...ποιησαμένους Γ E || συναίτιοι Γ E : αἴτιοι vulg.

45 στεργούσας μόνον Γ E : μόνον στεργούσας vulg. || περὶ τούτου Γ E : περὶ τοῦτο vulg. || τούτων σοι Γ E : τούτων vulg.

ταῖς διαλλαγαῖς, τοῦ δὲ συμφέροντος πείθοντος, τῶν δὲ παρόντων κακῶν ἀναγκαζόντων. Ἐγὼ μὲν γὰρ οἶμαι τούτων· σοι συναγωνιζομένων ἅπαντα γενήσεσθαι κατὰ τρόπον.

46 Ἡγοῦμαι δ' οὕτως ἄν σε μάλιστα καταμαθεῖν εἴτ' εἰρηνικῶς εἴτε πολεμικῶς αἱ πόλεις αὗται πρὸς ἀλλήλας ἔχουσιν, εἰ διεξέλθοιμεν μήτε παντάπασιν ἁπλῶς μήτε λίαν ἀκριβῶς τὰ μέγιστα τῶν παρόντων αὐταῖς, κἀὶ πρῶτον μὲν σκεψαίμεθα τὰ Λακεδαιμονίων.

47 Οὗτοι γὰρ ἄρχοντες τῶν Ἑλλήνων, οὐ πολὺς χρόνος ἐξ οὗ, καὶ κατὰ γῆν καὶ κατὰ θάλατταν, εἰς τοσαύτην μεταβολὴν ἦλθον, ἐπειδὴ τὴν μάχην ἡττήθησαν τὴν ἐν Λεύκτροις, ὥστ' ἀπεστερήθησαν μὲν τῆς ἐν τοῖς Ἕλλησι δυναστείας, τοιούτους δ' ἄνδρας ἀπώλεσαν σφῶν αὐτῶν, οἳ προῃροῦντο τεθνάναι μᾶλλον ἢ ζῆν ἡττηθέντες ὧν πρότερον ἐδέσποζον. **48** Πρὸς δὲ τούτοις ἐπεῖδον Πελοποννησίους ἅπαντας τοὺς πρότερον μεθ' αὑτῶν ἐπὶ τοὺς ἄλλους ἀκολουθοῦντας, τούτους μετὰ Θηβαίων εἰς τὴν αὑτῶν εἰσβαλόντας, πρὸς οὓς ἠναγκάσθησαν διακινδυνεύειν οὐκ ἐν τῇ χώρᾳ περὶ τῶν καρπῶν, ἀλλ' ἐν μέσῃ τῇ πόλει πρὸς αὐτοῖς τοῖς ἀρχείοις περὶ παίδων καὶ γυναικῶν τοιοῦτον κίνδυνον, ὃν μὴ κατορθώσαντες μὲν εὐθὺς ἀπώλλυντο, **49** νικήσαντες δ' οὐδὲν μᾶλλον ἀπηλλαγμένοι τῶν κακῶν εἰσιν, ἀλλὰ πολεμοῦνται μὲν ὑπὸ τῶν τὴν χώραν αὐτῶν περιοικούντων, ἀπιστοῦνται δ' ὑφ' ἁπάντων Πελοποννησίων, μισοῦνται δ' ὑπὸ τοῦ πλήθους τῶν Ἑλλήνων, ἄγονται δὲ καὶ φέρονται καὶ τῆς νυκτὸς καὶ τῆς ἡμέρας ὑπὸ τῶν οἰκετῶν τῶν σφετέρων αὐτῶν, οὐδεμίαν δ' ἡμέραν διαλείπουσιν ἢ στρατεύοντες ἐπί τινας ἢ μαχόμενοι πρός τινας ἢ βοηθοῦντες τοῖς ἀπολλυμένοις αὐτῶν. **50** Τὸ δὲ μέγιστον τῶν κακῶν · δεδιότες γὰρ διατελοῦσι μὴ Θηβαῖοι διαλυσάμενοι τὰ πρὸς Φωκέας πάλιν ἐπανελθόντες μείζοσιν αὐτοὺς συμφοραῖς περιβάλωσι τῶν πρότερον γεγενημένων. Καίτοι πῶς οὐ χρὴ νομίζειν τοὺς οὕτω διακειμένους ἁσμένους ἂν ἰδεῖν ἐπιστατοῦντα τῆς εἰρήνης ἀξιόχρεων ἄνδρα καὶ δυνάμενον διαλῦσαι τοὺς ἐνεστῶτας πολέμους αὐτοῖς ;

51 Ἀργείους τοίνυν ἴδοις ἂν τὰ μὲν παραπλησίως τοῖς εἰρημένοις πράττοντας, τὰ δὲ χεῖρον τούτων ἔχοντας · πολεμοῦσι μὲν γάρ, ἐξ οὗπερ τὴν πόλιν οἰκοῦσι, πρὸς τοὺς ὁμόρους, ὥσπερ Λακεδαιμόνιοι, τοσοῦτον δὲ διαφέρουσιν ὅσον ἐκεῖνοι μὲν πρὸς ἥττους αὐτῶν, οὗτοι δὲ πρὸς κρείττους · ὃ πάντες ἂν ὁμολογήσειαν μέγιστον εἶναι τῶν κακῶν. Οὕτω δὲ τὰ περὶ τὸν πόλεμον ἀτυχοῦσιν, ὥστ' ὀλίγου δεῖν καθ' ἕκαστον τὸν ἐνιαυτὸν τεμνομένην καὶ πορθουμένην τὴν αὑτῶν χώραν περιορῶσιν. **52** Ὁ δὲ

---

46 διεξέλθοιμεν vulg. : δέ τι ἐξέλθοιμεν Γ δέ τιδι διεξέλθοιμεν Ε ‖ ἀκριβῶς τὰ ΓΕ : ἀκριβῶς ἀλλὰ τὰ vulg. ‖ σκέψαίμεθα Γ Ε : σκεψώμεθα vulg. ‖ τὰ Λακεδαιμωνίων Γ Ε : τὰ τῶν Λακεδαιμονίων vulg.

47 οὗτοι γὰρ Γ Ε : οὗτοι μὲν γὰρ vulg. ‖ καὶ κατὰ γῆν Λ Vict. (cf. V 63; VI 53, 74 ; VIII 68 ; IX 54 ; XII 158): κατὰ γῆν Γ Ε.

48 μεθ' αὑτῶν Γ Ε : μετ' αὐτῶν cett. codd. ‖ εἰσβαλόντας Γ Ε : εἰσβάλλοντας vulg. ‖ διακινδυνεύειν Γ Ε : κινδυνεύειν vulg. ‖ ἀπώλλυντο Γ Ε : ἀπόλοιντο vulg.

49 ὑφ' ἁπάντων Γ Ε : ὑπὸ πάντων vulg. ‖ καὶ τῆς νυκτὸς καὶ τῆς ἡμέρας Ε : τῆς νυκτὸς τῆς ἡμέρας Γ τῆς νυκτὸς καὶ τῆς ἡμέρας vulg. ‖ οὐδεμίαν δ' ἡμέραν Γ Ε : Blass suspectum propter præcedentem ἡμέρας arbitratur, οὐδένα δὲ χρόνον vulg.

50 πρότεοον Γ : πρότερον αὐτοῖς Ε vulg. ‖ ἁσμένους Γ Ε : ἀσμένως vulg. ‖ πολέμους αὐτοῖς Γ Ε : αὐτοῖς πολέμους vulg.

51 οὗπερ Γ Ε : ὅσου vulg. ‖ ὥσπερ Γ Ε : ὥσπερ καὶ vulg. ‖ ὀλίγου δεῖν codd. : ὀλίγου δεῖ Γ ‖ ἕκαστον τὸν ἐνιαυτὸν Γ Ε : ἕκαστον ἐνιαυτὸν vulg. ‖ τὴν αὑτῶν χώραν Γ Ε : τὴν χώραν vulg.

52 ἀποκτείνοντες Γ Ε : ἀποκτείναντες vulg. ‖ ζῆν οὕτως Γ Ε : οὕτως ζῆν vulg.

πάντων δεινότατον · ὅταν γὰρ οἱ πολέμιοι διαλίπωσι κακῶς αὐτοὺς ποιοῦντες, αὐτοὶ τοὺς ἐνδοξοτάτους καὶ πλουσιωτάτους τῶν πολιτῶν ἀπολλύουσι, καὶ ταῦτα δρῶντες οὕτω χαίρουσιν ὡς οὐδένες ἄλλοι τοὺς πολεμίους ἀποκτείνοντες. Αἴτιον δ' ἐστὶ τοῦ ταραχωδῶς αὐτοὺς ζῆν οὕτως οὐδὲν ἄλλο πλὴν ὁ πόλεμος · ὃν ἢν διαλύσῃς, οὐ μόνον αὐτοὺς τούτων ἀπαλλάξεις, ἀλλὰ καὶ περὶ τῶν ἄλλων ἄμεινον βουλεύεσθαι ποιήσεις.

53 Ἀλλὰ μὴν τὰ περὶ Θηβαίους οὐδὲ σὲ λέληθεν. Καλλίστην γὰρ μάχην νικήσαντες καὶ δόξαν ἐξ αὐτῆς μεγίστην λαβόντες, διὰ τὸ μὴ καλῶς χρῆσθαι ταῖς εὐτυχίαις οὐδὲν βέλτιον πράττουσι τῶν ἡττηθέντων καὶ δυστυχησάντων. Οὐ γὰρ ἔφθασαν τῶν ἐχθρῶν κρατήσαντες, καὶ πάντων ἀμελήσαντες ἠνώχλουν μὲν ταῖς πόλεσι ταῖς ἐν Πελοποννήσῳ, Θετταλίαν δ' ἐτόλμων καταδουλοῦσθαι, Μεγαρεῦσι δ' ὁμόροις οὖσιν ἠπείλουν, τὴν δ' ἡμετέραν πόλιν μέρος τι τῆς χώρας ἀπεστέρουν, Εὔβοιαν δ' ἐπόρθουν, εἰς Βυζάντιον δὲ τριήρεις ἐξέπεμπον, ὡς καὶ γῆς καὶ θαλάττης ἄρξοντες.

54 Τελευτῶντες δὲ πρὸς Φωκέας πόλεμον ἐξήνεγκαν ὡς τῶν τε πόλεων ἐν ὀλίγῳ χρόνῳ κρατήσοντες, τόν τε τόπον ἅπαντα τὸν περιέχοντα κατασχήσοντες, τῶν τε χρημάτων τῶν ἐν Δελφοῖς περιγενησόμενοι ταῖς ἐκ τῶν ἰδίων δαπάναις. Ὧν οὐδὲν αὐτοῖς ἀποβέβηκεν, ἀλλ' ἀντὶ μὲν τοῦ λαβεῖν τὰς Φωκέων πόλεις τὰς αὐτῶν ἀπολωλέκασιν, εἰσβάλλοντες δ' εἰς τὴν τῶν πολεμίων ἐλάττω κακὰ ποιοῦσιν ἐκείνους ἢ πάσχουσιν ἀπιόντες εἰς τὴν αὑτῶν · 55 ἐν μὲν γὰρ τῇ Φωκίδι τῶν μισθοφόρων τινὰς ἀποκτείνουσιν οἷς λυσιτελεῖ τεθνάναι μᾶλλον ἢ ζῆν, ἀναχωροῦντες δὲ τοὺς ἐνδοξοτάτους αὐτῶν καὶ μάλιστα τολμῶντας ὑπὲρ τῆς πατρίδος ἀποθνήσκειν ἀπολλύουσιν. Εἰς τοῦτο δ' αὐτῶν τὰ πράγματα περιέστηκεν, ὥστ' ἐλπίσαντες ἅπαντας τοὺς Ἕλληνας ὑφ' αὑτοῖς ἔσεσθαι νῦν ἐν σοὶ τὰς ἐλπίδας ἔχουσι τῆς αὑτῶν σωτηρίας. Ὥστ' οἶμαι καὶ τούτους ταχέως ποιήσειν ὅ τι ἂν σὺ κελεύῃς καὶ συμβουλεύσῃς.

56 Λοιπὸν δ' ἂν ἦν ἡμῖν ἔτι περὶ τῆς πόλεως διαλεχθῆναι τῆς ἡμετέρας, εἰ μὴ προτέρα τῶν ἄλλων εὖ φρονήσασα τὴν εἰρήνην ἐπεποίητο. Νῦν δ' αὐτὴν οἶμαι καὶ συναγωνιεῖσθαι τοῖς ὑπὸ σοῦ πραττομένοις, ἄλλως τε κἂν δυνηθῇ συνιδεῖν ὅτι ταῦτα διοικεῖς πρὸ τῆς ἐπὶ τὸν βάρβαρον στρατείας.

57 Ὡς μὲν οὖν οὐκ ἀδύνατόν ἐστί σοι συστῆσαι τὰς πόλεις ταύτας, ἐκ τῶν εἰρημένων ἡγοῦμαί σοι γεγενῆσθαι φανερόν · ἔτι τοίνυν ὡς καὶ ῥᾳδίως ταῦτα πράξεις, ἐκ πολλῶν παραδειγμάτων οἶμαί σε γνῶναι ποιήσειν. Ἦν γὰρ φανῶσιν ἕτεροί τινες τῶν προγεγενημένων μὴ καλλίοσι μὲν μηδ' ὁσιωτέροις ὧν ἡμεῖς συμβεβουλεύκαμεν ἐπιχειρήσαντες, μείζω δὲ καὶ δυσκολώτερα τούτων ἐπιτελέσαντες, τί λοιπὸν ἔσται τοῖς ἀντιλέγουσιν ὡς οὐ θᾶττον σὺ τὰ ῥᾴω πράξεις ἢ 'κεῖνοι τὰ χαλεπώτερα;

58 Σκέψαι δὲ πρῶτον τὰ περὶ Ἀλκιβιάδην. Ἐκεῖνος γὰρ φυγὼν παρ' ἡμῶν καὶ

---

53 δόξαν ἐξ αὐτῆς μεγίστην Γ : δόξαν μεγίστην ἐξ αὐτῆς Ε μεγίστην ἐξ αὐτῆς δόξαν vulg. || χρῆσθαι Γ : χρήσασθαι cett. codd. || ταῖς πόλεσι ταῖς Γ Ε : τὰς πόλεις τὰς vulg. || ὁμόροις codd. : ὁμογόροις Γ1 || καὶ γῆς καὶ θαλάττης codd. : καὶ γῆς θαλάττης Γ.

54 κρατήσοντες vulg. : κρατήσαντες Γ Ε || οὐδὲν αὐτοῖς Γ Ε : οὐδὲν cett. codd. || ἐκείνους vulg. : ἐκείνοις Γ Ε Vict. || ἀπιόντες Γ Ε : πρὶν ἀπιέναι vulg.

55 αὐτῶν Γ Ε : om. cett. codd. || δ' αὐτῶν τὰ πράγματα περιέστηκεν Γ : δὲ τὰ πράγματ' αὐτῶν περιέστηκε vulg. δ' αὐτῶν περιέστηκε τὰ πράγματα Bekker || ὑφ' αὐτοῖς vulg. : ὑπ' αὐτοῖς Γ Ε || καὶ συμβουλεύσῃς Γ Ε : om. cett. codd.

56 ἐπεποίητο Γ Ε : ἐποιήσατο vulg. || οἶμαι codd. : om. Γ || διοικεῖς Γ Ε : διοικήσεις vulg.

57 γεγενῆσθαι Γ Ε : γενήσεσθαι vulg. || δυσκολώτερα Γ Ε : σκολιώτερα vulg. || ἀντιλέγουσιν ὡς codd. : Baiter mavult ἀντιλέγουσι; πῶς...

58 πρῶτον codd. : πρῶτον μὲν Blass collato 46 || Ἀλκιβιάδην Γ Ε : τὸν Ἀλκιβιά-

τοὺς ἄλλους ὁρῶν τοὺς πρὸ αὑτοῦ ταύτῃ τῇ συμφορᾷ κεχρημένους ἐπτηχότας διὰ τὸ μέγεθος τὸ τῆς πόλεως, οὐ τὴν αὐτὴν γνώμην ἔσχεν ἐκείνοις, ἀλλ' οἰηθεὶς πειρατέον εἶναι βίᾳ κατελθεῖν προείλετο πολεμεῖν πρὸς αὑτήν. 59 Καθ' ἕκαστον μὲν οὖν τῶν τότε γενομένων εἴ τις λέγειν ἐπιχειρήσειεν, οὔτ' ἂν διελθεῖν ἀκριβῶς δύναιτο, πρός τε τὸ παρὸν ἴσως ἂν ἐνοχλήσειεν· εἰς τοσαύτην δὲ ταραχὴν κατέστησεν οὐ μόνον τὴν πόλιν, ἀλλὰ καὶ Λακεδαιμονίους καὶ τοὺς ἄλλους Ἕλληνας, ὥσθ' ἡμᾶς μὲν παθεῖν ἃ πάντες ἴσασι, τοὺς δ' ἄλλους τηλικούτοις κακοῖς περιπεσεῖν 60 ὥστε μηδέπω νῦν ἐξιτήλους εἶναι τὰς συμφορὰς τὰς δι' ἐκεῖνον τὸν πόλεμον ἐν ταῖς πόλεσιν ἐγγεγενημένας, Λακεδαιμονίους δὲ τοὺς τότε δόξαντας εὐτυχεῖν εἰς τὰς νῦν ἀτυχίας δι' Ἀλκιβιάδην καθεστάναι· πεισθέντες γὰρ ὑπ' αὐτοῦ τῆς κατὰ θάλατταν δυνάμεως ἐπιθυμῆσαι, καὶ τὴν κατὰ γῆν ἡγεμονίαν ἀπώλεσαν, 61 ὥστ' εἴ τις φαίη τότε τὴν ἀρχὴν αὐτοῖς γίγνεσθαι τῶν παρόντων κακῶν ὅτε τὴν ἀρχὴν τῆς θαλάττης ἐλάμβανον, οὐκ ἂν ἐξελεγχθείη ψευδόμενος. Ἐκεῖνος μὲν οὖν τηλικούτων κακῶν αἴτιος γενόμενος κατῆλθεν εἰς τὴν πόλιν, μεγάλης μὲν δόξης τυχών, οὐ μὴν ἐπαινούμενος ὑφ' ἁπάντων. Κόνων δ' οὐ πολλοῖς ἔτεσιν ὕστερον ἀντίστροφα τούτων ἔπραξεν. 62 Ἀτυχήσας γὰρ ἐν τῇ ναυμαχίᾳ τῇ περὶ Ἑλλήσποντον οὐ δι' αὑτὸν ἀλλὰ διὰ τοὺς συνάρχοντας οἴκαδε μὲν ἀφικέσθαι κατῃσχύνθη, πλεύσας δ' εἰς Κύπρον χρόνον μέν τινα περὶ τὴν τῶν ἰδίων ἐπιμέλειαν διέτριβεν, αἰσθόμενος δ' Ἀγησίλαον μετὰ πολλῆς δυνάμεως εἰς τὴν Ἀσίαν διαβεβηκότα καὶ πορθοῦντα τὴν χώραν οὕτω μέγ' ἐφρόνησεν, 63 ὥστ' ἀφορμὴν οὐδεμίαν ἄλλην ἔχων πλὴν τὸ σῶμα καὶ τὴν διάνοιαν ἤλπισε Λακεδαιμονίους καταπολεμήσειν ἄρχοντας τῶν Ἑλλήνων καὶ κατὰ γῆν καὶ κατὰ θάλατταν, καὶ ταῦτα πέμπων ὡς τοὺς βασιλέως στρατηγοὺς ὑπισχνεῖτο ποιήσειν. Καὶ τί δεῖ τὰ πλείω λέγειν; Συστάντος γὰρ αὐτῷ ναυτικοῦ περὶ Ῥόδον καὶ νικήσας τῇ ναυμαχίᾳ Λακεδαιμονίους μὲν ἐξέβαλεν ἐκ τῆς ἀρχῆς, 64 τοὺς δ' Ἕλληνας ἠλευθέρωσεν, οὐ μόνον δὲ τὰ τείχη τῆς πατρίδος ἀνώρθωσεν, ἀλλὰ καὶ τὴν πόλιν εἰς τὴν αὐτὴν δόξαν προήγαγεν ἐξ ἧσπερ ἐξέπεσεν. Καίτοι τίς ἂν προσεδόκησεν ὑπ' ἀνδρὸς οὕτω ταπεινῶς πράξαντος ἀναστραφήσεσθαι τὰ τῆς Ἑλλάδος πράγματα καὶ τὰς μὲν ἀτιμωθήσεσθαι, τὰς δ' ἐπιπολάσειν τῶν Ἑλληνίδων πόλεων;

65 Διονύσιος τοίνυν — βούλομαι γὰρ ἐκ πολλῶν σε πεισθῆναι ῥᾳδίαν εἶναι τὴν

δην vulg. || φυγὼν Γ: ἐκπεσὼν vulg. ἐκπεσὼν γρ. φυγὼν Ε || τὸ μέγεθος τὸ τῆς Γ Ε: τὸ μέγεθος τῆς vulg.

59 εἴ τις λέγειν Γ Ε: οὔτε λέγειν ἄν τις vulg.

60 ἐγγεγενημένας Γ Ε: γεγενημένας vulg. || νῦν codd.: om. Ε || ὑπ' αὐτοῦ codd.: ὑφ' αὐτοῦ Γ.

61 γίγνεσθαι Γ (cf. IV 119): γενέσθαι cett. codd. γεγενῆσθαι Baiter || τηλικούτων κακῶν Γ Ε: Bekker et Blass κακῶν falso iteratum propter locum superiorem putant || ἐπαινούμενος Γ Ε: ἐπαινουμένης vulg.

62 οἴκαδε μὲν codd.: ὕστερον Γ¹ (falso iteratum ex fine prioris paragraphi) || μετὰ πολλῆς δυνάμεως εἰς τὴν Ἀσίαν Γ Ε: εἰς τὴν Ἀσίαν μετὰ πολλῆς δυνάμεως vulg.

63 τῶν Ἑλλήνων Γ Ε Vict.: τῶν ἄλλων Ἑλλήνων vulg. || βασιλέως codd.: βασιλεῖς Ε || ὑπισχνεῖτο Γ Ε Vict.: ὑπισχνεῖται vulg. || δεῖ τα πλείω Γ Ε: δεῖ πλείω vulg. || Ῥόδον Γ Ε²(cf. IV 142): Κνίδον Ε¹ vulg. || καὶ νικήσας Γ Ε¹ Λ (cf. IV 87; V 10, 26, 41): νικήσας cett. codd.

64 Ἕλληνας Γ: ἄλλους Ἕλληνας vulg. || τῆς πατρίδος Γ Ε: τὰ τῆς πατρίδος vulg. (sed cf. exempli causa 112: τοὺς βασιλέας τῶν ἐθνῶν) || ἀτιμωθήσεσθαι codd.: suspectum arbitrantur Cobet (qui ταπεινωθήσεσθαι malit) et Blass.

65 Συρακοσίων Γ: Συρακουσίων Z vulg. Συρρακουσίων Ε || πεζὴν Γ Ε: πεζιχὴν vulg. || γενομένων Γ Ε: γεγενημένων vulg.

πρᾶξιν ἐφ' ἣν σε τυγχάνω παρακαλῶν — πολλοστὸς ὢν Συρακοσίων καὶ τῷ γένει καὶ τῇ δόξῃ καὶ τοῖς ἄλλοις ἅπασιν, ἐπιθυμήσας μοναρχίας ἀλόγως καὶ μανικῶς καὶ τολμήσας ἅπαντα πράττειν τὰ φέροντα πρὸς τὴν δύναμιν ταύτην, κατέσχε μὲν Συρακούσας, ἁπάσας δὲ τὰς ἐν Σικελίᾳ πόλεις, ὅσαι περ ἦσαν Ἑλληνίδες, κατεστρέψατο, τηλικαύτην δὲ δύναμιν περιεβάλετο καὶ πεζὴν καὶ ναυτικὴν ὅσην οὐδεὶς ἀνὴρ τῶν πρὸ ἐκείνου γενομένων. 66 Ἔτι τοίνυν Κῦρος, ἵνα μνησθῶμεν καὶ περὶ τῶν βαρβάρων, ἐκτεθεὶς μὲν ὑπὸ τῆς μητρὸς εἰς τὴν ὁδόν, ἀναιρεθεὶς δ' ὑπὸ Περσίδος γυναικός, εἰς τοσαύτην ἦλθε μεταβολὴν ὥσθ' ἁπάσης τῆς Ἀσίας γενέσθαι δεσπότης.

67 Ὅπου δ' Ἀλκιβιάδης μὲν φυγὰς ὤν, Κόνων δὲ δεδυστυχηκώς, Διονύσιος δ' οὐχ ἔνδοξος ὤν, Κῦρος δ' οὕτως οἰκτρᾶς αὐτῷ τῆς ἐξ ἀρχῆς γενέσεως ὑπαρξάσης, εἰς τοσοῦτον προῆλθον καὶ τηλικαῦτα διεπράξαντο, πῶς οὐ σέ γε χρὴ προσδοκᾶν, τὸν ἐκ τοιούτων μὲν γεγονότα, Μακεδονίας δὲ βασιλεύοντα, τοσούτων δὲ κύριον ὄντα, ῥᾳδίως τὰ προειρημένα συστήσειν;

68 Σκέψαι δ' ὡς ἄξιόν ἐστι τοῖς τοιούτοις τῶν ἔργων μάλιστ' ἐπιχειρεῖν, ἐν οἷς κατορθώσας μὲν ἐνάμιλλον τὴν σαυτοῦ δόξαν καταστήσεις τοῖς πρωτεύσασι, διαμαρτὼν δὲ τῆς προσδοκίας ἀλλ' οὖν τήν γ' εὔνοιαν κτήσει τὴν παρὰ τῶν Ἑλλήνων, ἣν πολὺ κάλλιόν ἐστι λαβεῖν ἢ πολλὰς πόλεις τῶν Ἑλληνίδων κατὰ κράτος ἑλεῖν · τὰ μὲν γὰρ τοιαῦτα τῶν ἔργων φθόνον ἔχει καὶ δυσμένειαν καὶ πολλὰς βλασφημίας, οἷς δ' ἡμεῖς συμβεβουλεύκαμεν οὐδὲν πρόσεστι τούτων. Ἀλλ' εἴ τις θεῶν αἵρεσίν σοι δοίη, μετὰ ποίας ἂν ἐπιμελείας καὶ διατριβῆς εὔξαιο τὸν βίον διαγαγεῖν, οὐδεμίαν ἕλοι' ἄν, εἴπερ ἐμοὶ συμβούλῳ χρῷο, μᾶλλον ἢ ταύτην. 69 Οὐ γὰρ μόνον ὑπὸ τῶν ἄλλων ἔσει ζηλωτός, ἀλλὰ καὶ σαυτὸν μακαριεῖς. Τίς γὰρ ἂν ὑπερβολὴ γένοιτο τῆς τοιαύτης εὐδαιμονίας, ὅταν πρέσβεις μὲν ἥκωσιν ἐκ τῶν μεγίστων πόλεων οἱ μάλιστ' εὐδοκιμοῦντες εἰς τὴν σὴν δυναστείαν, μετὰ δὲ τούτων βουλεύῃ περὶ τῆς κοινῆς σωτηρίας, περὶ ἧς οὐδεὶς ἄλλος φανήσεται τοιαύτην πρόνοιαν πεποιημένος, 70 αἰσθάνῃ δὲ τὴν Ἑλλάδα πᾶσαν ὀρθὴν οὖσαν ἐφ' οἷς σὺ τυγχάνεις εἰσηγούμενος, μηδεὶς δ' ὀλιγώρως ἔχῃ τῶν παρὰ σοὶ βραβευομένων, ἀλλ' οἱ μὲν πυνθάνωνται περὶ αὐτῶν ἐν οἷς ἐστίν, οἱ δ' εὔχωνταί σε μὴ διαμαρτεῖν ὧν ἐπεθύμησας, οἱ δὲ δεδίωσι μὴ πρότερόν τι πάθῃς πρὶν τέλος ἐπιθεῖναι τοῖς πραττομένοις; 71 Ὧν γιγνομένων πῶς οὐκ ἂν εἰκότως μέγα φρονοίης; πῶς δ' οὐκ ἂν περιχαρὴς ὢν τὸν βίον διατελοίης, τηλικούτων εἰδὼς σαυτὸν πραγμάτων ἐπιστάτην γεγενημένον; Τίς δ' οὐκ ἂν τῶν καὶ μετρίως λογιζομένων ταύτας ἄν σοι παραινέσειε μάλιστα προαιρεῖσθαι τῶν πράξεων τὰς ἀμφότερα φέρειν ἅμα δυναμένας ὥσπερ καρπούς, ἡδονάς θ' ὑπερβαλλούσας καὶ τιμὰς ἀνεξαλείπτους.

72 Ἀπέχρη δ' ἄν μοι τὰ προειρημένα περὶ τούτων, εἰ μὴ παραλελοιπὼς ἦν τινα

---

66 καὶ περὶ τῶν Γ Ε : καὶ τῶν vulg.
67 ὑπαρξάσης Γ Ε : ὑπαρχούσης vulg. ‖ τηλικαῦτα Γ Ε : τοσαῦτα vulg.
68 ἐνάμιλλον Γ Ε : ἐφάμιλλον vulg. ‖ ἑλεῖν Γ Ε : ἔχειν cett. codd. ‖ διαγαγεῖν Γ Ε : διάγειν vulg.
69 καὶ σαυτὸν Γ : καὶ σὺ σαυτὸν vulg. ‖ βουλεύῃ codd. : βουλεύσῃ Ε βουλεύσησθε Vict. ‖ τοιαύτην codd. : Blass τοσαύτην collatis 82, vii 31, xvi 9 malit.
70 εἰσηγούμενος Λ Vict. : ἡγούμενος Γ Ε vulg. ‖ ἐστὶν Γ Ε : εἰσὶν vulg.
71 ὧν γιγνομένων Γ Ε : ἐφ' οἷς γιγνομένοις vulg. ‖ πῶς δ' οὐκ ἂν Γ Ε : πῶς δὲ οὐχὶ vulg. ‖ εἰδὼς σαυτὸν Γ Ε : σαυτὸν εἰδὼς vulg. ‖ λογιζομένων Γ Ε : λογίζεσθαι δυναμένων vulg. (sicut viii 60) ‖ παραινέσειε μάλιστα Γ Ε : μάλιστα παραινέσειε vulg. ‖ ἀνεξαλείπτους vulg. : μεγίστας Γ Ε ἀνεκλείπτους Blass ἀδιαλείπτους Naber.
72 ἀπέχρη Γ Ε : ἀπόχρη vulg. ‖ ἄν μοι vulg. : ἄν ἤδη μοι Γ Ε (quod Benseler et Blass ex ὂν ἤδη μοι ortum arbitrantur).

λόγον, οὐκ ἀμνημονήσας ἀλλ' ὀκνήσας εἰπεῖν, ὃν ἤδη μοι δοκῶ δηλώσειν · οἶμαι γὰρ
σοί τε συμφέρειν ἀκοῦσαι περὶ αὐτῶν ἐμοί τε προσήκειν μετὰ παρρησίας, ὥσπερ εἴ-
θισμαι, ποιεῖσθαι τοὺς λόγους.

73 Αἰσθάνομαι γάρ σε διαβαλλόμενον ὑπὸ τῶν σοὶ μὲν φθονούντων, τὰς δὲ πόλεις
τὰς αὐτῶν εἰθισμένων εἰς ταραχὰς καθιστάναι, καὶ τὴν εἰρήνην τὴν τοῖς ἄλλοις
κοινὴν πόλεμον τοῖς αὐτῶν ἰδίοις εἶναι νομιζόντων, οἱ πάντων τῶν ἄλλων ἀμελήσαντες περὶ τῆς σῆς δυνάμεως λέγουσιν ὡς οὐχ ὑπὲρ τῆς Ἑλλάδος ἀλλ' ἐπὶ ταύτην αὔ-
ξάνεται, καὶ σὺ πολὺν χρόνον ἤδη πᾶσιν ἡμῖν ἐπιβουλεύεις, **74** καὶ λόγῳ μὲν μέλλεις
Μεσσηνίοις βοηθεῖν ἐὰν τὰ περὶ Φωκέας διοικήσῃς, ἔργῳ δ' ὑπὸ σαυτῷ ποιεῖσθαι
Πελοπόννησον · ὑπάρχουσι δέ σοι Θετταλοὶ μὲν καὶ Θηβαῖοι καὶ πάντες οἱ τῆς Ἀμ-
φικτυονίας μετέχοντες ἕτοιμοι συνακολουθεῖν, Ἀργεῖοι δὲ καὶ Μεσσήνιοι καὶ Μεγα-
λοπολῖται καὶ τῶν ἄλλων πολλοὶ συμπολεμεῖν καὶ ποιεῖν ἀναστάτους Λακεδαιμονίους ·
ἢν δὲ ταῦτα πράξῃς, ὡς καὶ τῶν ἄλλων Ἑλλήνων ῥᾳδίως κρατήσεις. **75** Ταῦτα
φλυαροῦντες καὶ φάσκοντες ἀκριβῶς εἰδέναι καὶ ταχέως ἅπαντα τῷ λόγῳ καταστρε-
φόμενοι, πολλοὺς πείθουσι καὶ μάλιστα μὲν τοὺς τῶν αὐτῶν κακῶν ἐπιθυμοῦντας
ὧνπερ οἱ λογοποιοῦντες, ἔπειτα καὶ τοὺς οὐδενὶ λογισμῷ χρωμένους ὑπὲρ τῶν κοινῶν
ἀλλὰ παντάπασιν ἀναισθήτως διακειμένους καὶ πολλὴν χάριν ἔχοντας τοῖς ὑπὲρ αὐτῶν φοβεῖσθαι καὶ δεδιέναι προσποιουμένοις, ἔτι δὲ τοὺς οὐχ ἀποδοκιμάζοντας τὸ
δοκεῖν ἐπιβουλεύειν σε τοῖς Ἕλλησιν ἀλλὰ τὴν αἰτίαν ταύτην ἀξίαν ἐπιθυμίας εἶναι
νομίζοντας · **76** οἳ τοσοῦτον ἀφεστᾶσι τοῦ νοῦν ἔχειν, ὥστ' οὐκ ἴσασιν ὅτι τοῖς αὐτοῖς ἄν τις λόγοις χρώμενος τοὺς μὲν βλάψειε, τοὺς δ' ὠφελήσειεν. Οἷον καὶ νῦν, εἰ
μέν τις φαίη τὸν τῆς Ἀσίας βασιλέα τοῖς Ἕλλησιν ἐπιβουλεύειν καὶ παρεσκευάσθαι
στρατεύειν ἐφ' ἡμᾶς, οὐδὲν ἂν λέγοι περὶ αὐτοῦ φλαῦρον, ἀλλ' ἀνδρωδέστερον αὐτὸν
καὶ πλείονος ἄξιον δοκεῖν εἶναι ποιήσειεν · εἰ δὲ τῶν ἀφ' Ἡρακλέους τινὶ πεφυκότων,
ὃς ἁπάσης κατέστη τῆς Ἑλλάδος εὐεργέτης, ἐπιφέροι τὴν αἰτίαν ταύτην, εἰς τὴν
μεγίστην αἰσχύνην ἂν αὐτὸν καταστήσειεν. **77** Τίς γὰρ οὐκ ἂν ἀγανακτήσειε καὶ
μισήσειεν, εἰ φαίνοιτο τούτοις ἐπιβουλεύων ὑπὲρ ὧν ὁ πρόγονος αὐτοῦ προείλετο κινδυνεύειν, καὶ τὴν μὲν εὔνοιαν, ἣν ἐκεῖνος κατέλιπε τοῖς ἐξ αὐτοῦ γεγενημένοις, μὴ
πειρῷτο διαφυλάττειν, ἀμελήσας δὲ τούτων ἐπονειδίστων ἐπιθυμοίη καὶ πονηρῶν
πραγμάτων ;

78 Ὧν ἐνθυμούμενον χρὴ μὴ περιορᾶν τοιαύτην φήμην σαυτῷ περιφυομένην, ἣν
οἱ μὲν ἐχθροὶ περιθεῖναί σοι ζητοῦσι, τῶν δὲ φίλων οὐδεὶς ὅστις οὐκ ἂν ἀντειπεῖν
ὑπὲρ σοῦ τολμήσειεν. Καίτοι περὶ τῶν σοὶ συμφερόντων ἐν ταῖς τούτων ἀμφοτέρων
γνώμαις μάλιστ' ἂν κατίδοις τὴν ἀλήθειαν.

---

73 καθιστάναι Γ E : καθεστάναι cett. codd. || τὴν εἰρήνην .... ἰδίοις Γ E (cf. Aris-
totelis *Rhetoricam* III 10, 5 ; [Demosthenem] XII [id est *Philippi epistula*] 19) :
τῆς εἰρήνης οὔσης τοῖς ἄλλοις κοινῆς τὸν πόλεμον αὐτῶν ἠδίω (quod H. Wolf in ἴδιον
correxerat) cett. codd. || σὺ πολὺν Γ E : συχνὸν vulg. || χρόνον ἤδη πᾶσιν Γ E :
ἤδη χρόνον ἅπασιν vulg. (sic quoque omnes codd. in IV **162** ; VIII **30, 36** ; X **4** ;
XV **285**).
74 ἐὰν codd. : ἂν Benseler || Φωκέας vulg. : Φωκεῖς Γ E || Πελοπόννησον Γ E :
Πελοπόννησον διανοῇ cett. codd. || ὡς καὶ Γ : καὶ vulg.
75 μάλιστα μὲν Γ E : μάλιστα vulg. || ἔπειτα καὶ Γ : ἔπειτα δὲ καὶ cett. codd. ||
λογισμῷ Γ E : λόγῳ vulg. || ἀναισθήτως Γ : ἀναισθήτους E ἀνοήτως vulg. || ἐπιβου-
λεύειν σε Γ E : σε ἐπιβουλεύειν vulg.
76 λόγοις Γ E : λογισμοῖς vulg. || παρεσκευάσθαι Γ E : παρασκευάζεσθαι vulg. ||
δοκεῖν codd. : δοκεῖν ἂν E.
77 οὐκ ἂν codd. : ἂν Γ¹.
78 χρὴ Γ E : χρή σε vulg.

79 Ἴσως οὖν ὑπολαμβάνεις μικροψυχίαν εἶναι τὸ τῶν βλασφημούντων καὶ φλυαρούντων καὶ τῶν πειθομένων τούτοις φροντίζειν, ἄλλως θ' ὅταν καὶ μηδὲν σαυτῷ συνειδῇς ἐξαμαρτάνων. Χρὴ δὲ μὴ καταφρονεῖν τοῦ πλήθους, μηδὲ παρὰ μικρὸν ἡγεῖσθαι τὸ παρὰ πᾶσιν εὐδοκιμεῖν, ἀλλὰ τότε νομίζειν καλὴν ἔχειν καὶ μεγάλην τὴν δόξαν καὶ πρέπουσαν σοὶ καὶ τοῖς σοῖς προγόνοις καὶ τοῖς ὑφ' ὑμῶν πεπραγμένοις, **80** ὅταν οὕτω διαθῇς τοὺς Ἕλληνας ὥσπερ ὁρᾷς Λακεδαιμονίους τε πρὸς τοὺς αὑτῶν βασιλέας ἔχοντας τούς θ' ἑταίρους τοὺς σοὺς πρὸς σὲ διακειμένους. Ἔστι δ' οὐ χάλεπον τυχεῖν τούτων, ἢν ἐθελήσῃς κοινὸς ἅπασι γενέσθαι καὶ παύσῃ ταῖς μὲν τῶν πόλεων οἰκείως ἔχων, πρὸς δὲ τὰς ἀλλοτρίως διακείμενος, ἔτι δ' ἢν τὰ τοιαῦτα προαιρῇ πράττειν ἐξ ὧν τοῖς μὲν Ἕλλησιν ἔσει πιστός, τοῖς δὲ βαρβάροις φοβερός.

81 Καὶ μὴ θαυμάσῃς, ἅπερ ἀπέστειλα καὶ πρὸς Διονύσιον τὴν τυραννίδα κτησάμενον, εἰ μήτε στρατηγὸς ὢν μήτε ῥήτωρ μήτ' ἄλλως δυνάστης θρασύτερόν σοι διείλεγμαι τῶν ἄλλων. Ἐγὼ γὰρ πρὸς μὲν τὸ πολιτεύεσθαι πάντων ἀφυέστατος ἐγενόμην τῶν πολιτῶν· οὔτε γὰρ φωνὴν ἔσχον ἱκανὴν οὔτε τόλμαν δυναμένην ὄχλῳ χρῆσθαι καὶ μολύνεσθαι καὶ λοιδορεῖσθαι τοῖς ἐπὶ τοῦ βήματος καλινδουμένοις· **82** τοῦ δὲ φρονεῖν εὖ καὶ πεπαιδεῦσθαι καλῶς, εἰ καί τις ἀγροικότερον εἶναι φήσει τὸ ῥηθὲν, ἀμφισβητῶ καὶ θείην ἂν ἐμαυτὸν οὐκ ἐν τοῖς ἀπολελειμμένοις ἀλλ' ἐν τοῖς προέχουσι τῶν ἄλλων. Διόπερ ἐπιχειρῶ συμβουλεύειν τὸν τρόπον τοῦτον, ὃν ἐγὼ πέφυκα καὶ δύναμαι, καὶ τῇ πόλει καὶ τοῖς Ἕλλησιν καὶ τῶν ἀνδρῶν τοῖς ἐνδοξοτάτοις.

83 Περὶ μὲν οὖν τῶν ἐμῶν καὶ περὶ ὧν σοι πρακτέον ἐστὶ πρὸς τοὺς Ἕλληνας σχεδὸν ἀκήκοας, περὶ δὲ τῆς στρατείας τῆς εἰς τὴν Ἀσίαν ταῖς μὲν πόλεσιν, ἃς ἔφην χρῆναί σε διαλλάττειν, τότε συμβουλεύσομεν ὡς χρὴ πολεμεῖν πρὸς τοὺς βαρβάρους, ὅταν ἴδωμεν αὐτὰς ὁμονοούσας, πρὸς σὲ δὲ νῦν ποιήσομαι τοὺς λόγους, οὐ τὴν αὐτὴν ἔχων διάνοιαν καὶ κατ' ἐκείνην τὴν ἡλικίαν ὅτ' ἔγραφον περὶ τὴν αὐτὴν ὑπόθεσιν ταύτην. **84** Τότε μὲν γὰρ παρεκελευόμην τοῖς ἀκουσομένοις καταγελᾶν μου καὶ καταφρονεῖν, ἢν μὴ καὶ τῶν πραγμάτων καὶ τῆς δόξης τῆς ἐμαυτοῦ καὶ τοῦ χρόνου τοῦ περὶ τὸν λόγον διατριφθέντος ἀξίως φαίνωμαι διεξιών· νῦν δὲ φοβοῦμαι μὴ πάντων τῶν προειρημένων πολὺ καταδεέστερον τύχω διαλεχθείς. Καὶ γὰρ πρὸς τοῖς ἄλλοις ὁ λόγος ὁ πανηγυρικός, ὁ τοὺς ἄλλους τοὺς περὶ τὴν φιλοσοφίαν διατρίβοντας εὐπορωτέρους ποιήσας, ἐμοὶ πολλὴν ἀπορίαν παρέσχηκεν· οὔτε γὰρ ταὐτὰ βούλομαι λέγειν τοῖς ἐν ἐκείνῳ γεγραμμένοις οὔτ' ἔτι καινὰ δύναμαι ζητεῖν. **85** Οὐ μὴν ἀποστατέον ἐστὶν, ἀλλὰ λεκτέον, περὶ ὧν ὑπεθέμην, ὅ τι ἂν ὑποπέσῃ καὶ συμφέρῃ πρός

---

79 ἴσως οὖν Γ Ε : ἴσως δ' vulg. ‖ τῶν πειθομένων codd. : πειθομένων Γ ‖ συνειδῇς Γ Ε : συνιδῇς vulg. ‖ παρὰ μικρὸν codd. : Dobree suspectum arbitratur propter παρὰ πᾶσιν ‖ σοὶ Γ : καὶ σοὶ Ε Ζ ‖ τοῖς σοῖς προγόνοις Γ : τοῖς προγόνοις vulg.

80 τυχεῖν Γ Ε : εἰπεῖν τυχεῖν vulg.

81 τὴν τυραννίδα Γ : τὸν τυραννίδα vulg. τὸν τὴν τυραννίδα Ε ‖ χρῆσθαι καὶ μολύνεσθαι Γ Ε : χρήσασθαι καὶ μολύνασθαι vulg. ‖ καλινδουμένοις codd. : κυλινδουμένοις Γ :

82 τὸν τρόπον τοῦτον Γ Ε : τοῦτον τὸν τρόπον vulg. ‖ τοῖς Ἕλλησιν Γ : τοῖς ἄλλοις Ἕλλησιν cett. codd.

83 καὶ περὶ ὧν vulg. : καὶ ὧν Γ Ε ‖ σοὶ πρακτέον ἐστὶ Γ Ε : ἡγοῦμαί σοι πρακτέον εἶναι vulg. ‖ χρῆναί σε Γ Ε : σε χρῆναι vulg. ‖ τότε συμβουλεύσομεν Γ Ε : τότε μοι δοκῶ συμβουλεύειν (-σειν Coraïs) vulg.

84 τὸν λόγον Γ Ε : τοὺς λόγους vulg. ‖ ὁ λόγος codd. : λόγος Γ ‖ οὔτ' ἔτι καινὰ δύναμαι Γ Ε : οὔτε δύναμαι καινὰ vulg.

85 ἀποστατέον ἐστὶν Γ Ε : ἀποστατέον γ' ἐστὶν vulg. ‖ ὑποπέσῃ καὶ συμφέρῃ Γ Ε : ὑποπέσοι καὶ συμφέροι vulg.

τὸ πεῖσαί σε ταῦτα πράττειν. Καὶ γὰρ ἢν ἐλλίπω τι καὶ μὴ δυνηθῶ τὸν αὐτὸν τρόπον
γράψαι τοῖς πρότερον ἐκδεδομένοις, ἀλλ' οὖν ὑπογράψειν γ' οἶμαι χαριέντως τοῖς
ἐξεργάζεσθαι καὶ διαπονεῖν δυναμένοις.

86 Τὴν μὲν οὖν ἀρχὴν τοῦ λόγου τοῦ σύμπαντος οἶμαι πεποιῆσθαι ταύτην, ἥνπερ
προσήκει τοὺς ἐπὶ τὴν Ἀσίαν πείθοντας στρατεύειν. Δεῖ γὰρ μηδὲν πρότερον πράττειν πρὶν ἂν λάβῃ τις τοὺς Ἕλληνας δυοῖν θάτερον ἢ συναγωνιζομένους ἢ πολλὴν
εὔνοιαν ἔχοντας τοῖς πραττομένοις. Ὧν Ἀγησίλαος ὁ δόξας εἶναι Λακεδαιμονίων
φρονιμώτατος ὠλιγώρησεν, οὐ διὰ κακίαν, ἀλλὰ διὰ φιλοτιμίαν. **87** Ἔσχε γὰρ διτ-
τὰς ἐπιθυμίας, καλὰς μὲν ἀμφοτέρας, οὐ συμφωνούσας δ' ἀλλήλαις οὐδ' ἅμα πράτ-
τεσθαι δυναμένας. Προῃρεῖτο γὰρ βασιλεῖ τε πολεμεῖν καὶ τοὺς ἑταίρους εἰς τὰς πόλεις
τὰς αὑτῶν καταγαγεῖν καὶ κυρίους ποιῆσαι τῶν πραγμάτων. Συνέβαινεν οὖν ἐκ μὲν
τῆς πραγματείας τῆς ὑπὲρ τῶν ἑταίρων ἐν κακοῖς καὶ κινδύνοις εἶναι τοὺς Ἕλληνας,
διὰ δὲ τὴν ταραχὴν τὴν ἐνθάδε γιγνομένην μὴ σχολὴν ἄγειν μηδὲ δύνασθαι πολεμεῖν τοῖς βαρβάροις. **88** Ὥστ' ἐκ τῶν ἀγνοηθέντων κατ' ἐκεῖνον τὸν χρόνον ῥᾴδιον
καταμαθεῖν ὅτι δεῖ τοὺς ὀρθῶς βουλευομένους μὴ πρότερον ἐκφέρειν πρὸς τὸν βασιλέα
πόλεμον πρὶν ἂν διαλλάξῃ ⟨τις⟩ τοὺς Ἕλληνας καὶ παύσῃ τῆς μανίας τῆς νῦν αὐτοῖς ἐνεστώσης· ἅπερ καὶ σοὶ συμβεβουλευκότες τυγχάνομεν.

89 Περὶ μὲν οὖν τούτων οὐδεὶς ἂν ἀντειπεῖν τῶν εὖ φρονούντων τολμήσειεν, οἶμαι
δὲ τῶν μὲν ἄλλων εἴ τισι δόξειε περὶ τῆς στρατείας τῆς εἰς τὴν Ἀσίαν συμβουλεύειν,
ἐπὶ ταύτην ἂν ἐπιπεσεῖν τὴν παράκλησιν, λέγοντας ὡς ὅσοι περ ἐπεχείρησαν πρὸς
τὸν βασιλέα πολεμεῖν, ἅπασι συνέπεσεν ἐξ ἀδόξων μὲν γενέσθαι λαμπροῖς, ἐκ πενή-
των δὲ πλουσίοις, ἐκ ταπεινῶν δὲ πολλῆς χώρας καὶ πόλεων δεσπόταις. **90** Ἐγὼ
δ' οὐκ ἐκ τῶν τοιούτων μέλλω σε παρακαλεῖν, ἀλλ' ἐκ τῶν ἠτυχηκέναι δοξάντων,
λέγω δ' ἐκ τῶν μετὰ Κύρου καὶ Κλεάρχου συστρατευσαμένων. Ἐκείνους γὰρ ὁμολο-
γεῖται νικῆσαι μὲν μαχομένους ἅπασαν τὴν βασιλέως δύναμιν τοσοῦτον, ὅσονπερ ἂν
εἰ ταῖς γυναιξὶν αὐτῶν συνέβαλον, ἤδη δ' ἐγκρατεῖς δοκοῦντας εἶναι τῶν πραγμάτων
διὰ τὴν Κύρου προπέτειαν ἀτυχῆσαι· περιχαρῆ γὰρ αὐτὸν ὄντα καὶ διώκοντα πολὺ
πρὸ τῶν ἄλλων, ἐν μέσοις γενόμενον τοῖς πολεμίοις ἀποθανεῖν. **91** Ἀλλ' ὅμως τηλικαύτης συμφορᾶς συμπεσούσης οὕτω σφόδρα κατεφρόνησεν ὁ βασιλεὺς τῆς περὶ
αὑτὸν δυνάμεως, ὥστε προκαλεσάμενος Κλέαρχον καὶ τοὺς ἄλλους ἡγεμόνας εἰς λόγον
ἐλθεῖν, καὶ τούτοις μὲν ὑπισχνούμενος μεγάλας δωρεὰς δώσειν, τοῖς δ' ἄλλοις στρατιώταις ἐντελῆ τὸν μισθὸν ἀποδοὺς ἀποπέμψειν, τοιαύταις ἐλπίσιν ὑπαγαγόμενος καὶ
πίστεις δοὺς τῶν ἐκεῖ νομιζομένων τὰς μεγίστας, συλλαβὼν αὐτοὺς ἀπέκτεινε, καὶ
μᾶλλον εἵλετο περὶ τοὺς θεοὺς ἐξαμαρτεῖν ἢ τοῖς στρατιώταις οὕτως ἐρήμοις οὖσι
συμβαλεῖν. **92** Ὥστε τίς ἂν γένοιτο παράκλησις ταύτης καλλίων καὶ πιστοτέρα;

---

86 τοῦ συμπαντος codd. : τουτου συμπαντος Ε.
87 καταγαγεῖν Γ Ε : κατάγειν vulg.
88 τοὺς ὀρθῶς βουλευομένους Γ Ε (cf. *Ep.* ix **14**) : τὸν ὀρθῶς βουλευόμενον vulg. ||
πρὸς τὸν βασιλέα Γ : τὸν πρὸς τὸν βασιλέα Ε τὸν πρὸς βασιλέα Ζ vulg. πρὸς βασιλέα
τὸν vulg. (in *Ep.* ix **14**) πρὸς βασιλέα Γ Ε (in *Ep.* ix **14**) || τις add. Turicenses col-
lata *Ep.* ix **14** || ἐνεστώσης codd. ἐνεστηκυίας Benseler ⁱ ἐντετηκυίας Cobet.
89 τῶν μὲν ἄλλων vulg. : τῶν ἄλλων Γ Ε.
90 συστρατευσαμένων Γ : συνστρ- Ε στρατευσαμένων vulg. || ὁμολογεῖται Γ Ε :
ὁμολογοῦσι vulg.
91 οὕτω Γ : αὐτῷ οὕτω codd. || προκαλεσάμενος Γ Ε : προσκαλεσάμενος vulg. ||
ὑπισχνούμενος Γ Ε : ὑποσχόμενος vulg. || ἐντελῆ τὸν codd. : ἐντελῆ Ε || ὑπαγαγόμε-
νος Γ : ὑπαγόμενος codd.
92 ὥστε Γ Ε : καίτοι vulg. || γεγενημένην Γ Ε : γενομένην vulg. || παρασκευάσασ-
θαι Ε¹ vulg. : κατασκ- Γ Ε² (auctore Blass).

Φαίνονται γὰρ κἀκεῖνοι κρατήσαντες ἂν τῶν βασιλέως πραγμάτων εἰ μὴ διὰ Κῦρον. Σοὶ δὲ τὴν τ' ἀτυχίαν τὴν τότε γεγενημένην οὐ χαλεπὸν φυλάξασθαι, τοῦ τε στρατοπέδου τοῦ κρατήσαντος τὴν ἐκείνου δύναμιν ῥᾴδιον πολὺ κρεῖττον παρασκευάσασθαι. Καίτοι τούτων ἀμφοτέρων ὑπαρξάντων πῶς οὐ χρὴ θαρρεῖν ποιούμενον τὴν στρατείαν ταύτην;

93 Καὶ μηδεὶς ὑπολάβῃ με βούλεσθαι λαθεῖν, ὅτι τούτων ἔνια πέφρακα τόν αὐτὸν τρόπον ὅνπερ πρότερον. Ἐπιστὰς γὰρ ἐπὶ τὰς αὐτὰς διανοίας εἱλόμην μὴ πονεῖν γλιχόμενος τὰ δεδηλωμένα καλῶς ἑτέρως εἰπεῖν· καὶ γὰρ εἰ μὲν ἐπίδειξιν ἐποιούμην, ἐπειρώμην ἂν ἅπαντα τὰ τοιαῦτα διαφεύγειν, 94 σοὶ δὲ συμβουλεύων μωρὸς ἂν ἦν εἰ περὶ τὴν λέξιν πλείω χρόνον διέτριβον ἢ περὶ τὰς πράξεις, ἔτι δ' εἰ τοὺς ἄλλους ὁρῶν τοῖς ἐμοῖς χρωμένους αὐτὸς μόνος ἀπειχόμην τῶν ὑπ' ἐμοῦ πρότερον εἰρημένων. Τοῖς μὲν οὖν οἰκείοις τυχὸν ἂν χρησαίμην ἢν σφόδρα κατεπείγῃ καὶ πρέπῃ, τῶν δ' ἀλλοτρίων οὐδὲν ἂν προσδεξαίμην, ὥσπερ οὐδ' ἐν τῷ παρελθόντι χρόνῳ.

95 Ταῦτα μὲν οὖν οὕτως· δοκεῖ δέ μοι μετὰ ταῦτα περὶ τῆς παρασκευῆς διαλεκτέον εἶναι τῆς τε σοὶ γενησομένης καὶ τῆς ἐκείνοις ὑπαρξάσης. Τὸ μὲν τοίνυν μέγιστον, σὺ μὲν τοὺς Ἕλληνας εὔνους ἕξεις, ἥνπερ ἐθελήσῃς ἐμμεῖναι τοῖς περὶ τούτων εἰρημένοις, ἐκεῖνοι δὲ διὰ τὰς δεκαρχίας τὰς ἐπὶ Λακεδαιμονίων ὡς οἷόν τε δυσμενεστάτους. Ἡγοῦντο γὰρ Κύρου μὲν καὶ Κλεάρχου κατορθωσάντων μᾶλλον ἔτι δουλεύσειν, βασιλέως δὲ κρατήσαντος ἀπαλλαγήσεσθαι τῶν κακῶν τῶν παρόντων· ὅπερ καὶ συνέπεσεν αὐτοῖς. 96 Καὶ μὴν καὶ στρατιώτας σὺ μὲν ἐξ ἑτοίμου λήψει τοσούτους ὅσους ἂν βουληθῇς· οὕτω γὰρ ἔχει τὰ τῆς Ἑλλάδος ὥστε ῥᾷον εἶναι συστῆσαι στρατόπεδον μεῖζον καὶ κρεῖττον ἐκ τῶν πλανωμένων ἢ τῶν πολιτευομένων· ἐν ἐκείνοις δὲ τοῖς χρόνοις οὐκ ἦν ξενικὸν οὐδέν, ὥστ' ἀναγκαζόμενοι ξενολογεῖν ἐκ τῶν πόλεων πλέον ἀνήλισκον εἰς τὰς διδομένας τοῖς συλλέγουσι δωρεὰς ἢ τὴν εἰς τοὺς στρατιώτας μισθοφοράν. 97 Καὶ μὴν εἰ βουληθεῖμεν ἐξετάσαι καὶ παραβαλεῖν σέ τε τὸν νῦν ἡγησόμενον τῆς στρατείας καὶ βουλευσόμενον περὶ ἁπάντων καὶ Κλέαρχον τὸν ἐπιστατήσαντα τῶν τότε πραγμάτων, εὑρήσομεν ἐκεῖνον μὲν οὐδεμιᾶς πώποτε δυνάμεως πρότερον οὔτε ναυτικῆς οὔτε πεζῆς καταστάντα κύριον, ἀλλ' ἐκ τῆς ἀτυχίας τῆς συμβάσης αὐτῷ περὶ τὴν ἤπειρον ὀνομαστὸν γενόμενον, 98 σὲ δὲ τοσαῦτα καὶ τηλικαῦτα τὸ μέγεθος διαπεπραγμένον, περὶ ὧν εἰ μὲν πρὸς ἑτέρους τοὺς λόγους ἐποιούμην, καλῶς ἂν εἶχε διελθεῖν, πρὸς σὲ δὲ διαλεγόμενος, εἰ τὰς σὰς πράξεις σοι διεξιοίην, δικαίως ἂν ἀνόητος ἅμα καὶ περίεργος εἶναι δοκοίην.

99 Ἄξιον δὲ μνησθῆναι καὶ τῶν βασιλέων ἀμφοτέρων, ἐφ' ὃν σοί τε συμβουλεύω

---

93 πέφρακα codd. : γέγραφα Ε || ἐπιστὰς ... μὴ πονεῖν Γ Ε : αἰ ... ἐλθεῖν ποιεῖν vulg. || ἑτέρως Γ Ε : εἶχεν vulg. || τὰ τοιαῦτα codd. : τοιαῦτα Γ || διαφεύγειν Γ : διαφυλάττειν Ε vulg.

94 ἦν Γ : εἴην cett. codd. || ἀπειχόμην Γ Ε : ἀπεχοίμην cett. codd. || ἦν Γ : ἦν που cett. codd. || πρέπῃ Γ Ε : πρέπον ἢ vulg.

95 οὖν οὕτως Γ : οὕτως Ε οὕτως ἕξει vulg. || γενησομένης Γ Ε : γενομένης vulg. || ἐθελήσῃς Γ Ε : ἐθέλῃς vulg. || δεκαρχίας Ε Λ Vict. : δεκαδαρχίας Γ vulg. Harpocr s. v. || δυσμενεστάτους codd. : δυσμενεστάτους εἶχον malint Corais et Benseler.

96 ῥᾷον codd. : ῥᾴδιον Strang, Bekker || συλλέγουσιν Γ Ε : Ἕλλησι vulg. συλλογεῦσιν Naber.

97 στρατείας Γ (cf. IV 88) : στρατίας Ε στρατιᾶς Vict.

98 ἑτέρους codd. : ἕτερον Vict. || καλῶς ἂν Γ Ε : καλῶς vulg. || τὰς σὰς Γ : πάσας τὰς Ε vulg. || δικαίως ἂν codd. : δικαίως δ' ἂν Γ1 || ἅμα Γ Ε : om. cett. codd.

99 ἀμφοτέρων Γ Ε : om. cett. codd. || συμβουλεύω Γ Ε : συμβουλεύομεν vulg. || ἑκατέρου Γ : ἑκατέρου καὶ cett. codd. || εἰδῇς codd. : ἴδῃς Ε2 || τὴν πόλιν Γ : τήν τε πόλιν Ε vulg. || Λακεδαιμονίων Γ Ε : τῶν Λακεδαιμονίων vulg.

στρατεύειν καὶ πρὸς ὃν Κλέαρχος ἐπολέμησεν, ἵν' ἑκατέρου τὴν γνώμην καὶ τὴν δύναμιν εἰδῇς. Ὁ μὲν τοίνυν τούτου πατὴρ τὴν πόλιν τὴν ἡμετέραν καὶ πάλιν τὴν Λακεδαιμονίων κατεπολέμησεν, οὗτος δ' οὐδενὸς πώποτε τῶν στρατευμάτων τῶν τὴν χώραν αὐτοῦ λυμαινομένων ἐπεκράτησεν. 100 Ἔπειθ' ὁ μὲν τὴν Ἀσίαν ἅπασαν παρὰ τῶν Ἑλλήνων ἐν ταῖς συνθήκαις ἐξέλαβεν, οὗτος δὲ τοσούτου δεῖ τῶν ἄλλων ἄρχειν ὥστ' οὐδὲ τῶν ἐκδοθεισῶν αὐτῷ πόλεων ἐγκρατής ἐστιν. Ὥστ' οὐδεὶς ὅστις οὐκ ἂν ἀπορήσειε πότερα χρὴ νομίζειν τοῦτον αὐτῶν ἀφεστάναι δι' ἀνανδρίαν ἢ 'κείνας ὑπερεωρακέναι καὶ καταπεφρονηκέναι τῆς βαρβαρικῆς δυναστείας.

101 Τὰ τοίνυν περὶ τὴν χώραν ὡς διάκειται τίς οὐκ ἂν ἀκούσας παροξυνθείη πολεμεῖν πρός αὐτόν; Αἴγυπτος γὰρ ἀφειστήκει μὲν καὶ κατ' ἐκεῖνον τὸν χρόνον, οὐ μὴν ἀλλ' ἐφοβοῦντο μή ποτε βασιλεὺς αὐτὸς ποιησάμενος στρατείαν κρατήσειε καὶ τῆς διὰ τὸν ποταμὸν δυσχωρίας καὶ τῆς ἄλλης παρασκευῆς ἁπάσης· νῦν δ' οὗτος ἀπήλλαξεν αὐτοὺς τοῦ δέους τούτου. Συμπαρασκευασάμενος γὰρ δύναμιν ὅσην οἷός τ' ἦν πλείστην, καὶ στρατεύσας ἐπ' αὐτούς, ἀπῆλθεν ἐκεῖθεν οὐ μόνον ἡττηθείς, ἀλλὰ καὶ καταγελασθεὶς καὶ δόξας οὔτε βασιλεύειν οὔτε στρατηγεῖν ἄξιος εἶναι. 102 Τὰ τοίνυν περὶ Κύπρον καὶ Φοινίκην καὶ Κιλικίαν καὶ τὸν τόπον ἐκεῖνον ὅθεν ἐχρῶντο ναυτικῷ, τότε μὲν ἦν βασιλέως, νῦν δὲ τὰ μὲν ἀφέστηκε, τὰ δ' ἐν πολέμῳ καὶ κακοῖς τοσούτοις ἐστὶν ὥστ' ἐκείνῳ μὲν μηδὲν εἶναι τούτων τῶν ἐθνῶν χρήσιμον, σοὶ δ' ἢν πολεμεῖν πρὸς αὐτὸν βουληθῇς συμφόρως ἕξειν. 103 Καὶ μὴν Ἰδριέα γε τὸν εὐπορώτατον τῶν νῦν περὶ τὴν ἤπειρον προσήκει δυσμενέστερον εἶναι τοῖς βασιλέως πράγμασι. τῶν πολεμούντων· ἢ πάντων γ' ἂν εἴη σχετλιώτατος, εἰ μὴ βούλοιτο καταλελύσθαι ταύτην τὴν ἀρχήν, τὴν αἰκισαμένην μὲν τὸν ἀδελφόν, πολεμήσασαν δὲ πρὸς αὐτόν, ἅπαντα δὲ τὸν χρόνον ἐπιβουλεύουσαν καὶ βουλομένην τοῦ τε σώματος αὐτοῦ καὶ τῶν χρημάτων ἁπάντων γενέσθαι κυρίαν. 104 Ὑπὲρ ὧν δεδιὼς νῦν μὲν ἀναγκάζεται θεραπεύειν αὐτὸν καὶ χρήματα πολλὰ καθ' ἕκαστον τὸν ἐνιαυτὸν ἀναπέμπειν· εἰ δὲ σὺ διαβαίης εἰς τὴν ἤπειρον, ἐκεῖνός τ' ἂν ἄσμενος ἴδοι βοηθὸν ἥκειν αὐτῷ σε νομίζων, τῶν τ' ἄλλων σατραπῶν πολλοὺς ἀποστήσεις, ἢν ὑπόσχῃ τὴν ἐλευθερίαν αὐτοῖς καὶ τοὔνομα τοῦτο διασπείρῃς εἰς τὴν Ἀσίαν, ὅπερ εἰς τοὺς Ἕλληνας εἰσπεσὸν καὶ τὴν ἡμετέραν καὶ τὴν Λακεδαιμονίων ἀρχὴν κατέλυσεν.

105 Ἔτι δ' ἂν πλείω λέγειν ἐπεχείρουν, ὃν τρόπον πολεμῶν τάχιστ' ἂν περιγένοιο τῆς τοῦ βασιλέως δυνάμεως· νῦν δὲ φοβοῦμαι μή τινες ἐπιτιμήσωσιν ἡμῖν, εἰ μηδὲν πώποτε μεταχειρισάμενος τῶν στρατιωτικῶν νῦν τολμῴην σοι παραινεῖν τῷ

---

100 ἐξέλαβεν Γ Ε : ἔλαβεν vulg. || ἄλλων Γ Ε : Ἑλλήνων vulg. || αὐτῷ codd. : delent Dobree et Blass || πόλεων Γ Ε : om. cett. codd. || ἐγκρατής Γ Ε : κύριος vulg. || οὐδεὶς ὅστις Γ Ε : οὐκ ἔστιν ὅστις vulg.

101 γὰρ ἀφειστήκει μὲν Γ Ε : μὲν γὰρ ἀφειστήκει vulg. μὲν γὰρ ἀφειστήκει μὲν Blass || συμπαρασκευασάμενος Γ : συναγαγών Ε vulg. || ὅσην οἷός τ' ἦν πλείστην Γ Ε : πλείστην ὅσην οἷός τ' ἦν vulg.

102 ναυτικῷ Γ : τῷ ναυτικῷ vulg. || βασιλέως Γ Ε : μετὰ βασιλέως vulg. || τούτων τῶν ἐθνῶν Γ Ε : τῶν ἐθνῶν τούτων vulg.

103 πάντων γ' ἂν Γ Ε : πάντων ἂν vulg. || ταυτην τὴν ἀρχὴν codd. : ταύτην ἀρχὴν Γ1 || πρὸς αὐτὸν Turicenses : πρὸς αὐτὸν vulg. || βουλομένην Γ Ε : βουλευομένην vulg.

104 ἕκαστον τὸν Γ Ε : ἕκαστον vulg. || ἐκεῖνός τ' codd. : ἐκεῖνος Ε || τὴν ἡμετέραν καὶ τὴν Λακεδαιμονίων ἀρχὴν Γ Ε : τὴν ἡμετέραν ἀρχὴν καὶ τὴν Λακεδαιμονίων vulg.

105 μεταχειρισάμενος ... τολμῴην σοι Γ Ε : μεταχειρισάμενοι ... σοι τολμῷμεν vulg. || στρατιωτικῶν Γ Ε : στρατηγικῶν vulg. || ἡγοῦμαι τὸν Γ Ε : ἡγοῦμαι ἀρχεῖν πρὸς παράδειγμα τὸν vulg. || πατέρα σου Γ Ε : πατέρα σοι vulg. || θέμις Γ Ε : λέγειν vulg. βουλομένῳ λέγειν H. Wolf.

πλεῖστα καὶ μέγιστα διαπεπραγμένῳ κατὰ πόλεμον. Ὥστε περὶ μὲν τούτων οὐδὲν οἶμαι δεῖν πλείω λέγειν. Περὶ δὲ τῶν ἄλλων ἡγοῦμαι τόν τε πατέρα σου καὶ τὸν κτησάμενον τὴν βασιλείαν καὶ τὸν τοῦ γένους ἀρχηγὸν, εἰ τῷ μὲν εἴη θέμις, οἱ δὲ δύναμιν λάβοιεν, τῶν αὐτῶν ἂν τούτων γενέσθαι συμβούλους ὧνπερ ἐγώ. 106 Χρῶμαι δὲ τεκμηρίοις ἐξ ὧν διαπεπραγμένοι τυγχάνουσιν. Ὅ τε γὰρ πατήρ σου πρὸς τὰς πόλεις ταύτας αἷς σοι παραινῶ προσέχειν τὸν νοῦν, πρὸς ἁπάσας οἰκείως εἶχεν · ὅ τε κτησάμενος τὴν ἀρχὴν, μεῖζον φρονήσας τῶν αὐτοῦ πολιτῶν καὶ μοναρχίας ἐπιθυμήσας, οὐχ ὁμοίως ἐβουλεύσατο τοῖς πρὸς τὰς τοιαύτας φιλοτιμίας ὁρμωμένοις. 107 Οἱ μὲν γὰρ ἐν ταῖς αὑτῶν πόλεσι στάσεις καὶ ταραχὰς καὶ σφαγὰς ἐμποιοῦντες ἐκτῶντο τὴν τιμὴν ταύτην, ὁ δὲ τὸν μὲν τόπον τὸν Ἑλληνικὸν ὅλως εἴασε, τὴν δ' ἐν Μακεδονίᾳ βασιλείαν κατασχεῖν ἐπεθύμησεν · ἠπίστατο γὰρ τοὺς μὲν Ἕλληνας οὐκ εἰθισμένους ὑπομένειν τὰς μοναρχίας, τοὺς δ' ἄλλους οὐ δυναμένους ἄνευ τῆς τοιαύτης δυναστείας διοικεῖν τὸν βίον τὸν σφέτερον αὑτῶν. 108 Καὶ γάρ τοι συνέβη διὰ τὸ γνῶναι περὶ τούτων αὐτὸν ἰδίως καὶ τὴν βασιλείαν γεγενῆσθαι πολὺ τῶν ἄλλων ἐξηλλαγμένην · μόνος γὰρ τῶν Ἑλλήνων οὐχ ὁμοφύλου γένους ἄρχειν ἀξιώσας, μόνος καὶ διαφυγεῖν ἠδυνήθη τοὺς κινδύνους τοὺς περὶ τὰς μοναρχίας γιγνομένους. Τοὺς μὲν γὰρ ἐν τοῖς Ἕλλησι τοιοῦτόν τι διαπεπραγμένους εὕροιμεν ἂν οὐ μόνον αὐτοὺς διεφθαρμένους, ἀλλὰ καὶ τὸ γένος αὐτῶν ἐξ ἀνθρώπων ἠφανισμένον, ἐκεῖνον δ' αὐτόν τ' ἐν εὐδαιμονίᾳ τὸν βίον διαγαγόντα τῷ τε γένει καταλιπόντα τὰς αὐτὰς τιμὰς ἅσπερ αὐτὸς εἶχεν.

109 Περὶ τοίνυν Ἡρακλέους οἱ μὲν ἄλλοι τὴν ἀνδρείαν ὑμνοῦντες αὐτοῦ καὶ τοὺς ἄθλους ἀπαριθμοῦντες διατελοῦσι, περὶ δὲ τῶν ἄλλων τῶν τῇ ψυχῇ προσόντων ἀγαθῶν οὐδεὶς οὔτε τῶν ποιητῶν οὔτε τῶν λογοποιῶν οὐδεμίαν φανήσεται μνείαν πεποιημένος. Ἐγὼ δ' ὁρῶ μὲν τόπον ἴδιον καὶ παντάπασιν ἀδιεξέργαστον, οὐ μικρὸν οὐδὲ κενὸν, ἀλλὰ πολλῶν μὲν ἐπαίνων καὶ καλῶν πράξεων γέμοντα, ποθοῦντα δὲ τὸν ἀξίως ἂν δυνηθέντα διαλεχθῆναι περὶ αὐτῶν · 110 ἐφ' ὃν εἰ μὲν νεώτερος ὢν ἐπέστην, ῥᾳδίως ἂν ἐπέδειξα τὸν πρόγονον ὑμῶν καὶ τῇ φρονήσει καὶ τῇ φιλοτιμίᾳ καὶ τῇ δικαιοσύνῃ πλέον διενεγκόντα πάντων τῶν προγεγενημένων ἢ τῇ ῥώμῃ τῇ τοῦ σώματος · νῦν δ' ἐπελθὼν ἐπ' αὐτὸν καὶ κατιδὼν τὸ πλῆθος τῶν ἐνόντων εἰπεῖν, τήν τε δύναμιν τὴν παροῦσάν μοι κατεμεμψάμην καὶ τὸν λόγον ᾐσθόμην διπλάσιον ἂν γενόμενον τοῦ νῦν ἀναγιγνωσκομένου. Τῶν μὲν οὖν ἄλλων ἀπέστην διὰ τὰς αἰτίας ταύτας, μίαν δὲ πρᾶξιν ἐξ αὐτῶν ἔλαβον, ἥπερ ἦν προσήκουσα μὲν καὶ πρέπουσα τοῖς προειρημένοις, τὸν δὲ καιρὸν ἔχουσα μάλιστα σύμμετρον τοῖς νῦν λεγομένοις.

111 Ἐκεῖνος γὰρ ὁρῶν τὴν Ἑλλάδα πολέμων καὶ στάσεων καὶ πολλῶν ἄλλων κα-

---

106 ἐβουλεύσατο τοῖς codd. : ἐβουλεύσατο τοῖς ἄλλοις τοῖς suadet Blass || ὁρμωμένοις Γ Ε : ὡρμημένοις vulg.

107 ταραχὰς καὶ σφαγὰς Γ Ε : σφαγὰς καὶ ταραχὰς vulg.

108 γὰρ τῶν vulg. : γὰρ Γ Ε || ἄρχειν ἀξιώσας Γ Ε : ἀξιώσας ἄρχειν vulg. || διαγαγόντα Λ Vict. : διάγοντα Γ Ε vulg. || τῷ τε γένει codd. : τόν τε γένει Ε.

109 ἀνδρείαν Γ (sic quoque IV 49, 145, 146; Ep. II 3) : Bekker ubique ἀνδρίαν scripsit ceteris codicibus fretus || οὔτε τῶν λογοποιῶν codd. : οὐ τῶν λογοποιῶν Ε || ἀδιεξέργαστον Ε : διεργαστον Γ ἀδιέργαστον vulg. || ἀξίως codd. : ἀρτίως Γ1.

110 φιλοτιμίᾳ Γ Ε : φιλοσοφίᾳ vulg. φιλανθρωπίᾳ Dobree collatis 114 et 116 || διπλάσιον Γ Ε : διπλασίῳ vulg. (quod hiatum efficit) || ἀπέστην Γ Ε : ἀφέξομαι πάντων vulg. || ἐξ αὐτῶν codd. : ἐκλεξάμενος Λ Vict. || προειρημένοις Γ Ε : εἰρημένοις vulg.

111 δεῖ codd. : ἀεὶ Valckenaer || ποιησάμενος γὰρ Γ Ε : μὴ γὰρ ῥαθυμήσας ποιησάμενος δὲ vulg. || τότε μεγίστην Γ Ε : μεγίστην τότε vulg.

κῶν μεστὴν οὖσαν, παύσας ταῦτα καὶ διαλλάξας τὰς πόλεις πρὸς ἀλλήλας ὑπέδειξε τοῖς ἐπιγιγνομένοις μεθ' ὧν χρὴ. καὶ πρὸς οὓς δεῖ τοὺς πολέμους ἐκφέρειν. Ποιησάμενος γὰρ στρατείαν ἐπὶ Τροίαν, ἥπερ εἶχε τότε μεγίστην δύναμιν τῶν περὶ τὴν Ἀσίαν, τοσοῦτον διήνεγκε τῇ στρατηγίᾳ τῶν πρὸς τὴν αὐτὴν ταύτην ὕστερον πολεμησάντων, **112** ὅσον οἱ μὲν μετὰ τῆς τῶν Ἑλλήνων δυνάμεως ἐν ἔτεσι δέκα μόλις αὐτὴν ἐξεπολιόρκησαν, ὁ δ' ἐν ἡμέραις ἐλάττοσιν ἢ τοσαύταις καὶ μετ' ὀλίγων στρατεύσας ῥᾳδίως αὐτὴν κατὰ κράτος εἷλεν. Καὶ μετὰ ταῦτα τοὺς βασιλέας τῶν ἐθνῶν τῶν ἐφ' ἑκατέρας τῆς ἠπείρου τὴν παραλίαν κατοικούντων ἅπαντας ἀπέκτεινεν· οὓς οὐδέποτ' ἂν διέφθειρεν, εἰ μὴ καὶ τῆς δυνάμεως αὐτῶν ἐκράτησεν. Ταῦτα δὲ πράξας τὰς στήλας τὰς Ἡρακλέους καλουμένας ἐποιήσατο, τρόπαιον μὲν τῶν βαρβάρων, μνημεῖον δὲ τῆς ἀρετῆς τῆς αὑτοῦ καὶ τῶν κινδύνων, ὅρους δὲ τῆς τῶν Ἑλλήνων χώρας.

113 Τούτου δ' ἕνεκά σοι περὶ τούτων διῆλθον, ἵνα γνῷς ὅτι σε τυγχάνω τῷ λόγῳ παρακαλῶν ἐπὶ τοιαύτας πράξεις, ἃς ἐπὶ τῶν ἔργων οἱ πρόγονοί σου φαίνονται καλλίστας προκρίναντες. Ἅπαντας μὲν οὖν χρὴ τοὺς νοῦν ἔχοντας τὸν κράτιστον ὑποστησαμένους πειρᾶσθαι γίγνεσθαι τοιούτους, μάλιστα δὲ σοὶ προσήκει. Τὸ γὰρ μὴ δεῖν ἀλλοτρίοις χρῆσθαι παραδείγμασιν ἀλλ' οἰκεῖον ὑπάρχειν, πῶς οὐκ εἰκὸς ὑπ' αὑτοῦ σε παροξύνεσθαι καὶ φιλονικεῖν, ὅπως τῷ προγόνῳ σαυτὸν ὅμοιον παρασκευάσεις; **114** Λέγω δ' οὐχ ὡς δυνησόμενον ἁπάσας σε μιμήσασθαι τὰς Ἡρακλέους πράξεις, — οὐδὲ γὰρ ἂν τῶν θεῶν ἔνιοι δυνηθεῖεν — ἀλλὰ κατά γε τὸ τῆς ψυχῆς ἦθος καὶ τὴν φιλανθρωπίαν καὶ τὴν εὔνοιαν ἣν εἶχεν εἰς τοὺς Ἕλληνας, δύναι' ἂν ὁμοιωθῆναι τοῖς ἐκείνου βουλήμασιν. Ἔστι δέ σοι πεισθέντι τοῖς ὑπ' ἐμοῦ λεγομένοις τυχεῖν δόξης οἵας ἂν αὐτὸς βουληθῇς· **115** ῥᾴδιον γάρ ἐστιν ἐκ τῶν παρόντων κτήσασθαι τὴν καλλίστην ἥπερ ἐξ ὧν παρέλαβες ἐπὶ τὴν νῦν ὑπάρχουσαν προελθεῖν. Σκέψαι δ' ὅτι σε τυγχάνω παρακαλῶν ἐξ ὧν ποιήσει τὰς στρατείας οὐ μετὰ τῶν βαρβάρων ἐφ' οὓς οὐ δίκαιόν ἐστιν, ἀλλὰ μετὰ τῶν Ἑλλήνων ἐπὶ τούτους πρὸς οὓς προσήκει τοὺς ἀφ' Ἡρακλέους γεγονότας πολεμεῖν.

116 Καὶ μὴ θαυμάσῃς εἰ διὰ παντός σε τοῦ λόγου πειρῶμαι προτρέπειν ἐπί τε τὰς εὐεργεσίας τὰς τῶν Ἑλλήνων καὶ πραότητα καὶ φιλανθρωπίαν· ὁρῶ γὰρ τὰς μὲν χαλεπότητας λυπηρὰς οὔσας καὶ τοῖς ἔχουσι καὶ τοῖς ἐντυγχάνουσι, τὰς δὲ πραότητας οὐ μόνον ἐπὶ τῶν ἀνθρώπων καὶ τῶν ἄλλων ζῴων ἁπάντων εὐδοκίμουσας, **117** ἀλλὰ καὶ τῶν θεῶν τοὺς μὲν τῶν ἀγαθῶν αἰτίους ἡμῖν ὄντας Ὀλυμπίους προσαγορευομένους, τοὺς δ' ἐπὶ ταῖς συμφοραῖς καὶ ταῖς τιμωρίαις τεταγμένους δυσχερεστέρας τὰς ἐπωνυμίας ἔχοντας, καὶ τῶν μὲν καὶ τοὺς ἰδιώτας καὶ τὰς πόλεις καὶ

---

112 τῆς ἠπείρου codd. : Naber τοῖν ἠπείροιν malit || ἀρετῆς τῆς αὑτοῦ Vict. : ἀρετῆς αὑτοῦ codd. ἀρετῆς αὐτοῦ Bekker.

113 καλλίστας Turicenses : κάλλιστα codd. || τὸν κράτιστον ΓΕ : τὸ κράτιστον vulg. || μὴ δεῖν ΓΕ : μηδὲ vel μηδὲν vulg. || φιλονικεῖν Γ : φιλονεικεῖν vulg. || παρασκευάσεις edd. : παρασκευάσῃς ΓΕ παρασκευασης vulg.

114 γὰρ ἂν ..... δυνηθεῖεν ΓΕ : γὰρ ..... δυνηθεῖεν ἂν vulg. || βουλήμασιν ΓΕ : βουλεύμασιν *Pap.* vulg. || βουληθῇς ΓΕ : βουληθείης vulg.

115 ῥᾴδιον ΓΕΛ Vict. (cf. viii **50** ubi ΓΕ Θ² ῥᾴδιον exhibent) : ῥᾷον vulg. || κτήσασθαι Γ *Pap.* : κτήσασθαί σε Ε vulg. || καλλίστην vulg. : καλλίστην δόξαν ΓΕ (quod Blass suspectum arbitratur propter δόξης quod praecedit) || ἥπερ ἐξ vulg. : ἢ ἐξ ΓΕ (quod hiatum efficit) || νῦν ΓΕ : om. cett. codd.

116 τὰς τῶν ΓΕ : τῶν *Pap.* vulg. || πραότητα καὶ φιλανθρωπίαν Γ¹ *Pap.* : πραότητας καὶ φιλανθρωπίας Γ⁴ Ε vulg. || μόνον codd. : μόνων Ε.

117 αἰτίους ἡμῖν ΓΕΛ : ἡμῖν αἰτίους *Pap.* Θ αἰτίους Π || ἐν ταῖς εὐχαῖς codd. : εὐχαῖς Γ¹ || αὐτῶν ἡμᾶς codd. : αὐτῶν Γ¹.

νεὼς καὶ βωμοὺς ἱδρυμένους, τοὺς δ' οὔτ' ἐν ταῖς εὐχαῖς οὔτ' ἐν ταῖς θυσίαις τιμωμένους, ἀλλ' ἀποπομπὰς αὐτῶν ἡμᾶς ποιουμένους. 118 Ὧν ἐνθυμούμενον ἐθίζειν σαυτὸν χρὴ καὶ μελετᾶν ὅπως ἔτι μᾶλλον ἢ νῦν τοιαύτην ἅπαντες περὶ σοῦ τὴν γνώμην ἕξουσιν. Χρὴ δὲ τοὺς μείζονος δόξης τῶν ἄλλων ἐπιθυμοῦντας περιβάλλεσθαι μὲν τῇ διανοίᾳ τὰς πράξεις, δυνατὰς μὲν, εὐχῇ δ' ὁμοίας, ἐξεργάζεσθαι δὲ ζητεῖν αὐτάς, ὅπως ἂν οἱ καιροὶ παραδιδῶσιν.

119 Ἐκ πολλῶν δ' ἂν κατανοήσειας ὅτι δεῖ τοῦτον τὸν τρόπον πράττειν, μάλιστα δ' ἐκ τῶν Ἰάσονι συμβάντων. Ἐκεῖνος γὰρ οὐδὲν τοιοῦτον οἷον σὺ κατεργασάμενος μεγίστης δόξης ἔτυχεν, οὐκ ἐξ ὧν ἔπραξεν ἀλλ' ἐξ ὧν ἔφησεν· ἐποιεῖτο γὰρ τοὺς λόγους ὡς εἰς τὴν ἤπειρον διαβησόμενος καὶ βασιλεῖ πολεμήσων. 120 Ὅπου δ' Ἰάσων λόγῳ μόνον χρησάμενος οὕτως αὑτὸν ηὔξησεν, ποίαν τινὰ χρὴ προσδοκᾶν περὶ σοῦ γνώμην ἅπαντας ἕξειν, ἢν ἔργῳ ταῦτα πράξῃς καὶ μάλιστα μὲν πειραθῇς ὅλην τὴν βασιλείαν ἀνελεῖν, εἰ δὲ μὴ, χώραν ὅτι πλείστην ἀφορίσασθαι καὶ διαλαβεῖν τὴν Ἀσίαν, ὡς λέγουσί τινες, ἀπὸ Κιλικίας μέχρι Σινώπης, πρὸς δὲ τούτοις κτίσαι πόλεις ἐπὶ τούτῳ τῷ τόπῳ καὶ κατοικίσαι τοὺς νῦν πλανωμένους δι' ἔνδειαν τῶν καθ' ἡμέραν καὶ λυμαινομένους οἷς ἂν ἐντύχωσιν. 121 Οὓς εἰ μὴ παύσομεν ἀθροιζομένους βίον αὐτοῖς ἱκανὸν πορίσαντες, λήσουσιν ἡμᾶς τοσοῦτοι γενόμενοι τὸ πλῆθος ὥστε μηδὲν ἧττον αὐτοὺς εἶναι φοβεροὺς τοῖς Ἕλλησιν ἢ τοῖς βαρβάροις· ὧν οὐδεμίαν ποιούμεθα πρόνοιαν, ἀλλ' ἀγνοοῦμεν κοινὸν φόβον καὶ κίνδυνον ἅπασιν ἡμῖν αὐξανόμενον. 122 Ἔστιν οὖν ἀνδρὸς μέγα φρονοῦντος καὶ φιλέλληνος καὶ πορρωτέρω τῶν ἄλλων τῇ διανοίᾳ καθορῶντος, ἀποχρησάμενον τοῖς τοιούτοις πρὸς τοὺς βαρβάρους καὶ χώραν ἀποτεμόμενον τοσαύτην ὅσην ὀλίγῳ πρότερον εἰρήκαμεν, ἀπαλλάξαι τε τοὺς ξενιτευομένους τῶν κακῶν ὧν αὐτοί τ' ἔχουσι καὶ τοῖς ἄλλοις παρέχουσι, καὶ πόλεις ἐξ αὐτῶν συστῆσαι καὶ ταύταις ὁρίσαι τὴν Ἑλλάδα καὶ προβαλέσθαι πρὸ ἁπάντων ἡμῶν. 123 Ταῦτα γὰρ πράξας οὐ μόνον ἐκείνους εὐδαίμονας ποιήσεις, ἀλλὰ καὶ πάντας ἡμᾶς εἰς ἀσφάλειαν καταστήσεις. Ἢν δ' οὖν τούτων διαμάρτῃς, ἀλλ' ἐκεῖνό γε ῥᾳδίως ποιήσεις, τὰς πόλεις τὰς τὴν Ἀσίαν κατοικούσας ἐλευθερώσεις. Ὅτι δ' ἂν τούτων πρᾶξαι δυνηθῇς ἢ καὶ μόνον ἐπιχειρήσῃς, οὐκ ἔσθ' ὅπως οὐ μᾶλλον τῶν ἄλλων εὐδοκιμήσεις, καὶ δικαίως ἤνπερ αὐτός τ' ἐπὶ ταῦθ' ὁρμήσῃς καὶ τοὺς Ἕλληνας προτρέψῃς. 124 Ἐπεὶ νῦν γε τίς οὐκ ἂν εἰκότως τὰ συμβεβηκότα θαυμάσειε καὶ καταφρονήσειεν ἡμῶν, ὅπου παρὰ μὲν τοῖς βαρβάροις, οὓς ὑπειλήφαμεν μαλακοὺς εἶναι καὶ πολέμων ἀπείρους καὶ διεφθαρμένους ὑπὸ τῆς τρυφῆς, ἄνδρες ἐγγεγόνασιν οἱ τῆς Ἑλλάδος ἄρχειν ἠξίωσαν, τῶν δ' Ἑλλήνων οὐδεὶς τοσοῦτον πεφρόνηκεν 125 ὥστ' ἐπιχειρῆσαι τῆς Ἀσίας ἡμᾶς ποιῆσαι κυρίους, ἀλλὰ τοσοῦτον αὐτῶν ἀπολελειμμένοι τυγχάνομεν ὥστ' ἐκεῖνοι μὲν οὐκ ὤκνησαν οὐδὲ προϋπάρξαι

---

118 περιβάλλεσθαι Γ E : -βαλέσθαι vulg.

120 ἅπαντας Hertlein : αὐτοὺς codd. ἀνθρώπους Buermann ‖ ἀνελεῖν Γ : ἑλεῖν E vulg. ‖ ὡς λέγουσι Γ : ἢν λέγουσι E vulg. ‖ ἐπὶ τούτῳ τῷ τόπῳ Γ E : ἐν τῷ τόπῳ τούτῳ vulg.

121 παύσομεν Γ E : παύσωμεν vulg. ‖ αὐτοῖς ἱκανὸν Γ E : ἱκανὸν αὐτοῖς vulg. ‖ πορίσαντες Γ E : εἰσπορ- vulg.

122 ξενιτευομένους vulg. Harpocratio : πολιτευομένους Γ E ‖ ὁρίσαι Γ E : ἐχυρῶσαι vulg. ὀχυρῶσαι Vict. ‖ πρὸ ἁπάντων vulg. : πρὸς ἁπάντων Γ E.

123 ἐπιχειρήσῃς codd. : ἐπιχειρίσῃς E ‖ μᾶλλον vulg. : μόνον Γ E (quod e superiore loco natum est) ‖ αὐτός τ' ἐπὶ ταῦθ' Γ E : ἐπὶ ταῦτα αὐτός τε vulg.

124 ἐγγέγονασιν Γ E : γεγόνασιν vulg. ‖ ἄρχειν ἠξίωσαν Γ E : ἠξίωσαν ἄρχειν vulg. ‖ Ἑλλήνων vulg. : ἄλλων Ἑλλήνων E ἄλλων Γ.

125 ἀμύνεσθαι Γ E : ἀμύνασθαι vulg.

τῆς ἔχθρας τῆς πρὸς τοὺς Ἕλληνας, ἡμεῖς δ' οὐδ' ὑπὲρ ὧν κακῶς ἐπάθομεν ἀμύνεσθαι τολμῶμεν αὐτούς, ἀλλ' ὁμολογούντων ἐκείνων ἐν ἅπασι τοῖς πολέμοις μήτε στρατιώτας ἔχειν μήτε στρατηγοὺς μήτ' ἄλλο μηδὲν τῶν εἰς τοὺς κινδύνους χρησίμων, **126** ἀλλὰ ταῦτα πάντα παρ' ἡμῶν μεταπεμπομένων, εἰς τοῦθ' ἥκομεν ἐπιθυμίας τοῦ κακῶς ἡμᾶς ποιεῖν ὥστ', ἐξὸν ἡμῖν τἀκείνων ἀδεῶς ἔχειν, πρὸς ἡμᾶς τ' αὐτοὺς περὶ μικρῶν πολεμοῦμεν καὶ τοὺς ἀφισταμένους τῆς ἀρχῆς τῆς βασιλέως συγκατασ τρεφόμεθα καὶ λελήθαμεν ἡμᾶς αὐτοὺς ἐνίοτε μετὰ τῶν πατρικῶν ἐχθρῶν τοὺς τῆς αὐτῆς συγγενείας μετέχοντας ἀπολλύναι ζητοῦντες ;

127 Διὸ καὶ σοὶ νομίζω συμφέρειν οὕτως ἀνάνδρως διακειμένων τῶν ἄλλων προστῆναι τοῦ πολέμου τοῦ πρὸς ἐκεῖνον. Προσήκει δὲ τοῖς μὲν ἄλλοις τοῖς ἀφ' Ἡρακλέους πεφυκόσι καὶ τοῖς ἐν πολιτείᾳ καὶ νόμοις ἐνδεδεμένοις ἐκείνην τὴν πόλιν στέργειν ἐν ᾗ τυγχάνουσι κατοικοῦντες, σὲ δ' ὥσπερ ἄφετον γεγενημένον ἅπασαν τὴν Ἑλλάδα πατρίδα νομίζειν, ὥσπερ ὁ γεννήσας ὑμᾶς, καὶ κινδυνεύειν ὑπὲρ αὐτῆς ὁμοίως, ὥσπερ ὑπὲρ ὧν μάλιστα σπουδάζεις.

128 Ἴσως δ' ἄν τινες ἐπιτιμήσαί μοι τολμήσειαν τῶν οὐδὲν ἄλλο δυναμένων ἢ τοῦτο ποιεῖν, ὅτι σὲ προειλόμην παρακαλεῖν ἐπὶ τὴν στρατείαν τὴν ἐπὶ τοὺς βαρβάρους καὶ τὴν ἐπιμέλειαν τὴν τῶν Ἑλλήνων, παραλιπὼν τὴν ἐμαυτοῦ πόλιν. **129** Ἐγὼ δ' εἰ μὲν πρὸς ἄλλους τινὰς πρότερον ἐπεχείρουν διαλέγεσθαι περὶ τούτων ἢ πρὸς τὴν πατρίδα τὴν αὑτοῦ τὴν τρὶς τοὺς Ἕλληνας ἐλευθερώσασαν, δὶς μὲν ἀπὸ τῶν βαρβάρων, ἅπαξ δ' ἀπὸ τῆς Λακεδαιμονίων ἀρχῆς, ὡμολόγουν ἂν πλημμελεῖν· νῦν δ' ἐκείνην μὲν φανήσομαι πρώτην ἐπὶ ταῦτα προτρέπων ὡς ἠδυνάμην μετὰ πλείστης σπουδῆς, αἰσθανόμενος δ' ἔλαττον αὐτὴν φροντίζουσαν τῶν ὑπ' ἐμοῦ λεγομένων ἢ τῶν ἐπὶ τοῦ βήματος μαινομένων ἐκείνην μὲν εἴασα, τῆς δὲ πραγματείας οὐκ ἀπέστην. **130** Διὸ δικαίως ἄν με πάντες ἐπαινοῖεν, ὅτι τῇ δυνάμει ταύτῃ χρώμενος, ἣν ἔχων τυγχάνω, διατετέλεκα πάντα τὸν χρόνον πολεμῶν μὲν τοῖς βαρβάροις, κατηγορῶν δὲ τῶν μὴ τὴν αὐτὴν ἐμοὶ γνώμην ἐχόντων, προτρέπειν δ' ἐπιχειρῶν οὓς ἂν ἐλπίσω μάλιστα δυνήσεσθαι τοὺς μὲν Ἕλληνας ἀγαθόν τι ποιῆσαι, τοὺς δὲ βαρβάρους ἀφελέσθαι τὴν ὑπάρχουσαν εὐδαιμονίαν. **131** Διόπερ καὶ νῦν πρὸς σὲ ποιοῦμαι τοὺς λόγους, οὐκ ἀγνοῶν ὅτι τούτοις ὑπ' ἐμοῦ μὲν λεγομένοις πολλοὶ φθονήσουσι, τοῖς δ' αὐτοῖς τούτοις ὑπὸ σοῦ πραττομένοις ἅπαντες συνησθήσονται. Τῶν μὲν γὰρ εἰρημένων οὐδεὶς κεκοινώνηκε, τῶν δ' ὠφελειῶν τῶν κατεργασθησομένων οὐκ ἔστιν ὅστις οὐκ οἰήσεται μεθέξειν.

132 Σκέψαι δ' ὡς αἰσχρὸν περιορᾶν τὴν Ἀσίαν ἄμεινον πράττουσαν τῆς Εὐρώπης καὶ τοὺς βαρβάρους εὐπορωτέρους τῶν Ἑλλήνων ὄντας, ἔτι δὲ τοὺς μὲν ἀπὸ Κύρου τὴν ἀρχὴν ἔχοντας, ὃν ἡ μήτηρ εἰς τὴν ὁδὸν ἐξέβαλε, βασιλέας μεγάλους προσαγορευομένους, τοὺς δ' ἀφ' Ἡρακλέους πεφυκότας, ὃν ὁ γεννήσας διὰ τὴν ἀρετὴν εἰς

---

126 τ' αὐτοὺς Γ : αὐτοὺς Ε vulg.

127 ὥσπερ ὑπὲρ Γ Ε : ὡς περὶ vulg.

128 ἐπὶ τὴν Γ : ἐπί τε τὴν vulg.

129 τὴν αὑτοῦ (αὐτοῦ Ε) τήν Γ Ε : τὴν vulg. || μὲν φανήσομαι πρώτην Γ Ε : φανήσομαι πρῶτον vulg.

130 τυγχάνω codd. : om. Ε || ἐμοὶ Γ Ε : μοι vulg. || ἐλπίσω Γ Ε : ἐλπίζω vulg.

131 ποιοῦμαι codd. : ποιήσομαι Γ¹ || τούτοις ὑπ' ἐμοῦ μὲν Γ Ε : τοῖς μὲν ὑπ' ἐμοῦ vulg. τούτοις μὲν ὑπ' ἐμοῦ Benseler || ὠφελειῶν codd. : ὠφελιῶν Γ.

132 τῶν Ἑλλήνων ὄντας Γ Ε : ὄντας τῶν Ἑλλήνων vulg. || προσαγορευομένους codd. : priore loco suspectum arbitrantur Sauppe et Benseler, καλουμένους vel ὀνομαζομένους suadet Kayser collato ix **72**; sed hoc ὁμοιοτέλευτον cupiit sine dubio Isocrates || ἀναστρεπτέον καὶ μεταστατέον Γ Ε : μεταναστατέον καὶ ἀναστρεπτέον vulg.

θεοὺς ἀνήγαγε, ταπεινοτέροις ὀνόμασιν ἢ 'κείνους προσαγορευομένους. Ὧν οὐδὲν ἐατέον οὕτως ἔχειν, ἀλλ' ἀναστρεπτέον καὶ μεταστατέον ἅπαντα ταῦτ' ἐστίν.

133 Εὖ δ' ἴσθι μηδὲν ἄν με τούτων ἐπιχειρήσαντα σε πείθειν, εἰ δυναστείαν μόνον καὶ πλοῦτον ἑώρων ἐξ αὐτῶν γενησόμενον· ἡγοῦμαι γὰρ τά γε τοιαῦτα καὶ νῦν σοι πλείω τῶν ἱκανῶν ὑπάρχειν, καὶ πολλὴν ἀπληστίαν ἔχειν ὅστις προαιρεῖται κινδυνεύειν ὥστ' ἢ ταῦτα λαβεῖν ἢ στερηθῆναι τῆς ψυχῆς. **134** Ἀλλὰ γὰρ οὐ πρὸς τὰς τούτων κτήσεις ἀποβλέψας ποιοῦμαι τοὺς λόγους, ἀλλ' οἰόμενος ἐκ τούτων μεγίστην σοι καὶ καλλίστην γενήσεσθαι δόξαν. Ἐνθυμοῦ δ' ὅτι τὸ μὲν σῶμα θνητὸν ἅπαντες ἔχομεν, κατὰ δὲ τὴν εὐλογίαν καὶ τοὺς ἐπαίνους καὶ τὴν φήμην καὶ τὴν μνήμην τὴν τῷ χρόνῳ συμπαρακολουθοῦσαν ἀθανασίας μεταλαμβάνομεν, ἧς ἄξιον ὀρεγομένους καθ' ὅσον οἷοί τ' ἐσμὲν ὁτιοῦν πάσχειν. **135** Ἴδοις δ' ἂν καὶ τῶν ἰδιωτῶν τοὺς ἐπιεικεστάτους ὑπὲρ ἄλλου μὲν οὐδενὸς ἂν τὸ ζῆν ἀντικαταλλαξαμένους, ὑπὲρ δὲ τοῦ τυχεῖν καλῆς δόξης ἀποθνήσκειν ἐν τοῖς πολέμοις ἐθέλοντας, ὅλως δὲ τοὺς μὲν τιμῆς ἐπιθυμοῦντας ἀεὶ μείζονος ἧς ἔχουσιν ὑπὸ πάντων ἐπαινουμένους, τοὺς δὲ πρὸς ἄλλο τι τῶν ὄντων ἀπλήστως διακειμένους ἀκρατεστέρους καὶ φαυλοτέρους εἶναι δοκοῦντας. **136** Τὸ δὲ μέγιστον τῶν εἰρημένων· ὅτι συμβαίνει τοῦ μὲν πλούτου καὶ τῶν δυναστειῶν πολλάκις τοὺς ἐχθροὺς κυρίους γίγνεσθαι, τῆς δ' εὐνοίας τῆς παρὰ τῶν πολλῶν καὶ τῶν ἄλλων τῶν προειρημένων μηδένας ἄλλους καταλείπεσθαι κληρονόμους πλὴν τοὺς ἐξ ἡμῶν γεγονότας. Ὥστ' ᾐσχυνόμην ἄν, εἰ μὴ τούτων ἕνεκα σοι συνεβούλευον καὶ τὴν στρατείαν ποιεῖσθαι ταύτην καὶ πολεμεῖν καὶ κινδυνεύειν.

137 Οὕτω δ' ἄριστα βουλεύσει περὶ τούτων, ἢν ὑπολάβῃς μὴ μόνον τὸν λόγον τοῦτόν σε παρακαλεῖν, ἀλλὰ καὶ τοὺς προγόνους καὶ τὴν τῶν βαρβάρων ἀνανδρίαν καὶ τοὺς ὀνομαστοὺς γενομένους καὶ δόξαντας ἡμιθέους εἶναι διὰ τὴν στρατείαν τὴν ἐπ' ἐκείνους, μάλιστα δὲ πάντων τὸν καιρόν, ἐν ᾧ σὺ μὲν τυγχάνεις τοσαύτην δύναμιν κεκτημένος ὅσην οὐδεὶς τῶν τὴν Εὐρώπην κατοικησάντων, πρὸς ὃν δὲ πολεμήσεις, οὕτω σφόδρα μεμισημένος καὶ καταπεφρονημένος ὑφ' ἁπάντων, ὡς οὐδεὶς πώποτε τῶν βασιλευσάντων.

138 Πρὸ πολλοῦ δ' ἂν ἐποιησάμην οἷόν τ' εἶναι συνερᾶσαι τοὺς λόγους ἅπαντας τοὺς ὑπ' ἐμοῦ περὶ τούτων εἰρημένους· μᾶλλον γὰρ ἂν ἀξιόχρεως οὗτος ἔδοξεν εἶναι τῆς ὑποθέσεως. Οὐ μὴν ἀλλὰ σέ γε χρὴ σκοπεῖν ἐξ ἁπάντων τὰ συντείνοντα καὶ προ-

---

133 σε πείθειν Γ E : πείθειν σε vulg.

134 εὐλογίαν Γ2 E : εὐδοξίαν vulg. ευ...αν Γ1 auctore Buermann qui εὔνοιαν collato **136** suadet || καὶ τὴν μνήμην Γ E : om. cett. codd.

135 ὑπὲρ codd. : secundo loco secludit Cobet. || πρὸς ἄλλο τι τῶν ὄντων ἀπλήστως Γ : πρὸς ἄλλο τι τῶν ἀνοήτων ἀπλείστως E πρὸς ἄλλο τι τῶν ἀνοήτως φιλουμένων τοῖς πολλοῖς ὁλοσχερῶς vulg. τοῖς μὲν πρὸς ἄλλο τι τῶν ἀγαθῶν ἀπλήστως διακειμένοις Dionysius Halicarnassensis in *Judicio de Isocrate* 6 ; Strange δεόντων pro ὄντων ponit collata *Epistula* III **4**.

136 πολλῶν Γ E : πολιτῶν vulg. || καταλείπεσθαι codd. : καταλιπέσθαι E || σοι συνεβούλευον Γ E : συνεβούλευόν σε vulg.

137 τοῦτόν σε Γ E : σε τοῦτον vulg. || βαρβάρων ἀνανδρίαν Γ E : πατέρων ἀνδρίαν vulg. || ὀνομαστοὺς Γ E : ὀνομαστοτάτους vulg. || κατοικησάντων Γ E : οἰκησάντων vulg. || οὕτω σφόδρα Γ E : οὕτως ἐστὶ σφόδρα vulg. || μεμισημένος καὶ καταπεφρονημένος vulg. : μεμισημένων καὶ καταπεφρονημένων Γ (auctore Blass) μεμισημένον καὶ καταπεφρονημένον E Γ (auctore Buermann).

138 συνερᾶσαι Bekker : συνερασαι Γ1 συγχέρασαι Γ2 E συνερανίσαιμι Λ1 ὅπως ἂν συνερανίσαιμι vulg. || ἀξιόχρεως codd. : ἄξιος Γ1 || οὗτος ἔδοξεν εἶναι Γ E : ἔδοξεν οὕτως ἡ πραγματεία εἶναι vulg. || σέ γε Γ E : σέ τε vulg. || οὕτω..... αὐτῶν Γ E : om. cett. codd. || γὰρ ἂν Γ : γὰρ E.

τρέποντα πρὸς τὸν πόλεμον τοῦτον · οὕτω γὰρ ἂν ἄριστα βουλεύσαιο περὶ αὐτῶν.

139 Οὐκ ἀγνοῶ δ' ὅτι πολλοὶ τῶν Ἑλλήνων τὴν βασιλέως δύναμιν ἄμαχον εἶναι νομίζουσιν · ὧν ἄξιον θαυμάζειν, εἰ τὴν ὑπ' ἀνθρώπου βαρβάρου καὶ κακῶς τεθραμμένου καταστραφεῖσαν καὶ συναχθεῖσαν ἐπὶ δουλείᾳ, ταύτην ὑπ' ἀνδρὸς Ἕλληνος καὶ περὶ τοὺς πολέμους πολλὴν ἐμπειρίαν ἔχοντος μὴ νομίζουσιν ἂν ἐπ' ἐλευθερίᾳ διαλυθῆναι, καὶ ταῦτ' εἰδότες ὅτι συστῆσαι μέν ἐστιν ἅπαντα χαλεπόν, διαστῆσαι δὲ ῥᾴδιον.

140 Ἐνθυμοῦ δ' ὅτι μάλιστα τούτους τιμῶσιν ἅπαντες καὶ θαυμάζουσιν, οἵτινες ἀμφότερα δύνανται καὶ πολιτεύεσθαι καὶ στρατηγεῖν. Ὅταν οὖν ὁρᾷς τοὺς ἐν μιᾷ πόλει ταύτην ἔχοντας τὴν φύσιν εὐδοκιμοῦντας, ποίους τινὰς χρὴ προσδοκᾶν τοὺς ἐπαίνους ἔσεσθαι τοὺς περὶ σοῦ ῥηθησομένους, ὅταν φαίνῃ ταῖς μὲν εὐεργεσίαις ἐν ἅπασι τοῖς Ἕλλησι πεπολιτευμένος, ταῖς δὲ στρατηγίαις τοὺς βαρβάρους κατεστραμμένος; **141** Ἐγὼ μὲν γὰρ ἡγοῦμαι ταῦτα πέρας ἕξειν · οὐδένα γὰρ ἄλλον ποτὲ δυνήσεσθαι μείζω πρᾶξαι τούτων · οὔτε γὰρ ἐν τοῖς Ἕλλησι γενήσεσθαι τηλικοῦτον ἔργον, ὅσον ἐστὶ τὸ πάντας ἡμᾶς ἐκ τοσούτων πολέμων ἐπὶ τὴν ὁμόνοιαν προαγαγεῖν, οὔτε τοῖς βαρβάροις εἰκός ἐστι συστῆναι τηλικαύτην δύναμιν, ἣν τὴν νῦν ὑπάρχουσαν καταλύσῃς. **142** Ὥστε τῶν μὲν ἐπιγιγνομένων οὐδ' ἤν τις τῶν ἄλλων διενέγκῃ τὴν φύσιν, οὐδὲν ἕξει ποιῆσαι τοιοῦτον. Ἀλλὰ μὴν τῶν γε προγεγενημένων ἔχω μὲν ὑπερβαλεῖν τὰς πράξεις τοῖς ἤδη διὰ σοῦ κατειργασμένοις, οὐ γλίσχρως ἀλλ' ἀληθινῶς · ὅστις γὰρ ἔθνη τοσαῦτα τυγχάνεις κατεστραμμένος ὅσας οὐδεὶς πώποτε τῶν ἄλλων Ἑλλήνων πόλεις εἷλε, πῶς οὐκ ἂν πρὸς ἕκαστον αὐτῶν ἀντιπαραβάλλων ῥᾳδίως ἂν ἐπέδειξα μείζω σε κἀκείνων διαπεπραγμένον; **143** Ἀλλὰ γὰρ εἱλόμην ἀποσχέσθαι τῆς τοιαύτης ἰδέας δι' ἀμφότερα, διά τε τοὺς οὐκ εὐκαίρως αὐτῇ χρωμένους καὶ διὰ τὸ μὴ βούλεσθαι ταπεινοτέρους ποιεῖν τῶν νῦν ὄντων τοὺς ἡμιθέους εἶναι νομιζομένους.

144 Ἐνθυμοῦ δ' ἵνα τι καὶ τῶν ἀρχαίων εἴπωμεν, ὅτι τὸν Ταντάλου πλοῦτον καὶ τὴν Πέλοπος ἀρχὴν καὶ τὴν Εὐρυσθέως δύναμιν οὐδεὶς ἂν οὔτε λόγων εὑρετὴς οὔτε ποιητὴς ἐπαινέσειεν, ἀλλὰ μετά γε τὴν Ἡρακλέους ὑπερβολὴν καὶ τὴν Θησέως ἀρετὴν τοὺς ἐπὶ Τροίαν στρατευσαμένους καὶ τοὺς ἐκείνοις ὁμοίους γενομένους ἅπαντες ἂν εὐλογήσειαν. **145** Καίτοι τοὺς ὀνομαστοτάτους καὶ τοὺς ἀρίστους αὐτῶν ἴσμεν ἐν μικροῖς πολιχνίοις καὶ νησυδρίοις τὰς ἀρχὰς κατασχόντας. Ἀλλ' ὅμως ἰσόθεον καὶ παρὰ πᾶσιν ὀνομαστὴν τὴν αὑτῶν δόξαν κατέλιπον · ἅπαντες γὰρ φιλοῦσιν οὐ τοὺς σφίσιν αὐτοῖς μεγίστην δυναστείαν κτησαμένους, ἀλλὰ τοὺς τοῖς Ἕλλησι πλείστων ἀγαθῶν αἰτίους γεγενημένους.

---

139 καταστραφεῖσαν Γ Ε : κατασταθεῖσαν vulg. (Blass confert viii **69** ubi sententia longe alia est); utrumque suspectum arbitratur Kayser ‖ διαστῆσαι Γ Ε : διαλῦσαι vulg.

140 δύνανται Γ Ε : ἂν δύνωνται vulg. ‖ ταύτην Γ Ε : τοιαύτην vulg.

141 γενήσεσθαι Γ Ε : γεγενῆσθαι vulg. ‖ οὔτε τοῖς Γ Ε : οὔτ' ἐν τοῖς vulg.

142 τῶν μὲν Γ Ε : τῶν νῦν μὲν vulg. ‖ τῶν γε Γ Ε : τῶν vulg. ‖ ἔχω μὲν Γ Ε : ἔχομεν vulg. ‖ ὑπερβαλεῖν Γ Ε : παραβαλεῖν vulg. ‖ οὐ γλίσχρως Γ : οὐκ (οὐ Ε) αἰσχρῶς vulg. ‖ ἄλλων Ἑλλήνων Ε vulg. : Ἑλλήνων Γ ἄλλων Benseler ‖ εἷλε codd. : εἶδε Γ¹ ‖ ἀντιπαραβάλλων Γ Ε : –βαλών vulg.

144 μετά γε Γ Ε : γε μετὰ vulg. ‖ τοὺς ἐπὶ Γ Ε : καὶ τοὺς ἐπὶ vulg. ‖ τοὺς ἐκείνοις codd. : τοῖς ἐκείνοις Ε.

145 καίτοι Γ Ε Λ : καὶ vulg. ‖ τοὺς ἀρίστους Γ Ε : ἀρίστους vulg. ‖ νησυδρίοις codd. : νησιδρίοις Γ ‖ παρὰ Γ Ε : om. cett. codd. ‖ κτησαμένους Γ Ε : κεκτημένους vulg.

146 Οὐ μόνον δ' ἐπὶ τούτων αὐτοὺς ὄψει τὴν γνώμην ταύτην ἔχοντας, ἀλλ' ἐπὶ πάντων ὁμοίως, ἐπεὶ καὶ τὴν πόλιν ἡμῶν οὐδεὶς ἂν ἐπαινέσειεν οὔθ' ὅτι τῆς θαλάττης ἦρξεν, οὔθ' ὅτι τοσοῦτον πλῆθος χρημάτων εἰσπράξασα τοὺς συμμάχους εἰς τὴν ἀκρόπολιν ἀνήνεγκεν, ἀλλὰ μὴν οὐδ' ὅτι πολλῶν πόλεων ἐξουσίαν ἔλαβε τὰς μὲν ἀναστάτους ποιῆσαι, τὰς δ' αὐξῆσαι, τὰς δ' ὅπως ἠβουλήθη διοικῆσαι· — 147 πάντα γὰρ ταῦτα παρῆν αὐτῇ πράττειν· — ἀλλ' ἐκ τούτων μὲν πολλαὶ κατηγορίαι κατ' αὐτῆς γεγόνασιν, ἐκ δὲ τῆς Μαραθῶνι μάχης καὶ τῆς ἐν Σαλαμῖνι ναυμαχίας, καὶ μάλισθ' ὅτι τὴν αὑτῶν ἐξέλιπον ὑπὲρ τῆς τῶν Ἑλλήνων σωτηρίας, ἅπαντες ἐγκωμιάζουσιν. Τὴν αὐτὴν δὲ γνώμην καὶ περὶ Λακεδαιμονίων ἔχουσιν· 148 καὶ γὰρ ἐκείνων μᾶλλον ἄγανται τὴν ἧτταν τὴν ἐν Θερμοπύλαις ἢ τὰς ἄλλας νίκας, καὶ τὸ τρόπαιον τὸ μὲν κατ' ἐκείνων ὑπὸ τῶν βαρβάρων σταθὲν ἀγαπῶσι καὶ θεωροῦσι, τὰ δ' ὑπὸ Λακεδαιμονίων κατὰ τῶν ἄλλων οὐκ ἐπαινοῦσιν, ἀλλ' ἀηδῶς ὁρῶσιν· ἡγοῦνται γὰρ τὸ μὲν ἀρετῆς εἶναι σημεῖον, τὰ δὲ πλεονεξίας.

149 Ταῦτ' οὖν ἐξετάσας ἅπαντα καὶ διελθὼν πρὸς αὑτὸν, ἢν μέν τι τῶν εἰρημένων ἢ μαλακώτερον ἢ καταδεέστερον, αἰτιῶ τὴν ἡλικίαν τὴν ἐμὴν ἢ δικαίως ἂν ἅπαντες συγγνώμην ἔχοιεν· ἢν δ' ὅμοια τοῖς πρότερον διαδεδομένοις, νομίζειν αὐτὰ χρὴ μὴ τὸ γῆρας τοὐμὸν εὑρεῖν, ἀλλὰ τὸ δαιμόνιον ὑποβαλεῖν, οὐκ ἐμοῦ φροντίζον, ἀλλὰ τῆς Ἑλλάδος κηδόμενον καὶ βουλόμενον ταύτην τε τῶν κακῶν ἀπαλλάξαι τῶν παρόντων καὶ σοὶ πολὺ μείζω περιθεῖναι δόξαν τῆς νῦν ὑπαρχούσης. 150 Οἶμαι δέ σ' οὐκ ἀγνοεῖν ὃν τρόπον οἱ θεοὶ τὰ τῶν ἀνθρώπων διοικοῦσιν. Οὐ γὰρ αὐτόχειρες οὔτε τῶν ἀγαθῶν οὔτε τῶν κακῶν γίγνονται τῶν συμβαινόντων αὐτοῖς, ἀλλ' ἑκάστοις τοιαύτην ἔννοιαν ἐμποιοῦσιν ὥστε δι' ἀλλήλων ἡμῖν ἑκάτερα παραγίγνεσθαι τούτων. 151 Οἷον ἴσως καὶ νῦν τοὺς μὲν λόγους ἡμῖν ἀπένειμαν, ἐπὶ δὲ τὰς πράξεις σε τάττουσι, νομίζοντες τούτων μὲν σὲ κάλλιστ' ἂν ἐπιστατῆσαι, τὸν δὲ λόγον τὸν ἐμὸν ἥκιστ' ἂν ὀχληρὸν γενέσθαι τοῖς ἀκούουσιν. Ἡγοῦμαι δὲ καὶ τὰ πεπραγμένα πρότερον οὐκ ἂν ποτέ σοι γενέσθαι τηλικαῦτα τὸ μέγεθος, εἰ μή τις θεῶν αὐτὰ συγκατώρθωσεν, 152 οὐχ ἵνα τοῖς βαρβάροις μόνον τοῖς ἐπὶ τῆς Εὐρώπης κατοικοῦσι πολεμῶν διατελῇς, ἀλλ' ὅπως ἂν ἐν τούτοις γυμνασθεὶς καὶ λαβὼν ἐμπειρίαν καὶ γνωσθεὶς οἷος εἶ, τούτων ἐπιθυμήσῃς ὧν ἐγὼ τυγχάνω συμβεβουλευκώς. Αἰσχρὸν οὖν ἐστὶ καλῶς τῆς τύχης ἡγουμένης ἀπολειφθῆναι καὶ μὴ παρασχεῖν σαυτὸν εἰς ὃ βούλεταί σε προαγαγεῖν.

---

146 ἠβουλήθη codd. : ἐβουλήθη Γ.

147 πάντα γὰρ ταῦτα Γ Ε : ταῦτα γὰρ ἅπαντα vulg. || κατ' αὐτῆς vulg. : κατὰ ταύτης Γ Ε || Μαραθῶνι Γ : ἐν Μαραθῶνι Ε vulg. || τῆς ἐν Γ Ε : om. vulg. τῆς Naber || τῆς τῶν Ἑλλήνων σωτηρίας Γ² intra spatium duodecim litterarum ; cf. IV 99, VI 83 ; VIII 43 ; forsitan in archetypo ἄλλων Ἑλλήνων scriptum sit. || ἅπαντες Γ : ἅπαντες αὐτὴν cett. codd.

148 μᾶλλον ἄγανται Γ Ε : ἄγανται μᾶλλον vulg. || τὸ τρόπαιον τὸ codd. : τὰ τρόπαια τὰ Ε || ἀλλ' ἀηδῶς ὁρῶσιν codd. : Cobet delendum arbitratur, sed cum θεωροῦσιν congruit || τὸ μὲν codd. : τὰ μὲν Γ.

149 αὑτὸν codd. (cf. 129, I 14) : σαυτὸν Naber || ἢ Γ : ἢ Ε εἴη vulg. || αἰτιῶ τὴν ἡλικίαν τὴν ἐμὴν Γ Ε : ἀποβλέπειν εἰς τὴν ἡλικίαν τὴν ἐμὴν δεῖ vulg. || διαδεδομένοις vulg. : διαδιδ- Γ Ε || πολὺ μείζω περιθεῖναι δόξαν Γ Ε : δόξαν πόλυ μείζω τηρηθῆναι vulg.

150 οὔτε τῶν Γ Ε : οὔτε μετὰ τῶν vulg. || συμβαινόντων Γ Ε : συνόντων vulg. || ἑκάστοις vulg. : ἕκαστος Γ Ε || ἔννοιαν codd. : εὔνοιαν Ε.

152 ὅπως ἂν Γ Ε : ὅπως vulg. || ἐγὼ Γ Ε : om. vulg. || σαυτὸν εἰς ὃ Γ Ε : αὐτὸν εἰς ἃ vulg.

153 Νομίζω δὲ χρῆναί σε πάντας μὲν τιμᾶν τοὺς περὶ τῶν σοι πεπραγμένων ἀγαθόν τι λέγοντας, κάλλιστα μέντοι νομίζειν ἐκείνους ἐγκωμιάζειν τοὺς μειζόνων ἔργων ἢ τηλικούτων τὴν σὴν φύσιν ἀξιοῦντας, καὶ τοὺς μὴ μόνον ἐν τῷ παρόντι κεχαρισμένως διειλεγμένους, ἀλλ' οἵτινες ἂν τοὺς ἐπιγιγνομένους οὕτω ποιήσωσι τὰς σὰς πράξεις θαυμάζειν ὡς οὐδενὸς ἄλλου τῶν προγεγενημένων. Πολλὰ δὲ βουλόμενος τοιαῦτα λέγειν οὐ δύναμαι· τὴν δ' αἰτίαν δι' ἣν, πλεονάκις τοῦ δέοντος εἴρηκα.

154 Λοιπὸν οὖν ἐστὶ τὰ προειρημένα συναγαγεῖν, ἵν' ὡς ἐν ἐλαχίστοις κατίδῃς τὸ κεφάλαιον τῶν συμβεβουλευμένων. Φημὶ γὰρ χρῆναί σε τοὺς μὲν Ἕλληνας εὐεργετεῖν, Μακεδόνων δὲ βασιλεύειν, τῶν δὲ βαρβάρων ὡς πλείστων ἄρχειν. Ἢν γὰρ ταῦτα πράττῃς, ἅπαντές σοι χάριν ἕξουσιν, οἱ μὲν Ἕλληνες ὑπὲρ ὧν ἂν εὖ πάσχωσι, Μακεδόνες δ' ἢν βασιλικῶς ἀλλὰ μὴ τυραννικῶς αὐτῶν ἐπιστατῇς, τὸ δὲ τῶν ἄλλων γένος, ἢν διὰ σὲ βαρβαρικῆς δεσποτείας ἀπαλλαγέντες Ἑλληνικῆς ἐπιμελείας τύχωσιν. **155** Ταῦθ' ὅπως μὲν γέγραπται τοῖς καιροῖς καὶ ταῖς ἀκριβείαις, παρ' ὑμῶν τῶν ἀκουόντων πυνθάνεσθαι δίκαιόν ἐστιν· ὅτι μέντοι βελτίω τούτων καὶ μᾶλλον ἁρμόττοντα τοῖς ὑπάρχουσιν οὐδεὶς ἄν σοι συμβουλεύσειε, σαφῶς εἰδέναι νομίζω.

---

153 μὲν τιμᾶν vulg. : ...μαν Γ μὲν Ε ‖ λέγοντας codd. : λέγοντας τιμᾶν Ε ‖ ἐκείνους ἐγκωμιάζειν Γ Ε : ἐγκωμιάζειν ἐκείνους vulg. ‖ ἢ τηλικούτων Γ Ε : καὶ τηλικούτων vulg. ‖ τοὺς μὴ μόνον Γ Ε : μὴ μόνον τοὺς vulg. ‖ οἵτινες ἂν ...ποιήσωσι Γ Ε : οἵτινες .... ποιήσουσι vulg. ‖ τὰς σὰς codd. : σὰς Γ.

154 ὡς ἐν Γ Ε : ὡς vulg. ‖ κατίδῃς Baiter : κατίδοις codd. ‖ ἂν εὖ πάσχωσι vulg. : εὖ πάσχουσι Γ Ε.

155 ὑπάρχουσιν codd. : ἐπάρχουσιν Ε.

II

ΦΙΛΙΠΠΩ

Οἶδα μὲν ὅτι πάντες εἰώθασι πλείω χάριν ἔχειν τοῖς ἐπαινοῦσιν ἢ τοῖς συμβουλεύουσιν, ἄλλως τε κἂν μὴ κελευσθεὶς ἐπιχειρῇ τις τοῦτο ποιεῖν. Ἐγὼ δ' εἰ μὲν μὴ καὶ πρότερον ἐτύγχανόν σοι παρῃνεκὼς μετὰ πολλῆς εὐνοίας ἐξ ὧν ἐδόκεις μοι τὰ πρέποντα μάλιστ' ἂν σαυτῷ πράττειν, ἴσως οὐδ' ἂν νῦν ἐπεχείρουν ἀποφαίνεσθαι περὶ τῶν σοὶ συμβεβηκότων · 2 ἐπειδὴ δὲ προειλόμην φροντίζειν τῶν σῶν πραγμάτων καὶ τῆς πόλεως ἕνεκα τῆς ἐμαυτοῦ καὶ τῶν ἄλλων Ἑλλήνων, αἰσχυνθείην ἄν, εἰ περὶ μὲν τῶν ἧττον ἀναγκαίων φαινοίμην σοι συμβεβουλευκώς, ὑπὲρ δὲ τῶν μᾶλλον κατεπειγόντων μηδένα λόγον ποιοίμην, καὶ ταῦτ' εἰδὼς ἐκεῖνα μὲν ὑπὲρ δόξης ὄντα, ταῦτα δ' ὑπὲρ τῆς σωτηρίας, ἧς ὀλιγωρεῖν ἅπασιν ἔδοξας τοῖς ἀκούσασι τὰς περὶ σοῦ ῥηθείσας βλασφημίας. 3 Οὐδεὶς γὰρ ἔστιν ὅστις οὐ κατέγνω προπετέστερόν σε διακινδυνεύειν ἢ βασιλικώτερον καὶ μᾶλλόν σοι μέλειν τῶν περὶ τὴν ἀνδρείαν ἐπαίνων ἢ τῶν ὅλων πραγμάτων. Ἔστι δ' ὁμοίως αἰσχρὸν περιστάντων τε τῶν πολεμίων μὴ διαφέροντα γενέσθαι τῶν ἄλλων, μηδεμιᾶς τε συμπεσούσης ἀνάγκης αὐτὸν ἐμβαλεῖν εἰς τοιούτους ἀγῶνας, ἐν οἷς κατορθώσας μὲν οὐδὲν ἂν ἦσθα μέγα διαπεπραγμένος, τελευτήσας δὲ ἅπασαν ἂν τὴν ὑπάρχουσαν εὐδαιμονίαν συνανεῖλες. 4 Χρὴ δὲ μὴ καλὰς ἁπάσας ὑπολαμβάνειν τὰς ἐν τοῖς πολέμοις τελευτάς, ἀλλὰ τὰς μὲν ὑπὲρ τῆς πατρίδος καὶ τῶν γονέων καὶ τῶν παίδων ἐπαίνων ἀξίας, τὰς δὲ ταῦτα πάντα βλαπτούσας καὶ τὰς πράξεις τὰς πρότερον κατωρθωμένας καταρρυπαινούσας αἰσχρὰς νομίζειν καὶ φεύγειν ὡς αἰτίας πολλῆς ἀδοξίας γιγνομένας.

5 Ἡγοῦμαι δέ σοι συμφέρειν μιμεῖσθαι τὰς πόλεις, ὃν τρόπον διοικοῦσι τὰ περὶ τοὺς πολέμους. Ἅπασαι γάρ, ὅταν στρατόπεδον ἐκπέμπωσιν, εἰώθασι τὸ κοινὸν καὶ τὸ βουλευσόμενον ὑπὲρ τῶν ἐνεστώτων εἰς ἀσφάλειαν καθιστάναι · διὸ δὴ συμβαίνει

Φιλίππῳ Γ : Ἰσοκράτης Φιλίππῳ χαίρειν vulg.
1 κἂν Γ : καὶ ἂν vulg. ‖ ἐπιχειρῇ τις Γ Ε : τις ἐπιχειρῇ vulg. ‖ τὰ πρέποντα μάλιστ' ἂν Γ Ε : μάλιστα τὰ πρέποντα vulg.
2 εἰ codd. : om. Γ ‖ ταῦτ' εἰδὼς Γ : ταυτί πως cett. codd. ‖ τῆς codd. : delet Benseler τῆς σῆς Coraïs ‖ περὶ σοῦ codd. : παρὰ σοῦ Γ.
3 ἀνδρείαν Γ : ἀνδρίαν cett. codd. ‖ αὐτὸν Ε vulg. : αὐτῶν Γ1 αὐτὸν Γ2 ‖ ἐμβαλεῖν Γ Ε : ἐμβάλλειν vulg. ‖ ἅπασαν ἂν Γ : ἅπασαν cett. codd.
4 καταρρυπαινούσας Turicenses : καταρυπ- codd. ‖ αἰτίας πολλῆς Γ : αἰτίους vulg.
5 βουλευσόμενον Γ Ε : συμβουλευσόμενον vulg. ‖ δὴ Γ Ε : δὴ καὶ vulg. ‖ μὴ μιᾶς Blass : μηδεμιᾶς vulg. μηδὲ μιᾶς Auger ‖ ἀνῃρῆσθαι codd. : om. Γ.

μὴ μιᾶς ἀτυχίας συμπεσούσης ἀνῃρῆσθαι καὶ τὴν δύναμιν αὐτῶν, ἀλλὰ πολλὰς
ὑποφέρειν δύνασθαι συμφορὰς καὶ πάλιν αὐτὰς ἐκ τούτων ἀναλαμβάνειν. 6 Ὃ καὶ
σὲ δεῖ σκοπεῖν, καὶ μηδὲν μεῖζον ἀγαθὸν τῆς σωτηρίας ὑπολαμβάνειν, ἵνα καὶ τὰς
νίκας τὰς συμβαινούσας κατὰ τρόπον διοικῇς [καὶ τὰς ἀτυχίας τὰς συμπιπτούσας
ἐπανορθοῦν δύνῃ]. Ἴδοις δ᾽ ἂν καὶ Λακεδαιμονίους περὶ τῆς τῶν βασιλέων σωτηρίας
πολλὴν ἐπιμέλειαν ποιουμένους καὶ τοὺς ἐνδοξοτάτους τῶν πολιτῶν φύλακας αὐτῶν
καθιστάντας, οἷς αἴσχιόν ἐστιν ἐκείνους τελευτήσαντας περιιδεῖν ἢ τὰς ἀσπίδας
ἀποβαλεῖν. 7 Ἀλλὰ μὴν οὐδ᾽ ἐκεῖνά σε λέληθεν, ἃ Ξέρξῃ τε τῷ καταδουλώσασθαι
τοὺς Ἕλληνας βουληθέντι καὶ Κύρῳ τῷ τῆς βασιλείας ἀμφισβητήσαντι συνέπεσεν.
Ὁ μὲν γὰρ τηλικαύταις ἥτταις καὶ συμφοραῖς περιπεσὼν ἡλίκας οὐδεὶς οἶδεν ἄλλοις
γενομένας, διὰ τὸ περιποιῆσαι τὴν αὑτοῦ ψυχὴν τήν τε βασιλείαν κατέσχε καὶ τοῖς
παισὶ τοῖς αὑτοῦ παρέδωκε καὶ τὴν Ἀσίαν οὕτω διῴκησεν ὥστε μηδὲν ἧττον αὐτὴν
εἶναι φοβερὰν τοῖς Ἕλλησιν ἢ πρότερον · 8 Κῦρος δὲ νικήσας ἅπασαν τὴν βασιλέως
δύναμιν καὶ κρατήσας ⟨ἂν⟩ τῶν πραγμάτων εἰ μὴ διὰ τὴν αὑτοῦ προπέτειαν, οὐ
μόνον αὑτὸν ἀπεστέρησε τηλικαύτης δυναστείας, ἀλλὰ καὶ τοὺς συνακολουθήσαντας
εἰς τὰς ἐσχάτας συμφορὰς κατέστησεν. Ἔχοιμι δ᾽ ἂν παμπληθεῖς εἰπεῖν οἳ μεγάλων
στρατοπέδων ἡγεμόνες γενόμενοι διὰ τὸ προδιαφθαρῆναι πολλὰς μυριάδας αὑτοῖς
συναπώλεσαν.

9 Ὧν ἐνθυμούμενον χρὴ μὴ τιμᾶν τὴν ἀνδρείαν τὴν μετ᾽ ἀνοίας ἀλογίστου καὶ
φιλοτιμίας ἀκαίρου γιγνομένην, μηδὲ πολλῶν κινδύνων ἰδίων ὑπαρχόντων ταῖς μο-
ναρχίαις ἑτέρους ἀδόξους καὶ στρατιωτικοὺς αὑτῷ προσεξευρίσκειν, μηδ᾽ ἁμιλλᾶσθαι
τοῖς ἢ βίου δυστυχοῦς ἀπαλλαγῆναι βουλομένοις ἢ μισθοφορᾶς ἕνεκα μείζονος εἰκῇ
τοὺς κινδύνους προαιρουμένοις, 10 μηδ᾽ ἐπιθυμεῖν τοιαύτης δόξης, ἧς πολλοὶ καὶ
τῶν Ἑλλήνων καὶ τῶν βαρβάρων τυγχάνουσιν, ἀλλὰ τῆς τηλικαύτης τὸ μέγεθος,
ἣν μόνος ἂν τῶν νῦν ὄντων κτήσασθαι δυνηθείης · μηδ᾽ ἀγαπᾶν λίαν τὰς τοιαύτας
ἀρετὰς ὧν καὶ τοῖς φαύλοις μέτεστιν, ἀλλ᾽ ἐκείνας ὧν οὐδεὶς ἂν πονηρὸς κοινωνή-
σειεν · 11 μηδὲ ποιεῖσθαι πολέμους ἀδόξους καὶ χαλεπούς, ἐξὸν ἐντίμους καὶ ῥα-
δίους, μηδ᾽ ἐξ ὧν τοὺς μὲν οἰκειοτάτους εἰς λύπας καὶ φροντίδας καταστήσεις, τοὺς
δ᾽ ἐχθροὺς ἐν ἐλπίσι μεγάλαις ποιήσεις, οἵας καὶ νῦν αὐτοῖς παρέσχες · ἀλλὰ τῶν
μὲν βαρβάρων, πρὸς οὓς νῦν πολεμεῖς, ἐπὶ τοσοῦτον ἐξαρκέσει σοι κρατεῖν, ὅσον ἐν
ἀσφαλείᾳ καταστῆσαι τὴν σαυτοῦ χώραν, τὸν δὲ ⟨βασιλέα τὸν⟩ νῦν μέγαν προσαγορευόμενον καταλύειν ἐπιχειρήσεις, ἵνα τήν τε σαυτοῦ δόξαν μείζω ποιήσῃς καὶ τοῖς
Ἕλλησιν ὑποδείξῃς πρὸς ὃν χρὴ πολεμεῖν.

12 Πρὸ πολλοῦ δ᾽ ἂν ἐποιησάμην ἐπιστεῖλαί σοι ταῦτα πρὸ τῆς στρατείας, ἵν᾽ εἰ

---

6 τῆς codd. : τῆς σῆς Dobree (cf. **2**) || καὶ τὰς ... δύνῃ Γ (quod hiatum efficit) :
om. cett. codd., recipit Bekker, delent Benseler et Blass.
7 τῷ τῆς Coraïs : τῷ Γ τῆς vulg. || οἶδεν ἄλλοις Bekker : ουδεναλλαις Γ Ε ἄλλος
οἶδε vulg. ἄλλοις οἶδε Coraïs || τήν τε Γ : καὶ τὴν τε vulg.
8 ἂν addit Sauppe (quod propter εἰ μὴ διὰ necessarium est) : om. universi
codd. || εἰ μὴ Γ Ε : om. vulg. || συνακολουθήσαντας Γ Ε : συνακολουθοῦντας vulg.
9 ὧν codd. : ὃν Γ² || ἀλογίστου Γ : om. cett. codd. || ἰδίων Γ : om. cett. codd.
10 τῶν Ἑλλήνων Γ Ε : τῶν ἄλλων Ἑλλήνων vulg. || ἂν Γ Ε : ἂν σὺ vulg.
11 ἐξὸν Ε vulg. : ἐξ ὧν Γ || ῥαδίους Γ : ἡδίους Ε vulg. || ποιήσεις Γ : om. cett.
codd. || ἐξαρκέσει σοι Ε vulg. : ἐξαρκέσοι Γ || βασιλέα τὸν addit Blass collata *Ep.*
III 5 || τε vulg. : om. Γ || ὑποδείξῃς πρὸς ὃν Ε vulg. : ἐπιδείξῃς πρὸς οὓς Γ.
12 περιέπεσες Γ : περιπεσεῖν Ε vulg. || ἠπίστησας Γ : ἠπείθησας vulg. || μὴ Γ Ε :
μὴ ἐγὼ vulg.

μὲν ἐπείσθης, μὴ τηλικούτῳ κινδύνῳ περιέπεσες, εἰ δ' ἠπίστησας, μὴ συμβουλεύειν
ἐδόκουν ταῦτα τοῖς ἤδη διὰ τὸ πάθος ὑπὸ πάντων ἐγνωσμένοις, ἀλλὰ τὸ συμβε-
βηκὸς ἐμαρτύρει τοὺς λόγους ὀρθῶς ἔχειν τοὺς ὑπ' ἐμοῦ περὶ αὐτῶν εἰρημένους.

13 Πολλὰ δ' ἔχων εἰπεῖν διὰ τὴν τοῦ πράγματος φύσιν παύσομαι λέγων · οἶμαι
γὰρ καὶ σὲ καὶ τῶν ἑταίρων τοὺς σπουδαιοτάτους ῥαδίως ὁπόσ' ἂν βούλησθε προ-
σθήσειν τοῖς εἰρημένοις. Πρὸς δὲ τούτοις φοβοῦμαι τὴν ἀκαιρίαν · καὶ γὰρ νῦν κατὰ
μικρὸν προιὼν ἔλαθον ἐμαυτὸν οὐκ εἰς ἐπιστολῆς συμμετρίαν, ἀλλ' εἰς λόγου μῆκος
ἐξοκείλας.

14 Οὐ μὴν ἀλλὰ καίπερ τούτων οὕτως ἐχόντων οὐ παραλειπτέον ἐστὶ τὰ περὶ τῆς
πόλεως, ἀλλὰ πειρατέον παρακαλέσαι σε πρὸς τὴν οἰκειότητα καὶ τὴν χρῆσιν αὐτῆς.
Οἶμαι γὰρ πολλοὺς εἶναι τοὺς ἀπαγγέλλοντας καὶ λέγοντας οὐ μόνον τὰ δυσχερέστατα
τῶν περὶ σοῦ παρ' ἡμῖν εἰρημένων, ἀλλὰ καὶ παρ' αὐτῶν προστιθέντας · οἷς οὐκ
εἰκὸς προσέχειν τὸν νοῦν. 15 Καὶ γὰρ ἂν ἄτοπον ποιοίης, εἰ τὸν μὲν δῆμον τὸν
ἡμέτερον ψέγοις ὅτι ῥαδίως πείθεται τοῖς διαβάλλουσιν, αὐτὸς δὲ φαίνοιο πιστεύων
τοῖς τὴν τέχνην ταύτην ἔχουσι, καὶ μὴ γιγνώσκοις ὡς ὅσῳπερ ἂν τὴν πόλιν εὐαγω-
γοτέραν ὑπὸ τῶν τυχόντων οὖσαν ἀποφαίνωσι, τοσούτῳ μᾶλλόν σοι συμφερόντως
ἔχουσαν αὐτὴν ἐπιδεικνύουσιν. Εἰ γὰρ οἱ μηδὲν ἀγαθὸν οἷοί τ' ὄντες ποιῆσαι δια-
πράττονται τοῖς λόγοις ὅτι ἂν βουληθῶσιν, ἦ πού σέ γε προσήκει τὸν πλεῖστ' ἂν
ἔργῳ δυνάμενον εὐεργετῆσαι μηδενὸς ἀποτυχεῖν παρ' ἡμῶν.

16 Ἡγοῦμαι δὲ δεῖν πρὸς μὲν τοὺς πικρῶς τῆς πόλεως ἡμῶν κατηγοροῦντας
ἐκείνους ἀντιτάττεσθαι τοὺς πάντα τε ταῦθ' εἶναι λέγοντας καὶ τοὺς μήτε μεῖζον
μήτ' ἔλαττον ἠδικηκέναι φάσκοντας · ἐγὼ δ' οὐδὲν ἂν εἴποιμι τοιοῦτον · αἰσχυνθείην
γὰρ ἄν, εἰ τῶν ἄλλων μηδὲ τοὺς θεοὺς ἀναμαρτήτους εἶναι νομιζόντων αὐτὸς τολμῴην λέγειν ὡς οὐδέν πώποθ' ἡ πόλις ἡμῶν πεπλημμέληκεν. 17 Οὐ μὴν ἀλλ' ἐκεῖν'
ἔχω περὶ αὐτῆς εἰπεῖν, ὅτι χρησιμωτέραν οὐκ ἂν εὕροις ταύτης οὔτε τοῖς Ἕλλησιν
οὔτε τοῖς σοῖς πράγμασιν · ᾧ μάλιστα προσεκτέον τὸν νοῦν ἐστίν. Οὐ γὰρ μόνον συ-
ναγωνιζομένη γίγνοιτ' ἂν αἰτία σοι πολλῶν ἀγαθῶν, ἀλλὰ καὶ φιλικῶς ἔχειν δοκοῦσα
μόνον · 18 τούς τε γὰρ ὑπὸ σοὶ νῦν ὄντας ῥᾷον ἂν κατέχοις εἰ μηδεμίαν ἔχοιεν
ἀποστροφήν, τῶν τε βαρβάρων οὓς βουληθείης θᾶττον ἂν καταστρέψαιο. Καίτοι πῶς
οὐ χρὴ προθύμως ὀρέγεσθαι τῆς τοιαύτης εὐνοίας, δι' ἣν οὐ μόνον τὴν ὑπάρχουσαν

---

18 προσθήσειν τοῖς εἰρημένοις Γ Ε : τοῖς εἰρημένοις προσθήσειν vulg. || ἀκαιρίαν Γ :
ἀκριβείαν Ε vulg.
14 τὰ περὶ Γ : τά γε περὶ Ε vulg. || καὶ τὴν Γ : τὴν Ε vulg. || προστιθέντας Γ :
προστεθέντας Ε vulg. || προσέχειν Γ : προσέχειν σε vulg.
15 ἂν ἄτοπον Γ Ε : ἄτοπον ἂν vulg. || τὴν codd. : delendum putant Dindorf,
Bekker, Blass || μὴ γιγνώσκοις Γ : μὴ γιγνώσκεις plerique codd. || ἀποφαίνωσι Γ Ε :
ἀποφαίνονται vulg. || ὅτι ἂν Γ : ἃ ἂν vulg. || ἀποτυχεῖν Γ : τυχεῖν Ε vulg. ἀτυχεῖν
H. Wolf || Post παρ' ἡμῶν lacunam indicat Benseler, quod minime necessarium
videtur.
16 ἡμῶν Γ : om. cett. codd. || ἀντιτάττεσθαι Γ Ε : ἀντιτάττειν vulg. || τε ταῦθ'
εἶναι nos : sententia valde obscura est, lacunam aut mendam hic latere censet
Blass ; τε ταῦτ' εἶναι Γ Ε γε ταύτης εἶναι vulg. γε ταῦτ' εἶναι Benseler μετ' αὐτῆς
εἶναι Strang ἀγαστά τ' εἶναι Sauppe || τῶν ἄλλων Γ Ε : τῶν μὲν ἄλλων vulg. || ἡ
πόλις ἡμῶν Γ (in margine), cf. XII 64 : om. vulg. quae πεπλημμελήκαμεν exhibet.
17 σοῖς Γ : om. cett. codd. || οὐ γὰρ μόνον Γ Ε : οὐ μόνον γὰρ ἂν vulg. || καὶ
φιλικῶς Ε vulg. : καιλικως Γ || δοκοῦσα μόνον Γ Ε : μόνον δοκοῦσα vulg.
18 σοὶ νῦν ὄντας Γ : σοῦ (vel σοὶ) σύνοντας vulg. σοῦ νῦν ὄντα H. Wolf || δι' ἣν
Γ Ε : δι' ἧς vulg. || ἀρχὴν Γ : ἰσχὺν vulg.

ἀρχὴν ἀσφαλῶς καθέξεις, ἀλλὰ καὶ πολλὴν ἑτέραν ἀκινδύνως προσκτήσει; 19 Θαυμάζω δ' ὅσοι τῶν τὰς δυνάμεις ἐχόντων τὰ μὲν τῶν ξενιτενομένων στρατόπεδα
μισθοῦνται καὶ χρήματα πολλὰ δαπανῶσι, συνειδότες ὅτι πλείους ἠδίκηκε τῶν
πιστευσάντων αὐτοῖς ἢ σέσωκε, τὴν δὲ πόλιν τὴν τηλικαύτην δύναμιν κεκτημένην
μὴ πειρῶνται θεραπεύειν, ἢ καὶ μίαν ἑκάστην τῶν πόλεων καὶ σύμπασαν τὴν Ἑλλάδα
πολλάκις ἤδη σέσωκεν. 20 Ἐνθυμοῦ δ' ὅτι πολλοῖς καλῶς βεβουλεῦσθαι δοκεῖς ὅτι
δικαίως κέχρησαι Θετταλοῖς καὶ συμφερόντως ἐκείνοις, ἀνδράσιν οὐκ εὐμεταχειρίστοις, ἀλλὰ μεγαλοψύχοις καὶ στάσεως μεστοῖς. Χρὴ τοίνυν καὶ περὶ ἡμᾶς πειρᾶσθαι
γίγνεσθαί σε τοιοῦτον, ἐπιστάμενον ὅτι τὴν μὲν χώραν Θετταλοί, τὴν δὲ δύναμιν
ἡμεῖς ὅμορόν σοι τυγχάνομεν ἔχοντες, ἣν ἐκ πάντος τρόπου ζήτει προσαγαγέσθαι.
21 Πολὺ γὰρ κάλλιόν ἐστι τὰς εὐνοίας τὰς τῶν πόλεων αἱρεῖν ἢ τὰ τείχη. Τὰ μὲν
γὰρ τοιαῦτα τῶν ἔργων οὐ μόνον ἔχει φθόνον, ἀλλὰ καὶ τῶν τοιούτων τὴν αἰτίαν τοῖς
στρατοπέδοις ἀνατιθέασιν· ἢν δὲ τὰς οἰκειότητας καὶ τὰς εὐνοίας κτήσασθαι δυνηθῇς, ἅπαντες τὴν σὴν διάνοιαν ἐπαινέσονται.

22 Δικαίως δ' ἄν μοι πιστεύοις οἷς εἴρηκα περὶ τῆς πόλεως· φανήσομαι γὰρ οὔτε
κολακεύειν αὐτὴν ἐν τοῖς λόγοις εἰθισμένος, ἀλλὰ πλεῖστα πάντων ἐπιτετιμηκώς,
οὔτ' εὖ παρὰ τοῖς πολλοῖς καὶ τοῖς εἰκῇ δοκιμάζουσι φερόμενος, ἀλλ' ἀγνοούμενος
ὑπ' αὐτῶν καὶ φθονούμενος ὥσπερ σύ. Πλὴν τοσοῦτον διαφέρομεν ὅτι πρὸς σὲ μὲν
διὰ τὴν δύναμιν καὶ τὴν εὐδαιμονίαν οὕτως ἔχουσι, πρὸς δ' ἐμὲ διότι προσποιοῦμαι
τὸ βέλτιον αὐτῶν φρονεῖν καὶ πλείους ὁρῶσιν ἐμοὶ διαλέγεσθαι βουλομένους ἢ σφίσιν
αὐτοῖς. 23 Ἠβουλόμην δ' ἂν ἡμῖν ὁμοίως ῥᾴδιον εἶναι τὴν δόξαν ἣν ἔχομεν παρ'
αὐτοῖς διαφεύγειν. Νῦν δὲ σὺ μὲν οὐ χαλεπῶς, ἢν βουληθῇς, αὐτὴν διαλύσεις,
ἐμοὶ δ' ἀνάγκη καὶ διὰ τὸ γῆρας καὶ δι' ἄλλα πολλὰ στέργειν τοῖς παροῦσιν.

24 Οὐκ οἶδ' ὅτι δεῖ πλείω λέγειν, πλὴν τοσοῦτον ὅτι καλόν ἐστι τὴν βασιλείαν
καὶ τὴν εὐδαιμονίαν τὴν ὑπάρχουσαν ὑμῖν παρακαταθέσθαι τῇ τῶν Ἑλλήνων εὐνοίᾳ.

---

19 δαπανῶσι Γ E : δαπανῶνται vulg. || μίαν ἑκάστην τῶν πόλεων Γ : πόλιν μίαν
ἑκάστην vulg. || σύμπασαν Γ : ξύμ- vulg.
  20 σε Γ : om. cett. codd. || προσαγαγέσθαι Γ E : προσάγεσθαι vulg.
  21 τοιαῦτα τῶν ἔργων Γ : om. cett. codd. || τὴν αἰτίαν codd. : αἰτίαν Γ.
  22 πιστεύοις vulg. : πιστεύσοις Γ E πιστεύσειας Blass dubitanter || ἐπιτετιμηκώς
E vulg. : ἐπιτετημηκως Γ || εὖ Γ et codex Q quo Auger usus est (id est *Parisinus*
3054) : αὖ cett. codd. || σὺ E vulg. : σοὶ Γ || τοιοῦτον Γ : τοῦτο vulg. || τὴν δύνα-
μιν καὶ τὴν εὐδαιμονίαν Γ E : τὴν εὐδαιμονίαν καὶ τὴν δύναμιν vulg. || δ' ἐμὲ Γ : ἐμὲ
δὲ vulg. || αὐτῶν E vulg. : αὐτὸν Γ || ἐμοὶ E vulg. : μοι Γ.
  23 ἠβουλόμην E vulg. : ἠβουλοίμην Γ || ὁμοίως Γ : ὁμογνωμόνως vulg.
  24 οὐκ Γ : ὥστ' οὐκ vulg. || δεῖ πλείω Turicenses : δὴ πλείω Γ E πλείω δεῖ vulg.
(sic quoque ad XVII 34). Cf. XII 105, XVII 34 (Γ), *Ep.* VIII 8 || παρακαταθέσθαι
Γ E : παρακατατίθεσθαι vulg. || εὐνοίᾳ Γ E : εὐδαιμονίᾳ καὶ εὐνοίᾳ vulg.

III

ΦΙΛΙΠΠΩ

Ἐγὼ διελέχθην μὲν καὶ πρὸς Ἀντίπατρον περί τε τῶν τῇ πόλει καὶ τῶν σοὶ συμφερόντων, ἐξαρκούντως ὡς ἐμαυτὸν ἔπειθον· ἠβουλήθην δὲ καὶ πρὸς σὲ γράψαι, περὶ ὧν μοι δοκεῖ πρακτέον εἶναι μετὰ τὴν εἰρήνην, παραπλήσια μὲν τοῖς ἐν τῷ λόγῳ γεγραμμένοις, πολὺ δ᾽ ἐκείνων συντομώτερα.

2 Κατ᾽ ἐκεῖνον μὲν γὰρ τὸν χρόνον συνεβούλευον ὡς χρὴ διαλλάξαντά σε τὴν πόλιν τὴν ἡμετέραν καὶ τὴν Λακεδαιμονίων καὶ τὴν Θηβαίων καὶ τὴν Ἀργείων εἰς ὁμόνοιαν καταστῆσαι τοὺς Ἕλληνας, ἡγούμενος, ἂν τὰς προεστώσας πόλεις πείσῃς οὕτω φρονεῖν, ταχέως καὶ τὰς ἄλλας ἐπακολουθήσειν. Τότε μὲν οὖν ἄλλος ἦν καιρός, νῦν δὲ συμβέβηκε μηκέτι δεῖν πείθειν· διὰ γὰρ τὸν ἀγῶνα τὸν γεγενημένον ἠναγκασμένοι πάντες εἰσὶν εὖ φρονεῖν καὶ τούτων ἐπιθυμεῖν ὧν ὑπονοοῦσί σε βούλεσθαι πράττειν καὶ λέγειν, ὡς δεῖ, παυσαμένους τῆς μανίας καὶ τῆς πλεονεξίας ἣν ἐποιοῦντο πρὸς ἀλλήλους, εἰς τὴν Ἀσίαν τὸν πόλεμον ἐξενεγκεῖν. 8 Καὶ πολλοὶ πυνθάνονται παρ᾽ ἐμοῦ πότερον ἐγώ σοι παρήνεσα ποιεῖσθαι τὴν στρατείαν τὴν ἐπὶ τοὺς βαρβάρους ἢ σοῦ διανοηθέντος συνεῖπον· ἐγὼ δ᾽ οὐκ εἰδέναι μέν φημι τὸ σαφές, οὐ γὰρ συγγεγενῆσθαί σοι πρότερον, οὐ μὴν ἀλλ᾽ οἴεσθαι σὲ μὲν ἐγνωκέναι περὶ τούτων, ἐμὲ δὲ συνειρηκέναι ταῖς σαῖς ἐπιθυμίαις. Ταῦτα δ᾽ ἀκούοντες ἐδέοντό μου πάντες παρακελεύεσθαί σοι καὶ προτρέπειν ἐπὶ τῶν αὐτῶν τούτων μένειν, ὡς οὐδέποτ᾽ ἂν γενομένων οὔτε καλλιόνων ἔργων οὔτ᾽ ὠφελιμωτέρων τοῖς Ἕλλησιν οὔτ᾽ ἐν καιρῷ μᾶλλον πραχθησομένων.

4 Εἰ μὲν οὖν εἶχον τὴν αὐτὴν δύναμιν ἥνπερ πρότερον καὶ μὴ παντάπασιν ἦν

Φιλίππῳ Γ : Ἰσοκράτης Φιλίππῳ χαίρειν. E vulg.

1 καὶ τῶν σοὶ συμφερόντων Bekker : σοι συμφερόντων Γ συμφερόντων καὶ σοὶ vulg. || καὶ πρὸς σὲ γράψαι ΓE : γράψαι καὶ πρὸς σὲ vulg. || μὲν Γ : om. cett. codd. || συντομώτερα E vulg. : συντομωτέρων Γ1 -τερον Γ2.

2 τὴν πόλιν ΓE : τήν τε πόλιν vulg. || τὴν ἡμετέραν Γ (in margine) : ἡμετέραν cett. codd. || προεστώσας Γ : προεχούσας vulg. || ὑπονοοῦσι ΓE : ἐπινοοῦσι *Helmstad.* 806 ἐπενοούμην vulg. ὑπενοούμην Benseler.

8 καὶ πολλοὶ πυνθάνονται παρ᾽ ἐμοῦ Γ : πρὸς δὲ τούτοις κἀκεῖνο πολλοὶ παρ᾽ ἐμοῦ πυνθάνονται vulg. || ποιεῖσθαι ΓE : ποιῆσαι vulg. || τὴν ἐπὶ Γ : ἐπὶ cett. codd. || σαῖς codd. : om. Γ || πάντες Γ : om. cett. codd.

4 παρὼν Γ *Helmstad.* 806 : παρὼν νῦν E vulg. || ἔστι δὲ H. Wolf : ἔσται δὲ ΓE ἔτι δὲ vulg. || τῶν ὄντων vulg. (cf. V 185) : τῶν δεόντων ΓE.

ἀπειρηκὼς, οὐκ ἂν δι' ἐπιστολῆς διελεγόμην, ἀλλὰ παρὼν αὐτὸς παρώξυνον ἄν σε καὶ παρεκάλουν ἐπὶ τὰς πράξεις ταύτας. Νῦν δ' ὡς δύναμαι παρακελεύομαί σοι μὴ μεταμελῆσαι τούτων, πρὶν ἂν τέλος ἐπιθῇς αὐτοῖς. Ἔστι δὲ πρὸς μὲν ἄλλο τι τῶν ὄντων ἀπλήστως ἔχειν οὐ καλόν · αἱ γὰρ μετριότητες παρὰ τοῖς πολλοῖς εὐδοκιμοῦσι · δόξης δὲ μεγάλης καὶ καλῆς ἐπιθυμεῖν καὶ μηδέποτ' ἐμπίπλασθαι προσήκει τοῖς πόλυ τῶν ἄλλων διενεγκοῦσιν · ὅπερ σοὶ συμβέβηκεν. 5 Ἡγοῦ δὲ τόθ' ἕξειν ἀνυπέρβλητον αὐτὴν καὶ τῶν σοὶ πεπραγμένων ἀξίαν, ὅταν τοὺς μὲν βαρβάρους ἀναγκάσῃς εἱλωτεύειν τοῖς Ἕλλησι πλὴν τῶν σοὶ συναγωνισαμένων, τὸν δὲ βάσιλέα τὸν νῦν μέγαν προσαγορευόμενον ποιήσῃς τοῦτο πράττειν ὅτι ἂν σὺ προστάττῃς. Οὐδὲν γὰρ ἔσται λοιπὸν ἔτι πλὴν θεὸν γενέσθαι. Ταῦτα δὲ κατεργάσασθαι πολὺ ῥᾷον ἐστιν ἐκ τῶν νῦν παρόντων ἢ προελθεῖν ἐπὶ τὴν δύναμιν καὶ τὴν δόξαν ἣν νῦν ἔχεις ἐκ τῆς βασιλείας τῆς ἐξ ἀρχῆς ὑμῖν ὑπαρξάσης. 6 Χάριν δ' ἔχω τῷ γήρᾳ ταύτην μόνην, ὅτι προήγαγεν εἰς τοῦτό μου τὸν βίον ὥσθ' ἃ νέος ὢν διενοούμην καὶ γράφειν ἐπεχείρουν ἔν τε τῷ πανηγυρικῷ λόγῳ καὶ τῷ πρὸς σὲ πεμφθέντι ταῦτα νῦν τὰ μὲν ἤδη γιγνόμενα διὰ τῶν σῶν ἐφορῶ πράξεων, τὰ δ' ἐλπίζω γενήσεσθάι.

---

5 ἀνυπέρβλητον αὐτὴν Γ Ε : αὐτὴν ἀνυπέρβλητον vulg. || συναγωνισαμένων Γ Ε : συναγωνιζομένων vulg. || ὅτι ἂν Γ : ὃ ἂν vulg. || οὐδὲν γὰρ ...γενέσθαι hic disposuit Dobree : codices haec verba post ὑπαρξάσης exhibent || οὐδὲν Γ : οὐδὲ cett. codd. || προελθεῖν Γ Ε : προσελθεῖν vulg. || ἐκ τῆς Γ Ε : παρὰ τῆς vulg.

6 ταῦτα νῦν τὰ μὲν Γ Ε : τούτων μὲν τὰ νῦν vulg.

V

᾽ΑΛΕΞΑΝΔΡῼ

Πρὸς τὸν πατέρα σου γράφων ἐπιστολὴν ἄτοπον ᾤμην ποιήσειν, εἰ περὶ τὸν αὐτὸν
ὄντα σὲ τρόπον ἐκείνῳ μήτε προσερῶ μήτ᾽ ἀσπάσομαι μήτε γράψω τι τοιοῦτον ὃ
ποιήσει τοὺς ἀναγνόντας μὴ νομίζειν ἤδη με παραφρονεῖν διὰ τὸ γῆρας μηδὲ παν-
τάπασι ληρεῖν, ἀλλ᾽ ἔτι τὸ καταλελειμμένον μου μέρος καὶ λοιπὸν ὃν οὐκ ἀναξίον
εἶναι τῆς δυνάμεως ἣν ἔσχον νεώτερος ὤν.

2 ᾽Ακούω δέ σε πάντων λεγόντων ὡς φιλάνθρωπος εἶ καὶ φιλαθήναιος καὶ φιλό-
σοφος, οὐκ ἀφρόνως ἀλλὰ νοῦν ἐχόντως. Τῶν τε γὰρ πολιτῶν ἀποδέχεσθαί σε τῶν
ἡμετέρων οὐ τοὺς ἠμεληκότας αὑτῶν καὶ πονηρῶν πραγμάτων ἐπιθυμοῦντας, ἀλλ᾽
οἷς συνδιατρίβων τ᾽ οὐκ ἂν λυπηθείης συμβάλλων τε καὶ κοινωνῶν πραγμάτων οὐδὲν
ἂν βλαβείης οὐδ᾽ ἀδικηθείης, οἵοις περ χρὴ πλησιάζειν τοὺς εὖ φρονοῦντας · 3 τῶν
τε φιλοσοφιῶν οὐκ ἀποδοκιμάζειν μὲν οὐδὲ τὴν περὶ τὰς ἔριδας, ἀλλὰ νομίζειν εἶναι
πλεονεκτικὴν ἐν ταῖς ἰδίαις διατριβαῖς, οὐ μὴν ἁρμόττειν οὔτε τοῖς τοῦ πλήθους
προεστῶσιν οὔτε τοῖς τὰς μοναρχίας ἔχουσιν · οὐδὲ γὰρ συμφέρον οὐδὲ πρέπον ἐστὶ
τοῖς μεῖζον τῶν ἄλλων φρονοῦσιν οὔτ᾽ αὐτοῖς ἐρίζειν πρὸς τοὺς συμπολιτευομένους
οὔτε τοῖς ἄλλοις ἐπιτρέπειν πρὸς αὑτοὺς ἀντιλέγειν. 4 Ταύτην μὲν οὖν οὐκ ἀγαπᾷν
σε τὴν διατριβήν, προαιρεῖσθαι δὲ τὴν παιδείαν τὴν περὶ τοὺς λόγους οἷς χρώμεθα
περὶ τὰς πράξεις τὰς προσπιπτούσας καθ᾽ ἑκάστην τὴν ἡμέραν καὶ μεθ᾽ ὧν βου-
λευόμεθα περὶ τῶν κοινῶν · δι᾽ ἣν νῦν τε δοξάζειν περὶ τῶν μελλόντων ἐπιεικῶς,
τοῖς τ᾽ ἀρχομένοις προστάττειν οὐκ ἀνοήτως ἃ δεῖ πράττειν ἑκάστους ἐπιστήσει,
περὶ δὲ τῶν καλῶν καὶ δικαίων καὶ τῶν τούτοις ἐναντίων ὀρθῶς κρίνειν, πρὸς δὲ τού-

---

᾽Αλεξάνδρῳ Γ : ᾽Ισοκράτης ᾽Αλεξάνδρῳ χαίρειν E vulg.
1 ἐκείνῳ μήτε E vulg. : ἐκείνῳ ωιτε Γ || τι τοιοῦτον codd. : τοιοῦτον Γ || ἀναγνόν-
τας Γ : ἀγνοοῦντας E vulg. || μου Γ E : μοι vulg.
2 ἀφρόνως Γ E : ἀφρόνως ποιῶν vulg. || τ᾽ οὐκ Γ : οὐκ cett. codd. || συμβάλλων
E vulg. : συμβαλὼν Γ.
3 οὐδὲ γὰρ Γ E : οὐ γὰρ vulg. || συμφέρον ...πρέπον ἐστὶ Γ : συμφέρειν ...πρέπειν
E vulg. || Inter οὐδὲ (quod in fine versus situm est) et πρέπον lacunam tres lit-
teras longam Γ exhibere videtur || μεῖζον E vulg. : μᾶλλον Γ.
4 δοξάζειν Blass : δοξάζεις Γ δοκεῖς vulg. || τοῖς τ᾽ ἀρχομένοις Γ E : τοῖς ἀρχομέ-
νοις vulg. || πράττειν Γ : ποιεῖν vulg. || ἐπιστήσει Γ : om. cett. codd. || δὲ Γ : τε E
vulg. || καὶ δικαίων Γ² : καιων Γ¹ || τιμᾶν τε Γ E : τιμᾶν vulg.

τοις τιμᾶν τε καὶ κολάζειν ὡς προσῆκόν ἐστιν ἑκατέροις. 5 Σωφρονεῖς οὖν νῦν ταῦτα μελετῶν· ἐλπίδας γὰρ τῷ τε πατρὶ καὶ τοῖς ἄλλοις παρέχεις ὡς, ἂν πρεσβύτερος γενόμενος ἐμμείνῃς τούτοις, τοσοῦτον προέξεις τῇ φρονήσει τῶν ἄλλων ὅσον περ ὁ πατήρ σου διενήνοχεν ἁπάντων.

---

5 νῦν Γ : om. cett. codd. ‖ ἐλπίδας Γ Ε : ἐλπίδα vulg. ‖ τῷ Ε vulg. : τὸ Γ ‖ ὡς ἂν vulg. : ὡσὰν Γ ὡς ἐὰν Bekker.

IV

ΑΝΤΙΠΑΤΡΩ

Ἐγώ, καίπερ ἐπικινδύνου παρ' ἡμῖν ὄντος εἰς Μακεδονίαν πέμπειν ἐπιστολήν, οὐ μόνον νῦν ὅτε πολεμοῦμεν πρὸς ὑμᾶς, ἀλλὰ καὶ τῆς εἰρήνης οὔσης, ὅμως γράψαι πρὸς σὲ προειλόμην περὶ Διοδότου, δίκαιον εἶναι νομίζων ἅπαντας μὲν περὶ πολλοῦ ποιεῖσθαι τοὺς ἐμαυτῷ πε πλησιακότας καὶ γεγενημένους ἀξίους ἡμῶν, οὐχ ἥκιστα δὲ τοῦτον καὶ διὰ τὴν εὔνοιαν τὴν εἰς ἡμᾶς καὶ διὰ τὴν ἄλλην ἐπιείκειαν. 2 Μάλιστα μὲν οὖν ἠβουλόμην ἂν αὐτὸν συσταθῆναί σοι δι' ἡμῶν· ἐπειδὴ δὲ δι' ἑτέρων ἐντετύχηκέ σοι, λοιπόν ἐστί μοι μαρτυρῆσαι περὶ αὐτοῦ καὶ βεβαιῶσαι τὴν γεγενημένην αὐτῷ πρὸς σὲ γνῶσιν. Ἐμοὶ γὰρ πολλῶν καὶ παντοδαπῶν συγγεγενημένων ἀνδρῶν καὶ δόξας ἐνίων μεγάλας ἐχόντων, τῶν μὲν ἄλλων ἁπάντων οἱ μέν τινες περὶ αὐτὸν τὸν λόγον, οἱ δὲ περὶ τὸ διανοηθῆναι καὶ πρᾶξαι δεινοὶ γεγόνασιν, οἱ δ' ἐπὶ μὲν τοῦ βίου σώφρονες καὶ χαρίεντες, πρὸς δὲ τὰς ἄλλας χρήσεις καὶ διαγωγὰς ἀφυεῖς παντάπασιν· 3 οὗτος δ' οὕτως εὐάρμοστον τὴν φύσιν ἔσχηκεν ὥστ' ἐν ἅπασι τοῖς εἰρημένοις τελειότατος εἶναι. Καὶ ταῦτ' οὐκ ἂν ἐτόλμων λέγειν εἰ μὴ τὴν ἀκριβεστάτην πεῖραν αὐτός τ' εἶχον αὐτοῦ καὶ σὲ λήψεσθαι προσεδόκων, τὰ μὲν αὐτὸν χρώμενον αὐτῷ, τὰ δὲ καὶ παρὰ τῶν ἄλλων τῶν ἐμπείρων αὐτοῦ πυνθανόμενος· 4 ὧν οὐδεὶς ὅστις οὐκ ἂν ὁμολογήσειεν, εἰ μὴ λίαν εἴη φθονερός, καὶ εἰπεῖν καὶ βουλεύσασθαι μηδενὸς ἧττον αὐτὸν δύνασθαι καὶ δικαιότατον καὶ σωφρονέστατον εἶναι καὶ χρημάτων ἐγκρατέστατον, ἔτι δὲ συνημερεῦσαι καὶ συμβιῶναι πάντων ἥδιστον καὶ λιγυρώτατον, πρὸς δὲ τούτοις πλείστην ἔχειν παρρησίαν, οὐχ ἣν οὐ προσῆκεν, ἀλλὰ τὴν εἰκότως ἂν μέγιστον γιγνομένην σημεῖον τῆς εὐνοίας τῆς πρὸς τοὺς φίλους· 5 ἣν τῶν δυναστῶν οἱ μὲν ἀξιόχρεων τὸν ὄγκον τὸν τῆς ψυχῆς ἔχοντες τιμῶσιν ὡς χρησίμην

Ἀντιπάτρῳ Δ (manus recentior) *Helmstad.* 806 : Ἰσοκράτης Ἀντιπάτρῳ in E dispicere A. Mai contendit ; πρὸς Ἀντίπατρον Γ (in margine) Priscianus XVIII 206 ἀσήμως περὶ Διοδότου Γ Δ Ε Ἰσοκράτης Φιλίππῳ χαίρειν vulg.

1 ἐπικινδύνου vulg. : κινδύνου Γ ‖ προειλόμην Γ Ε : εἰλόμην vulg. ‖ ἅπαντας Γ : πάντας Ε vulg. ‖ ἡμᾶς Ε vulg. : ὑμᾶς Γ ‖ διὰ Γ Ε : om. vulg. (secundo loco).

2 συγγεγενημένων Γ Ε : συγγενομένων vulg. ‖ αὐτὸν τὸν λόγον Γ : τὸν λόγον vulg. αὐτὸν λόγον Benseler αὐτὸ τὸ λέγειν Kayser.

3 ἔσχηκεν Γ : ἔσχεν Ε vulg.

4 εἴη codd. : ειν... Γ ‖ μηδενὸς Γ : οὐδενὸς vulg. ‖ σωφρονέστατον Ε vulg. : σωφρονέστατον αὐτὸν Γ ‖ συνημερεῦσαι καὶ συμβιῶναι Γ : καὶ σύμβιον vulg. ‖ πάντων Ε : ἁπάντων Γ vulg. ‖ οὐχ ἣν codd. : ενουχην Γ.

οὖσαν, οἱ δ' ἀσθενέστεροι τὰς φύσεις ὄντες ἢ κατὰ τὰς ὑπαρχούσας ἐξουσίας δυσχε-
ραίνουσιν, ὡς ὧν οὐ προαιροῦνταί τι ποιεῖν βιαζομένην αὐτούς, οὐκ εἰδότες ὡς οἱ
μάλιστα περὶ τοῦ συμφέροντος ἀντιλέγειν τολμῶντες, οὗτοι πλείστην ἐξουσίαν αὐτοῖς
τοῦ πράττειν ἃ βούλονται παρασκευάζουσιν. 6 Εἰκὸς γὰρ διὰ μὲν τοὺς ἀεὶ πρός
ἡδονὴν λέγειν προαιρουμένους οὐχ ὅπως τὰς μοναρχίας δύνασθαι διαμένειν αἱ πολ-
λούς τοὺς ἀναγκαίους ἐφέλκονται κινδύνους, ἀλλ' οὐδὲ τὰς πολιτείας αἱ μετὰ πλείονος
ἀσφαλείας εἰσί, διὰ δὲ τοὺς ἐπὶ τῷ βελτίστῳ παρρησιαζομένους πολλὰ σῴζεσθαι
καὶ τῶν ἐπιδόξων διαφθαρήσεσθαι πραγμάτων. Ὧν ἕνεκα προσῆκε μὲν παρὰ πᾶσι
τοῖς μονάρχοις πλέον φέρεσθαι τοὺς τὴν ἀλήθειαν ἀποφαινομένους τῶν ἅπαντα μὲν
πρὸς χάριν, μηδὲν δὲ χάριτος ἄξιον λεγόντων · συμβαίνει δ' ἔλαττον ἔχειν αὐτοὺς
παρ' ἐνίοις αὐτῶν. 7 Ὃ δὴ καὶ Διοδότῳ παθεῖν συνέπεσε παρά τισι τῶν περὶ τὴν
Ἀσίαν δυναστῶν, οἷς περὶ πολλὰ χρήσιμος γενόμενος οὐ μόνον τῷ συμβουλεύειν,
ἀλλὰ καὶ τῷ πράττειν καὶ κινδυνεύειν, διὰ τὸ παρρησιάζεσθαι πρὸς αὐτοὺς περὶ ὧν
ἐκείνοις συνέφερε καὶ τῶν οἴκοι τιμῶν ἀπεστέρηται καὶ πολλῶν ἄλλων ἐλπίδων, καὶ
μεῖζον ἴσχυσαν αἱ τῶν τυχόντων ἀνθρώπων κολακεῖαι τῶν εὐεργεσιῶν τῶν τούτου.
8 Διὸ δὴ καὶ πρὸς ὑμᾶς ἀεὶ προσιέναι διανοούμενος ὀκνηρῶς εἶχεν, οὐχ ὡς ἅπαντας
ὁμοίους εἶναι νομίζων τοὺς ὑπὲρ αὐτὸν ὄντας, ἀλλὰ διὰ τὰς πρὸς ἐκείνους γεγενημέ-
νας δυσχερείας καὶ πρὸς τὰς παρ' ὑμῶν ἐλπίδας ἀθυμότερος ἦν, παραπλήσιον ὡς
ἐμοὶ δοκεῖ πεπονθὼς τοῖς τῶν πεπλευκότων τισὶν οἳ, τὸ πρῶτον ὅταν χρήσωνται χει-
μῶσιν, οὐκέτι θαρροῦντες εἰσβαίνουσιν εἰς θάλατταν, καίπερ εἰδότες ὅτι καὶ καλοῦ
πλοῦ πολλάκις ἐπιτυχεῖν ἔστι. Οὐ μὴν ἀλλ' ἐπειδὴ συνέστηκέ σοι, καλῶς ποιεῖ.
9 Λογίζομαι γὰρ αὐτῷ συνοίσειν, μάλιστα μὲν τῇ φιλανθρωπίᾳ τῇ σῇ στοχαζόμενος,
ἣν ἔχειν ὑπείληψαι παρὰ τοῖς ἔξωθεν ἀνθρώποις, ἔπειτα νομίζων οὐκ ἀγνοεῖν ὑμᾶς
ὅτι πάντων ἥδιστόν ἐστι καὶ λυσιτελέστατον πιστοὺς ἅμα καὶ χρησίμους φίλους
κτᾶσθαι ταῖς εὐεργεσίαις καὶ τοὺς τοιούτους εὖ ποιεῖν ὑπὲρ ὧν πολλοὶ καὶ τῶν ἄλλων
ὑμῖν χάριν ἕξουσιν. Ἅπαντες γὰρ οἱ χαρίεντες τοὺς τοῖς σπουδαίοις τῶν ἀνδρῶν
καλῶς ὁμιλοῦντας ὁμοίως ἐπαινοῦσι καὶ τιμῶσιν ὥσπερ αὐτοὶ τῶν ὠφελειῶν ἀπο-
λαύοντες.
10 Ἀλλὰ γὰρ Διόδοτον αὐτὸν οἶμαι μάλιστά σε προτρέψεσθαι πρὸς τὸ φροντίζειν
αὐτοῦ. Συνέπειθον δὲ καὶ τὸν υἱὸν αὐτοῦ τῶν ὑμετέρων ἀντέχεσθαι πραγμάτων καὶ
παραδόνθ' ὑμῖν αὐτὸν ὥσπερ μαθητὴν εἰς τοὔμπροσθεν πειραθῆναι προελθεῖν. Ὁ δὲ

---

6 εἰκὸς γὰρ διὰ μὲν Γ Ε : εἰκὸς μὲν γὰρ διὰ vulg. || διαμένειν αἱ Benseler : δια-
μεῖναι Γ ποιεῖν δυνάμεις αἱ vulg. ποιεῖν διαμένειν αἱ *Helmstad.* 806 || διὰ δὲ Γ Ε :
δεῖ δὲ vulg. || σῴζεσθαι Γ : σῴζειν δύνασθαι vulg. || προσῆκε Γ Ε : προσήκει vulg. ||
χάριτος ἄξιον Γ Ε : ἄξιον χάριτος vulg. || συμβαίνει Γ Ε : συνέβη vulg.
7 ὃ δὴ Γ1 (cf. **8**, XIV **17**, *Ep*. II **5**) : ὃ cett. codd. || περὶ τὴν Ἀσίαν δυναστῶν
Γ Ε : τὴν Ἀσίαν δυναστευόντων vulg. || περὶ πολλὰ Γ Ε (cf. III **51**) : πολλὰ μὲν
vulg. πολλὰ Coraïs || ἀπεστέρηται Γ Ε : ἀπεστερήθη vulg. || τυχόντων Ε : ἄλλων
cett. codd.
8 διὸ Γ : δι' ἃ Ε vulg. || ὑπὲρ αὐτὸν Ε vulg. : ὑπὲρ αὐτῶν Γ || πρὸς ἐκείνους Γ Ε :
παρ' ἐκείνων vulg. || ἀθυμότερος Γ : οὐ προθυμότερος vulg. || ὡς ἔμοι Γ : ἔμοιγε
vulg. || τὸ πρῶτον Γ Ε : πρῶτον vulg. || εἰσβαίνουσιν codd. : om. Γ || θάλατταν Γ Ε :
τὴν θάλατταν vulg.
9 ἥδιστόν ἐστι Γ : ἐστὶν ἥδιστον vulg. || λυσιτελέστατον Γ Ε : λυσιτελέστατον τὸ
vulg. || πολλοὶ codd. : om. Γ || ὑμῖν χάριν Γ Ε : χάριν ὑμῖν vulg. || ἀνδρῶν Γ : ἀν-
θρώπων Ε vulg.
10 μάλιστά σε Γ Ε : σὲ μάλιστα vulg. || προτρέψεσθαι Auger : προτρέψασθαι codd.
σε μάλιστ' ἂν προτρέψασθαι Coraïs || τοὔμπροσθεν Γ vulg. : τοὔμπροσθε Ε || προελθεῖν
Ε vulg. : προσελθεῖν Γ.

ταῦτά μου λέγοντος ἐπιθυμεῖν μὲν ἔφασκε τῆς ὑμετέρας φιλίας, οὐ μὴν ἀλλὰ παραπλήσιόν τι πεπονθέναι πρὸς αὐτὴν καὶ πρὸς τοὺς στεφανίτας ἀγῶνας. 11 Ἐκείνους τε γὰρ νικᾶν μὲν ἂν βούλεσθαι, καταβῆναι δ' εἰς αὐτοὺς οὐκ ἂν τολμῆσαι διὰ τὸ μὴ μετεσχηκέναι ῥώμης ἀξίας τῶν στεφάνων, τῶν τε παρ' ὑμῶν τιμῶν εὔξασθαι μὲν ἂν τυχεῖν, ἐφίξεσθαι δ' αὐτῶν οὐ προσδοκᾶν· τήν τε γὰρ ἀπειρίαν τὴν αὐτοῦ καταπεπλῆχθαι καὶ τὴν λαμπρότητα τὴν ὑμετέραν, ἔτι δὲ καὶ τὸ σωμάτιον οὐκ εὐκρινὲς ὂν, ἀλλ' ἔχον ἄττα σίνη, νομίζειν ἐμποδιεῖν αὐτὸν πρὸς πολλὰ τῶν πραγμάτων.

12 Οὗτος μὲν οὖν, ὅτι ἂν αὐτῷ δοκῇ συμφέρειν, τοῦτο πράξει· σὺ δ' ἄν τε περὶ ὑμᾶς ἄν θ' ἡσυχίαν ἔχων διατρίβῃ περὶ τούτους τοὺς τόπους, ἐπιμελοῦ καὶ τῶν ἄλλων μὲν ἁπάντων ὧν ἂν τυγχάνῃ δεόμενος, μάλιστα δὲ τῆς ἀσφαλείας καὶ τῆς τούτου καὶ τῆς τοῦ πατρὸς αὐτοῦ, νομίσας ὥσπερ παρακαταθήκην ἔχειν τούτους παρά τε τοῦ γήρως ἡμῶν, ὃ προσηκόντως ἂν πολλῆς τυγχάνοι προνοίας, καὶ τῆς δόξης τῆς ὑπαρχούσης, εἰ τίνος ἄρα σπουδῆς ἐστὶν ἀξία, καὶ τῆς εὐνοίας τῆς πρὸς ὑμᾶς ἣν ἔχων ἅπαντα τὸν χρόνον διατετέλεχα. 13 Καὶ μὴ θαυμάσῃς μητ' εἰ μακροτέραν γέγραφα τὴν ἐπιστολὴν μήτ' εἴ τι περιεργότερον καὶ πρεσβυτικώτερον εἰρήκαμεν ἐν αὐτῇ· πάντων γὰρ τῶν ἄλλων ἀμελήσας ἑνὸς μόνον ἐφρόντισα, τοῦ φανῆναι σπουδάζων ὑπὲρ ἀνδρῶν † φίλων καὶ προσφιλεστάτων † μοι γεγενημένων.

---

11 ἐκείνους τε Γ : ἐκείνους cett. codd. || ἐφίξεσθαι δ' αὐτῶν οὐ Γ Ε : οὐκ ἐφίξεσθαι δ' αὐτὸν vulg. || ἄττα σίνη Γ Ε : πρόφασιν ἦν vulg. || νομίζειν ἐμποδιεῖν αὐτὸν codd. praeter Γ in quo haec perierunt || πρὸς πολλὰ Γ Ε : πρὸς τὰ πολλὰ vulg.

12 αὐτῷ δοκῇ Γ Ε : δοκῇ αὐτῷ vulg. (quod hiatum efficit) || περὶ ὑμᾶς Γ Ε : ἢ περὶ ὑμᾶς vulg. || ὧν ἂν Γ Ε : ὧν vulg. || τούτους Auger ; τοῦτον codd. || τυγχάνοι Γ : τυγχάνῃ cett. codd. || ὑπαρχούσης Γ : ὑπερεχούσης Ε vulg. || τῆς εὐνοίας Γ : εὐνοίας cett. codd. || πρὸς ὑμᾶς H. Wolf : περὶ ὑμᾶς codd.

13 καὶ Γ Ε : ἢ vulg. || μόνον Γ : μόνου vulg. (quod hiatum efficit) || φίλων καὶ προσφιλεστάτων codd. : propter similitudinem suspecta arbitratur Blass ; unum ex verbis corruptum esse credi potest, forsitan προσκηδεστάτων (cf. Herodotum VIII 136) vel aliquid simile legendum sit.

PHILIPPE

Argument du discours adressé à Philippe

(AUTEUR INCONNU)

Il faut savoir qu'Isocrate écrivit ce discours pour Philippe après la paix due à Eschine, à Démosthène et à leurs collègues ; c'est ce qui lui fournit l'occasion de s'adresser directement à Philippe devenu ami de l'Etat athénien. Sous le voile d'éloges qu'il lui adresse, Isocrate donne à Philippe le conseil de réconcilier les grandes puissances grecques en conflit les unes avec les autres et d'organiser une expédition contre les Perses. « Il te revient, lui dit-il, de faire cela, puisque tu descends d'Héraclès et que tu es si puissant, » Philippe, après avoir reçu et lu le discours, ne fut pas convaincu par ses arguments et remit l'affaire à un autre moment. Plus tard son fils Alexandre, poussé par la lecture du discours, partit en expédition contre Darios II surnommé Okhos (1) (de son véritable nom on l'appelait Okhos, mais par flatterie les Perses lui donnaient le surnom de Darios, comme par allusion aux fondateurs de sa famille).

Le sujet du discours porte sur des questions de fait ; car il donne des conseils. Isocrate l'écrivit dans sa vieillesse, peu avant sa mort et celle de Philippe, à ce que dit Hermippos (2).

---

(1) Il y a une confusion entre Artaxerxès III Okhos (358-337), contemporain du *Philippe* et Darios III Codoman (335-330), l'adversaire d'Alexandre.

(2) Par une confusion analogue à la précédente, l'auteur de l'argument applique au *Philippe* ce qui se rapporte en réalité à la *Lettre III* ; voir l'*Introduction*, VI.

PHILIPPE

Ne sois pas surpris, Philippe, de ce que je commence par
parler, non du discours qui doit t'être adressé et qui va maintenant t'être présenté, mais de celui que j'ai écrit au sujet
d'Amphipolis. Je veux en dire d'abord quelques mots pour te
faire voir, ainsi qu'aux autres, que je n'étais ni ignorant des
événements ni abusé sur ma faiblesse présente (1) quand j'ai
entrepris de composer le discours que je t'adresse, qu'au contraire j'ai eu raison et que j'y ai été amené peu à peu.

2 Voyant tous les maux que produisait la guerre engagée
entre toi et mon pays au sujet d'Amphipolis (2), j'avais entrepris d'exposer touchant cette ville et le pays d'alentour des arguments qui ne ressemblent en rien à ceux de tes compagnons
ni à ceux des orateurs de chez nous, mais qui au contraire
s'écartent le plus possible de leur état d'esprit. **3** Ceux-ci en
effet vous excitaient à la guerre en parlant dans le sens de
vos désirs. Pour moi, je n'exposais aucun des points en litige
et je ne m'occupais que de l'argument que je jugeais le plus
propre à amener la paix, en disant que tous deux vous vous
trompez sur le but à atteindre, que tu combats pour nos intérêts, et notre ville, pour ta puissance, car il te serait profitable (3) que nous possédions ce pays et notre ville n'aurait en

---

(1) Isocrate, né en 436, a quatre-vingt-dix ans au moment où il publie son
discours.
(2) Sur le conflit qui séparait Athènes et Philippe et auquel la paix de
Philocrate ne devait pas même mettre fin, voir l'*Introduction*, I.
(3) L'argument était familier aux Athéniens, car Démosthène le mentionne comme bien connu de ses auditeurs dans le plaidoyer contre *Aristocratès* (XXIII, 111), prononcé en 352.

aucun cas du profit à le recevoir. **4** Mon exposé paraissait tel
à ceux qui l'entendaient (4) qu'aucun ne louait la précision et
la pureté de la forme et de l'expression (ce que certains font
d'ordinaire), mais qu'ils admiraient surtout la justesse des
pensées et estimaient qu'il n'y avait qu'un moyen de faire cesser vos conflits : **5** ce serait que tu te persuades que l'amitié
d'Athènes te sera plus précieuse que les revenus d'Amphipolis,
et que notre ville puisse comprendre qu'elle doit éviter les
entreprises de colonisation semblables à celles qui quatre ou
cinq fois (5) ont fait périr les citoyens qu'on y établissait et
chercher des contrées éloignées des gens capables de commander et proches de ceux qui ont l'habitude de la servitude
(comme est celle où les Lacédémoniens ont établi les gens de
Cyrène) (6). **6** En outre tu devrais reconnaître qu'en nous re-
mettant en apparence ce pays tu en seras le maître de fait et
qu'en plus tu t'assureras de notre dévouement (car tu auras
autant d'otages garants de notre amité que nous enverrons
de colons vers ton empire). Et quelqu'un devrait avertir la
majorité de nos concitoyens qu'en recevant Amphipolis nous
serons forcés, à cause des gens établis là-bas, d'avoir le même
dévouement pour tes intérêts que celui que nous avions pour
Amadocos l'ancien (7) à cause des agriculteurs de Chersonèse (8). **7** Après beaucoup d'arguments de ce genre, mes auditeurs espérèrent, que, si le discours était répandu dans le
public, vous mettriez fin à la guerre, changeriez d'opinion et

---

(4) Sur ces disciples et ces auditeurs d'Isocrate, cf. encore les § 17 et 23,
et la discussion rapportée dans le *Panathénaïque* 200 et suiv.

(5) Le scholiaste d'Eschine (II, 31) mentionne neuf tentatives athéniennes
Isocrate songe sans doute aux plus célèbres : en 475 aux *Neuf-Chemins* (ancien nom du site d'Amphipolis), en 465 à Drabescos (Thucydide I 100), en 424
(prise d'Amphipolis par Brasidas ¦ Thucydide IV 102-104), en 360 (échec de
Timothée).

(6) Sur la fondation de Cyrène, cf. Hérodote IV 157-164 ; Pindare, *Pythiques* IV.

(7) Amadocos l'ancien fut réconcilié par Thrasybule avec son rival Seuthès
en 390 (Xénophon, *Helléniques* IV 8, 26) ; il est cité aussi par Aristote (*Politique*, 1312 a 14). Son fils et homonyme fut aussi allié d'Athènes en même
temps que Kersobleptès (cf. Démosthène, *Contre Aristocratès*, 8 et suiv.).

(8) La Chersonèse, déjà colonisée au temps de Pisistrate par Miltiade, fils
de Kypsélos (grand oncle du vainqueur de Marathon), était la plus vieille
et la plus fidèle des colonies athéniennes ; non seulement elle produisait des
céréales, mais elle surveillait la route pour où arrivait le blé du Pont-Euxin
(cf. Lysias, XXXII, *Contre Diogiton*, 15 ; Gernet, *L'approvisionnement d'Athènes
en blé*, p. 314 et suivantes).

prendriez des révolutions communes pour votre propre bien. Qu'ils aient conjecturé cela avec ou sans raisons, c'est à eux qu'en doit à juste titre incomber la responsabilité. Mais, tandis que je m'occupais ainsi, vous avez fait la paix avant que j'eusse terminé mon discours, et vous avez eu, raison ; car mieux valait la faire à n'importe quelles conditions qu'être en proie aux maux de la guerre. **8** J'étais heureux des dispositions votées pour la paix et je pensais qu'elles profiteraient, non seulement à nous, mais à toi et à tous les Grecs. Mais je ne pouvais détacher ma pensée de l'avenir et j'étais disposé à examiner immédiatement comment ce qui avait été fait pourrait durer sans que notre ville, après un court espace de temps, projette de nouvelles guerres (9). **9** En méditant à ce sujet, je trouvai qu'Athènes ne pourrait rester en paix que si les principales puissances se réconciliaient pour porter la guerre en Asie et voulaient obtenir sur les Barbares les avantages qu'elles réclament maintenant des Grecs. C'est d'ailleurs ce que j'ai conseillé dans le Panégyrique (10).

10 Après ces réflexions, jugeant que jamais je ne trouverais sujet plus beau, plus intéressant ni plus utile pour nous tous, je fus excité à le traiter à nouveau. Je n'ignorais pas ma situation ; je savais bien que ce discours demandait non un homme de mon âge, mais quelqu'un qui fut dans toute la fleur de son génie et qui eût des qualités exceptionnelles. **11** Je voyais aussi qu'il est difficile de composer de façon acceptable deux discours sur le même sujet, surtout si le premier publié est écrit de telle sorte que même les curieux nous imitent et l'admirent plus encore que ceux qui lui donnent des louanges excessives. **12** Cependant, dédaignant toutes ces difficultés, je suis ambitieux dans ma vieillesse que j'ai voulu, tout en te parlant, démontrer et rendre évident à mes disciples que venir troubler les réunions solennelles (11) et parler pour tous ceux qui y accourent, revient à ne parler pour personne ; que

---

(9) En ne parlant que de l'esprit guerrier d'Athènes, Isocrate évite de froisser Philippe tout en lui donnant un conseil indirect.

(10) En 380, Isocrate joint à la prédication de la lutte contre la Perse la propagande pour l'hégémonie athénienne ; mais en 346 il ne rappelle plus ce dernier point pour ne retarder en rien la réconciliation des Grecs.

(11) Peut-être Isocrate vise-t-il ici les *discours Olympiques* de Gorgias et de Lysias.

de tels discours sont aussi inefficaces que les lois (12) et les
constitutions écrites par les sophistes ; **13** que ceux qui veu-
vent non pas bavarder en vain, mais agir utilement, et ceux
qui croient avoir trouvé quelque chose d'utile à tous, doivent
laisser les autres s'occuper des réunions solennelles, et choisir
eux-mêmes pour leurs conseils un protecteur parmi les gens
qui possèdent avec une grande gloire le pouvoir de parler et
d'agir, cela du moins si quelqu'un doit faire attention à eux.
14 Ce sont ces pensées qui m'ont décidé à te parler, sans que
je t'aie choisi pour te faire plaisir (et cependant j'attacherais
un grand prix à ce que mes paroles t'agréent). Ce n'est pas à
cela que je songeais : je voyais les autres gens illustres placés
sous la dépendance des Etats et des lois (13), sans avoir le
droit de faire autre chose que ce qu'on leur ordonnait, et en
outre très inférieurs à la tâche dont je vais parler. **15** Toi seul
as reçu du sort le pouvoir d'envoyer des ambassadeurs (14)
vers qui tu veux, d'en recevoir d'où il te plaît, de dire ce que
tu juges utile ; et en outre tu as acquis une richesse et une
force supérieures à celle de n'importe quel Grec : c'est cela
seul qui peut persuader et contraindre, et ce sont ces moyens
que je crois nécessaires aux projets que je vais exposer. **16** En
effet je vais te conseiller de prendre l'initiative de la concorde
entre les Grecs et de la lutte contre les Barbares (15); or la
persuasion est avantageuse à l'égard des Grecs, la contrainte
est utile à l'égard des Barbares. Telle est à peu près l'esquisse
de tout mon discours.

---

(12) D'après les expressions choisies par Isocrate (νόμοι, πολιτεῖαι), on peut
croire à une allusion aux œuvres de Platon, mort l'année précédente et dont
les *Lois* avaient été publiées par Philippe d'Oponte (cf. Diogène Laërce III
37). Ces attaques n'étaient pas exceptionnelles chez Isocrate (cf. Speusippe
dans les *Lettres socratiques* XXX 2 : οὔτε Πλάτωνος ἐν τοῖς πρὸς σὲ πεμφθεῖσι
ἀπέσχηται). On peut aussi songer à Antisthène, auteur d'un περὶ νόμου ἢ περὶ
πολιτείας (cf. Diogène Laërce VI 1, 16) ou à d'autres théoriciens, car les dis-
cussions d'Aristote dans la *Politique* témoignent que ces ouvrages étaient
nombreux (cf. *Politique* 1265 b 31 : Phaléas de Chalcédoine; 1267 b 22 et suiv. :
Hippodamos de Milet ; 1298 a 13 : Téléclès de Milet).

(13) Isocrate se souvient sans doute des désillusions qu'il a rencontrées en
comptant, pour réaliser son plan, sur les stratèges athéniens (Timothée) ou
sur les rois de Sparte (Archidamos).

(14) Isocrate oppose ces avantages qu'a Philippe dans l'action diplomati-
que aux lenteurs dont les négociations souffraient du côté athénien et dont
Philippe devait profiter en ce moment même. Démosthène (*Sur l'Ambassade*,
184-185) note également le fait.

(15) Cf. *Lettres* II 11 ; *III* 2 et 5 où le même plan est indiqué à Philippe.

17 Je n'hésiterai pas à t'expliquer à quel propos certains de mes disciples m'ont critiqué, car je vois à cela quelque utilité. Comme je leur avais déclaré que j'allais t'envoyer un discours, non pas pour faire admirer mon éloquence, ni pour célébrer les guerres que tu as menées (il y en aura d'autres pour le faire), mais pour tenter de t'inciter à des exploits qui te conviennent mieux et qui soient plus beaux et plus utiles que ceux que tu es maintenant décidé à accomplir, **18** telle fut leur crainte que la vieillesse ne m'eût enlevé la raison, qu'ils osèrent me blâmer, ce qu'ils ne faisaient jamais auparavant. Ils me disaient (16) que je me livrais à une entreprise étrange et trop insensée. « Tu vas envoyer à Philippe un dis-
« cours contenant des conseils, à cet homme qui, même s'il se
« jugeait jadis inférieur à quelque autre pour l'intelligence,
« doit maintenant à cause de l'importance de ses succès croire
« qu'il peut prendre des décisions meilleures que les autres.
« **19** De plus il a autour de lui les plus zélés des Macédoniens
« qui vraisemblablement (même s'ils sont sans expérience des
« autres questions), reconnaissent mieux que toi ce qui lui est
« utile. En outre tu peux voir établis là-bas (17) beaucoup de
« Grecs (18) qui ne manquent ni de réputation, ni d'intelli-
« gence ; et en conférant avec eux, Philippe, bien loin
« d'amoindrir son royaume, est arrivé à des résultats dignes
« d'être souhaités. **20** Que lui manque-t-il ? N'a-t-il pas fait
« que les Thessaliens (19) qui auparavant commandaient à la

---

(16) En mettant l'éloge de Philippe dans la bouche de ses auditeurs, Isocrate évite le reproche de flatterie, de même que plus loin (§ 73 et suivants) il pourra par un procédé analogue rapporter, sans froisser Philippe, les critiques dont celui-ci est l'objet. D'ailleurs Démosthène (*Prem. Ol.* 13 et *Deux. Ol.* 6-8) donne des détails semblables.

(17) L'expression employée ici (ἐκεῖ) était usuelle dans la langue politique athénienne de ce temps, comme en témoigne Hypéride (*Pour Euxénippe* 21 : ἐκείνων τινὰ ὑποδεξάμενον εἰς τὴν αὐτοῦ οἰκίαν ἢ χρώμενον τῶν ἐκεῖθέν τινι).

(18) Ici on distingue nettement les *Macédoniens*, sujets de Philippe, et les *Grecs* qui sont à son service (par exemple Python de Byzance, Euméne de Cardia ; plus tard Aristote) ; ceux-ci gardent, selon Isocrate, leur indépendance personnelle, même quand leur pays d'origine a été soumis à Philippe ; ils sont des conseillers au même titre qu'Isocrate et non pas des sujets.

(19) Au début du IVᵉ siècle, dans la période de troubles qui dura de la mort d'Archélaos (399) à l'avénement de Philippe (360), les Thessaliens étaient intervenus à plusieurs reprises en Macédoine (cf. scholie d'Eschine II 26 : ἐκδληθέντα γὰρ τὸν Ἀμύνταν ποτὲ ἐκ τῆς βασιλείας ὑπὸ Θετταλῶν Ἀθηναῖοι καὶ Λακεδαιμόνιοι κατήνεγκαν πάλιν εἰς τὴν βασιλείαν. — Démosthène XXIII, *Contre Aristocratès*, 111 : Θετταλοὶ τὸν πατέρα αὐτοῦ ποτ' ἐξέβαλον).

« Macédoine sont si bien disposés pour lui que chaque Etat a
« plus de confiance en Philippe qu'en ses confédérés (20), et
« que, des cités de cette région, il a amené les unes par ses
« bienfaits à s'allier avec lui, et il a abattu celles qui le tour-
« mentaient le plus ? **21** N'a-t-il pas vaincu et fait obéir aux
« siens les Magnètes, les Perrhèbes (21) et les Péoniens ? (22)
« N'est-il pas devenu maître et souverain de la plus grande
« partie des Illyriens (23) à l'exception de ceux qui habitent
« près de l'Adriatique ? N'a-t-il pas établi dans toute la Thrace
« les chefs qu'il a voulu ? Crois-tu que celui qui a accompli de
« tels exploits ne taxera pas d'une bien grande folie celui qui
« lui aura envoyé son livre, qu'il ne jugera pas que cet homme
« a bien des illusions sur la puissance des discours et sur ses
« propres dispositions ? » **22** Quel fut d'abord mon abatte-
ment à ces paroles, puis comment je me repris et répondis à
chacun de leurs arguments, je le tairai de peur de paraître à
certains trop satisfait de la défense habile que je leur ai opposée. Ayant donc réprimandé avec modération, à mon avis, ceux
qui avaient osé me faire des reproches, je finis par leur pro-
mettre de ne montrer mon discours qu'à eux parmi mes concitoyens et de n'en faire que ce qu'ils décideraient. **23** Après
cela ils partirent, je ne sais dans quelles dispositions. Mais peu
de jours plus tard, quand le discours fut terminé et leur eût
été montré, ils changèrent d'opinion au point d'avoir honte
de leur hardiesse passée, de se repentir de toutes leurs paroles, d'avouer qu'ils n'avaient jamais fait erreur aussi grande,
d'être plus pressés (24) que moi de t'envoyer ce discours et

---

(20) En 354, les Aleuades appelèrent Philippe à leur secours contre Lycophron de Phères (Diodore XVI 35, 1). Après deux échecs en 353, il réussit à
soumettre le pays en 352 et à « rendre la liberté » à Phères (Diodore XVI
38, 1), c'est-à-dire à en expulser les tyrans et à s'allier avec le nouveau
gouvernement. Isocrate fait allusion, à la fin du paragraphe, à des mesures
de rigueur contre les derniers opposants, mesures mal connues de nous.

(21) Les Magnètes (sur la côte Est de la Thessalie) et les Perrhèbes (au
Nord-Ouest de la Thessalie) avaient été soumis pendant les campagnes de
Philippe de 354 à 352.

(22) Les Péoniens (au Nord-Est de la Macédoine) étaient définitivement
soumis depuis le début du règne de Philippe.

(23) Les Illyriens avaient été vaincus en 359 et 356, mais Philippe dut faire
une nouvelle campagne en 344 contre le roi Pleuratos (cf. *Lettre II* et Didymos, dans Foucart, *Etude sur Didymos*, p. 118-120 du tirage à part).

(24) En se faisant le porte-parole de ses auditeurs, Isocrate se défend
contre le reproche de vanité, et en même temps il grandit l'importance de

8

de dire qu'ils espéraient que non seulement toi et Athènes, mais aussi tous les Grecs me seraient reconnaissants de ce que je disais.

24 Je t'ai exposé cela afin que, si l'une des actions dont je te parle au début, te paraît incroyable, impossible ou indigne de toi, tu ne te fâches pas au point de laisser de côté la suite et tu n'aies pas les mêmes sentiments que mes familiers ; afin que tu prennes patience et gardes ton calme jusqu'à ce que tu aies fini d'entendre ce que je dis. Car je crois que je te dirai ce qu'il faut et ce qui t'est avantageux. **25** Je n'ignore pas cependant la différence qu'il y a pour l'effet persuasif entre les discours prononcés et les discours lus (25), et je sais que tout le monde est d'avis que l'on prononce des discours sur les affaires sérieuses et que l'on écrive ceux qui visent à la déclamation pure et au profit de l'écrivain. **26** Cette opinion n'est pas sans fondement. Quand le discours et démuni de l'autorité de l'orateur, des inflexions de voix employées dans les compositions des rhéteurs, quand il n'est pas soutenu aussi par l'opportunité et par l'intérêt que l'on porte à l'entreprise, quand il n'a rien pour l'aider à convaincre, qu'il reste privé de tout cela et désarmé pour ainsi dire, quand on le lit (26) sur un ton peu persuasif, sans y mettre aucun sentiment, comme si l'on détaillait un compte, **27** naturellement, à mon avis, le discours paraît de peu de valeur à ceux qui l'entendent. C'est ce qui nuirait extrêmement à celui que l'on va te montrer et le ferait paraître de bien peu de valeur. En effet nous ne

---

son œuvre qui devient « panhellénique » et semble exprimer les idées de tout un groupe, sinon d'un parti politique.

(25) Isocrate, ayant toujours composé des discours sans jamais paraître à la tribune, a gardé de cette infériorité par rapport aux véritables orateurs un regret très vif qui transparaît à travers la satisfaction qu'il proclame (cf. § 81 ; *Sur l'Echange* 185, 187, 189). De là vient son insistance à défendre le discours écrit contre les reproches qu'on lui adresse et qui ne lui échappent pas. Cette infériorité de la composition écrite sur la parole avait aussi été notée vivement par Platon dans le *Phèdre* 275 E ; et Isocrate (nommé peu après dans l'ouvrage) avait été frappé des idées exprimées dans ce passage ; il semble s'en souvenir ici et surtout il l'a imité de très près dans la *lettre à Denys* (*Lettre I* 3).

(26) Philippe, selon l'habitude antique, se fera lire à haute voix par son secrétaire le discours envoyé par Isocrate ; aussi celui-ci donne-t-il (sous la forme détournée qu'il affectionne) des conseils au lecteur sur la manière dont il doit interpréter l'œuvre.

l'avons pas même orné (27) de la cadence et de la variété de style que j'employais quand j'étais plus jeune et dont j'ai donné l'exemple aux autres pour qu'ils rendent leurs discours à la fois plus agréables et plus convaincants. **28** Mon âge m'empêche d'employer ces procédés et il me suffit de pouvoir exposer simplement les faits en eux-mêmes. Or je pense qu'il est particulièrement digne de toi de négliger tout le reste pour ne faire attention qu'aux faits. C'est ainsi que tu pourras examiner le plus exactement et le mieux si nous disons quelque chose de sérieux. **29** Laisse donc de côté les inconvénients qui s'attachent aux sophistes et aux discours lus ; reprends chacune des idées et examines en le sens, non pas en passant et avec insouciance, mais avec la réflexion et le sens critique que tu possèdes aussi, dit-on. C'est par un examen de cette sorte, plutôt qu'en suivant l'opinion de la foule, que tu prendras une meilleure décision sur ces entreprises.

Voilà donc ce que je voulais dire tout d'abord. **30** Je vais maintenant parler du sujet même de ce discours. J'affirme qu'il te faut, sans négliger en rien tes intérêts particuliers, tenter de réconcilier Argos, Lacédémone, Thèbes et Athènes (28). Si tu peux les associer, tu amèneras sans difficulté les autres Etats à s'accorder, **31** car tous en dépendent et ont recours, quand ils redoutent quelque danger, à l'une de ces villes dont ils reçoivent du secours. Si donc tu décides seulement quatre Etats à être raisonnables, tu délivreras les autres aussi de bien des maux.

32 Tu peux juger que tu n'as le droit de négliger aucun de ces Etats, si tu remontes à leurs rapports avec tes ancêtres : tu trouveras qu'à votre égard chacun a fait preuve d'une grande affection et rendu de grands services. Argos (29) est le

---

(27) Cette affirmation de la simplicité du *Philippe* au point de vue littéraire n'est justifiée que par comparaison avec les autres grands discours d'Isocrate et dans une mesure assez faible (voir l'*Introduction*, VII). Isocrate, en y insistant, semble tenir compte des critiques dont l'éloquence d'apparat avait été l'objet (il les répète lui-même au § 12) et dont l'expression la plus complète se trouve dans le *Gorgias* de Platon (particulièrement 463 A-466 A).

(28) Ces quatre villes représentent les différentes puissances qui ont exercé une influence prépondérante en Grèce depuis les temps mythiques (car Isocrate reconnaît aux § 51-52 que le pouvoir d'Argos n'est plus qu'un souvenir).

(29) En tant qu'Héraclides, les rois de Macédoine (*Argéades*), se rattachent à Argos (cf. Tite-Live XXVII 30, 9 ; Julien, *Lettres*, n° 198, édition Bidez-

pays de tes pères et il est juste que tu aies pour elle les mêmes égards que pour tes parents. Les Thébains honorent l'ancêtre de votre famille dans leurs processions et leurs sacrifices (30) plus que les autres dieux. **33** Les Lacédémoniens (31) ont donné pour toujours à ses descendants la royauté et le commandement. Enfin notre ville, à ce que disent ceux à qui nous nous fions pour les traditions anciennes, a contribué à l'immortalité (32) d'Héraclès (de quelle façon tu pourras le savoir facilement une autre fois, mais ce n'est pas pour moi le moment de le dire) et aussi au salut de ses enfants : **34** seule elle s'exposa aux plus grands dangers en luttant contre la puissance d'Eurysthée (33), l'arrêta dans sa plus grande insolence et délivra les enfants d'Héraclès des craintes qui les assaillaient sans cesse. C'est de quoi nous avons le droit de recevoir de la reconnaissance, non seulement de ceux qui ont été sauvés alors, mais aussi de leurs descendants : en effet c'est grâce à nous qu'ils vivent et jouissent de leurs biens présents : si leurs ancêtres n'avaient pas été sauvés, il ne leur était même pas possible d'exister.

35 Etant donnés les actes de toutes ces villes, tu n'aurais pas dû (34) même entrer en conflit avec l'une d'entre elles. Mais notre nature nous porte plus aux fautes qu'au bien. Il

---

Cumont, p. 268). Cette tradition d'ailleurs repose sur une identification de l'Argos péloponnésienne et de l'Argos d'Orestide (Appien, *Syriaca* 63 ; Jardé, *La formation du peuple grec*, p. 394).

(30) Les fêtes d'Héraclès à Thèbes étaient si célèbres que le héros passe souvent pour plus Thébain qu'Argien.

(31) Les deux familles royales de Sparte prétendaient descendre d'Héraclès cf. Hérodote VI 51) ; pour leurs fonctions, cf. Hérodote VI 56 et suiv.

(32) Diodore de Sicile IV 39 dit que les Athéniens (exactement les habitants de Marathon, selon Pausanias I 15, 3) furent les premiers à sacrifier à Héraclès et à répandre son culte. On pourrait aussi voir ici une allusion à la tradition qui montre en Thésée un protecteur d'Héraclès (cf. Euripide, *Héraclès furieux*, en particulier 1328 et suiv.). Isocrate, influencé par une théorie des sophistes du vᵉ siècle, voit en Héraclès un dieu νόμῳ (*par la coutume*) et non φύσει (*par nature*). Cf. Plutarque, *Thésée*, XXXV, 3.

(33) Cf. *Panégyrique* 56-60 ; *Panathénaïque* 194 ; *Hélène* 31 (mais ici Isocrate qui veut ménager Argos, ne fait qu'une allusion voilée à la mort d'Eurysthée). C'est le thème bien connu des *Héraclides* d'Euripide ; cf. aussi [Lysias], *Oraison funèbre* 11-15 ; Xénophon, *Helléniques* VI 5, 47 (discours du Phliasien Proclès vers 370).

(34) Ici nous avons un conseil donné directement à Philippe et une sorte de blâme pour le passé. D'ordinaire Isocrate procède par insinuations plus voilées (cf. § 68, 73, 80, 107, 115) et emploie un mélange de conseils et d'éloges qui sera le procédé de Sénèque dans le *De Clementia*.

est donc juste de considérer les événements passés comme dûs aux deux partis ; mais il faut prendre garde pour l'avenir que rien de pareil ne t'arrive, et il faut examiner quel bien tu peux leur faire pour montrer que tu accomplis ce qui est digne de toi et des services qu'elles t'ont rendus. **36** Or les circonstances te sont favorables. Quand tu leur rendras ce que tu leur devais, elles croiront, par suite du long temps écoulé depuis leurs services, que tu prends l'initiative des bienfaits. Or il est beau de sembler faire du bien aux grands Etats, tout en se rendant à soi-même un service aussi grand. **37** De plus si tu as quelque difficulté avec l'une de ces villes, tu mettras fin à tout cela ; car les bienfaits présents (35) font oublier les erreurs réciproques du passé. Et en outre il est visible que tous les hommes se souviennent surtout de ceux qui leur ont rendu service dans le malheur. **38** Or tu vois comme les villes grecques souffrent de la guerre et comme elles ressemblent aux individus qui se battent (36) : tant que la colère augmente, personne ne pourrait les réconcilier ; lorsqu'ils se sont fait mutuellement du mal, ils se séparent sans nulle médiation. C'est ce qu'elles feront, je crois, si tu ne te hâtes pas de t'occuper d'elles.

39 Peut-être quelqu'un oserait-il s'opposer à ce que je viens de dire, en affirmant que je cherche à te conseiller une entreprise possible ; car selon lui jamais les Argiens ne deviendraient amis des Lacédémoniens, ni ceux-ci des Thébains ; ni en général ceux qui ont eu sans cesse l'habitude de dominer, ne pourraient accepter la même part les uns que les autres. **40** Pour moi, je pense qu'au moment où notre ville ou encore celle des Lacédémoniens commandaït à la Grèce, rien de tout cela n'aurait pu être mené à bonne fin, car chacune des deux (37) aurait pu facilement s'opposer à ce qu'on aurait

---

(35) Il y a sans doute une allusion aux services que les Athéniens attendaient de Philippe dans les questions encore en litige (Halonnèse, Eubée, Oropos, règlement de l'affaire de Phocide) ; et Isocrate, par un optimisme un peu contradictoire avec certaines de ses autres affirmations (cf. par exemple § 45), croit ici à l'influence de la reconnaissance sur la politique extérieure.

(36) Cf. la comparaison tirée du pugilat qu'emploie Démosthène (VI, *Première Philippique*, 40-41) et celle que Thucydide, fils de Mélésias, empruntait à la lutte (Plutarque, *Périclès* 8).

(37) Isocrate voit enfin ce qui avait empéché le *Panégyrique* d'avoir aucune

tenté. Mais maintenant je n'ai plus la même opinion à leur sujet : je sais que le malheur les a toutes mises sur le même plan (38), et ainsi je pense qu'elles préféreront les avantages de la concorde aux privilèges dûs à leur conduite passée. **41** De plus je reconnais que nul autre ne pourrait réconcilier ces villes, tandis que rien de cela ne t'est difficile. Je vois que tu as accompli bien des actions qui paraissaient aux autres inattendues et extraordinaires ; aussi ne serait-il pas étonnant que tu sois le seul à pouvoir réaliser cette union. Or il faut que ceux qui possèdent quelque supériorité et une noble ambition, au lieu d'entreprendre ce qu'un homme du commun pourrait faire, s'attaquent à ce que personne ne peut entreprendre s'il n'a une nature et une puissance semblable à la tienne.

42 Je m'étonne que certains jugent impossible la réalisation de ces projets, ne sachant pas par eux-mêmes et n'ayant pas appris que ceux qui ont mis fin par la paix à bien des guerres, terribles, se sont rendu souvent de grands services mutuels. Quelle haine peut dépasser celle que les Grecs eurent pour Xerxès (39) ? Cependant c'est son amitié, tous le savent, que les Lacédémoniens et nous, nous avons préférée à celle des peuples qui nous ont aidés à acquérir notre puissance. **43** Et à quoi bon parler de ce qui est ancien et touche à nos rapports avec les barbares ? Si quelqu'un regardait et examinait les malheurs des Grecs, il verrait qu'ils ne sont rien à côté de ceux que nous ont causés les Thébains et les Lacédémoniens. Néanmoins quand les Lacédémoniens ont marché contre les Thébains (40)

---

action en ce qui concerne la lutte contre la Perse : la rivalité des grands Etats grecs pour l'hégémonie en Grèce même. La guerre sociale, qui a inspiré à Isocrate le discours *Sur la paix*, n'est sans doute pas étrangère à cette opinion.

(38) Cf. *Archidamos* 65, où la même expression est appliquée au Péloponnèse sous l'hégémonie thébaine.

(39) Xerxès est ici le nom commun des rois de Perse (on peut lui comparer l'emploi inverse, comme nom propre, de Pharaon et de Syennésis); ainsi Isocrate peut, sans provoquer d'objections tirées des différences de circonstances, parler à la fois de Xerxès, vaincu à Salamine, et d'Artaxerxès Mnémon qui imposa la paix d'Antalkidas. Cf. un procédé analogue dans Xénophon, *Helléniques*, III, 5, 13, et dans Démosthène, XV, *Sur la liberté des Rhodiens*, 24.

(40) Il s'agit des opérations que les Spartiates entreprirent lors de la délivrance de la Cadmée et dans les mois qui suivirent (379 et 378) où les stratèges athéniens (Xénophon, *Helléniques* V 4, 10 et 14 ; Diodore XV 26-32) inquiétèrent l'armée spartiate. C'est peu après que les idées exprimées par

et ont voulu ravager la Béotie et séparer les cités, nous sommes allés au secours des Thébains pour mettre obstacle aux désirs des Lacédémoniens. **44** Quand la fortune a changé et que les Thébains et tous les Péloponnésiens ont tenté de détruire Sparte (41), nous avons été les seuls Grecs à nous allier aux Lacédémoniens et à contribuer à leur salut. **45** Donc bien peu raisonnable serait celui qui verrait de tels changements dans le passé, qui verrait les Etats ne tenir compte ni de la haine, ni des serments, ni de rien sauf de ce qu'ils jugent leur intérêt (42), ne s'attacher qu'à cela et mettre tout leur zèle à s'en occuper, et qui ne penserait pas que maintenant encore ils auront les mêmes sentiments, surtout si tu présides à leur réconciliation, si l'intérêt les conseille et si leurs malheurs présents les y forcent. Pour ma part je crois que ces raisons t'aideront à obtenir que tout arrive comme il convient.

46 Je pense que tu reconnaîtrais exactement les rapports pacifiques ou hostiles que ces Etats ont l'un avec l'autre, si j'exposais d'une manière qui ne soit ni trop succincte ni trop détaillée les points les plus importants de leur situation actuelle, et si tout d'abord nous examinions celle des Lacédémoniens.

47 Ceux-ci qui, il y a peu de temps, commandaient aux Grecs, ont subi sur terre et sur mer un tel changement après leur défaite de Leuctres (43) qu'ils ont dû abandonner leur empire sur la Grèce et ont perdu des hommes assez braves

---

Isocrate dans le *Panégyrique* reçurent un commencement d'exécution par la fondation de la seconde confédération athénienne (mars 377).

(41) En fait les Athéniens inquiétèrent seulement la retraite d'Epaminondas après sa première tentative, en 370 (Xénophon, *Helléniques* VI 5, 49-51 ; Diodore XV 63, 2) et empêchèrent la seconde en 369 (Xénophon, *Helléniques* VII 1, 15). Isocrate s'était déjà montré favorable à ce « renversement des alliances » dès 373 dans le *Plataïque*.

(42) Cf. au contraire § 37 ; mais une idée analogue est dans le *Panathénaïque* 117.

(43) La bataille de Leuctres (7 juillet 371) marque la disparition définitive de l'hégémonie lacédémonienne *sur terre* (cf. Xénophon, *Helléniques* VI 4, 4 et suiv. ; Plutarque, *Agésilas* 28-29, *Camille* 19). La bataille de Naxos (septembre 376 ; cf. Xénophon, *Helléniques* V 4, 61 ; Plutarque, *Camille* 6) leur avait déjà enlevé les derniers restes de leur puissance maritime, fortement diminuée depuis la bataille de Cnide (août 394). Isocrate (comme le fait d'ailleurs Xénophon) date de Leuctres l'effondrement de la puissance spartiate parce qu'il la considère comme essentiellement terrienne et parce qu'alors le Péloponnèse lui-même échappa à l'action de Sparte,

pour mieux aimer mourir (44) que vivre après avoir été vaincus par leurs anciens sujets. **48** En outre, ils ont pu voir tous les Péloponnésiens (45) qui autrefois les accompagnaient pour attaquer les autres, s'allier aux Thébains et se jeter sur leur pays. Ils ont dû s'exposer contre eux au danger, non pas dans la campagne pour défendre les récoltes, mais au milieu de la ville (46) près des palais mêmes des magistrats pour sauver leurs femmes et leurs enfants. Et en cas d'échec, ils étaient immédiatement perdus ; **49** leur victoire au contraire ne les a pas délivrés de leurs maux ; leurs voisins (47) leur font la guerre, tous les Péloponnésiens se défient d'eux, la majorité des Grecs les déteste, leurs propres serviteurs (48) les pillent jour et nuit, et ils ne passent aucun jour sans faire une expédition contre quelque peuple, combattre contre quelqu'autre ou secourir ceux des leurs qui risquent de périr. **50** Et voici le plus grand de leurs maux : ils ne cessent de craindre que les Thébains ne se réconcilient avec les Phocidiens (49) et ne reviennent leur causer des malheurs encore plus grands que les précédents. Certes comment ne pas croire que des gens dans une telle situation accueilleraient avec joie une paix proposée par un homme influent et capable de mettre fin aux guerres qu'ils subissent ?

51 Pour les Argiens, tu peux les voir dans une situation tantôt semblable à celle dont je viens de parler, tantôt pire. Depuis qu'ils habitent leur ville, ils sont en guerre contre leurs

---

(44) Sur sept cents Spartiates, quatre cents (dont le roi Cléombrotos) furent tués.

(45) En fait, c'est la majorité (et non l'ensemble) des Péloponnésiens qui s'allia à Thèbes lors de l'expédition d'Epaminondas (décembre 370). En 362, à la veille de Mantinée, Xénophon (*Helléniques* VII 5, 5), cite, comme alliés de Thèbes, les Argiens, les Messéniens et la plupart des Arcadiens.

(46) Sur cette attaque de Sparte par Epaminondas, arrêtée à grand peine par Agésilas, cf. Polybe IX 8 ; Plutarque, *Agésilas* 31-32.

(47) Sans doute les Argiens (cf. § 51) que Philippe devait soutenir en 344 (cf. Démosthène, VI, *Deuxième Philippique*, 9 et 15) et les Mégalopolitains en faveur desquels Démosthène prononce un discours (XVI) en 353 et que Thèbes soutient encore en 351 (cf. Diodore XVI 39).

(48) Aucune révolte d'hilotes ne nous est signalée pour cette période ; aussi Isocrate veut-il sans doute ici (comme dans l'*Archidamos* 96) parler des Messéniens dont l'indépendance avait été rétablie par Epaminondas (et que Philippe devait soutenir en 344 au même titre que les Argiens).

(49) Sur l'importance de cette indication pour la date de publication du *Philippe*, voir l'*Introduction*, II.

voisins, comme font les Lacédémoniens, mais avec cette différence que ceux-ci luttent contre des gens moins forts qu'eux et les Argiens contre des gens plus forts (50), ce qui, de l'avis général, est le plus grand des maux. Et la guerre leur est si funeste que presque chaque année ils doivent laisser piller et ravager leur territoire sous leurs yeux. **52** Et voici le plus terrible de tout : quand les ennemis cessent de les maltraiter, eux-mêmes font périr les plus illustres et les plus riches de leurs concitoyens (51) et prennent à cela plus de plaisir que n'importe qui n'en a à tuer des ennemis. Or cèt état de trouble n'a pas d'autre cause que la guerre : si tu y mets fin, non seulement tu les délivreras de ces maux, mais tu leur inspireras de meilleures résolutions à l'égard des autres.

53 Certes tu n'ignores pas non plus la situation des Thébains : après avoir remporté une très belle victoire et avoir acquis ainsi une gloire immense, pour ne pas avoir su user de leur bonheur, ils ne sont pas en meilleur état que ceux qui ont eu le malheur d'être vaincus. A peine étaient-ils vainqueurs de leurs ennemis qu'ils ne se souciaient plus de personne, tourmentaient les Etats du Péloponèse, (52) osaient asservir la Thessalie (53), menaçaient les Mégariens (54) leurs voisins, enlevaient à notre pays une partie de son territoire (55),

------

(50) Contre les Lacédémoniens (cf. Diodore XVI 34, 3 et 39, 4, et la note 47).

(51) En 370, douze cents riches furent massacrés à coups de bâton (cf. Diodore XV 58), puis les démocrates furent tués à leur tour (Plutarque, *Præcepta gerendæ reipublicæ* XVII 9 fixe à quinze cents le chiffre des victimes du σκυταλισμὸς). Isocrate attribue uniquement à l'état de guerre ces troubles qui pourtant s'étaient déjà produits à Argos en 418-17 (cf. Thucydide V 82; Aristote, *Politique* 1304 a 25.)

(52) Dans leurs interventions dans le Péloponnèse, les Thébains soulevèrent plus d'une fois des protestations; le fait le plus grave fut la tentative d'arrestation des députés arcadiens à Tégée en 363 (cf. Xénophon, *Helléniques*, VII, 4, 36-40).

(53) De 369 à 367, Pélopidas intervint à plusieurs reprises en *Thessalie et en Macédoine*; c'est alors que Philippe fut ramené à Thèbes comme otage (Isocrate s'abstient de lui rappeler ce mauvais souvenir).

(54) Il s'agit d'un fait analogue à celui qui est rappelé pour une date postérieure par Plutarque (*Phocion* 15).

(55) Oropos, occupée déjà par les Thébains en 402/1 (Diodore XIV 17; cf. *Plataïque* 20 et 37), avait été reprise par eux en 366 (Eschine III 85; scholies de Démosthène XVIII 99 et XXI 64); et tous les Etats qui désiraient l'alliance d'Athènes, promettaient de la lui faire rendre (Sparte en 353; cf. Démosthène, XVI, *Pour les Mégalopolitains*, 11; — Philippe en 346, à en croire du moins ses partisans; cf. Démosthène, XIX, *Sur l'Ambassade*, 22, 220, 236). Athènes l'obtint de Philippe après Chéronée (cf. Pausanias I, 34, 1). — Platon

ravageaient l'Eubée (56), envoyaient des vaisseaux de guerre à Byzance (57) dans la pensée de régner sur terre et sur mer. **54** Enfin ils ont entrepris une guerre contre les Phocidiens, en espérant conquérir leurs villes en peu de temps, occuper toutes les régions environnantes et, avec les ressources de leur propre pays l'emporter sur les trésors de Delphes (58). Rien de tout cela ne leur est arrivé : au lieu de prendre les villes des Phocidiens, ils ont perdu les leurs (59); quand ils entrent sur le territoire ennemi, ils lui font moins de mal qu'ils n'en souffrent quand ils retournent chez eux. **55** En effet, en Phocide, ils tuent quelques mercenaires pour qui la mort vaut mieux que la vie; dans leurs retraites, ils perdent les plus illustres d'entre eux, ceux qui veulent le mieux mourir pour leur patrie. Enfin leur situation en est à un tel point qu'après avoir espéré se soumettre tous les Grecs, ils mettent en toi tous leurs espoirs de salut. C'est pourquoi je pense qu'eux aussi feront bien vite ce que tu leur diras et leur conseilleras.

56 Nous aurions eu encore à parler de notre ville, si elle n'avait pas fait preuve de raison avant les autres et n'avait pas déjà fait la paix. Maintenant je pense qu'elle ira jusqu'à collaborer avec toi, surtout si elle peut comprendre que tu te livres à cette organisation (60) comme prélude à l'expédition contre les Barbares.

57 Donc, qu'il ne t'est pas impossible de réunir ces Etats, je crois te l'avoir démontré par ce que j'ai dit; que tu pourras même le faire facilement, je crois que je le ferai reconnaître

---

lui-même n'avait pas été insensible aux revendications athéniennes ; car dans le *Critias* 110 E il faisait entrer Oropos dans le domaine primitif d'Athènes.

(56) Soit en 364 (cf. Ephore, fragment 67, cité par Strabon IX, p. 614), soit en 357, quand les Thébains durent céder devant une intervention athénienne (cf. Diodore XVI 7, 2).

(57) En 364, sous les ordres d'Epaminondas (cf. Diodore XV 78-79).

(58) Depuis 355, les Phocidiens entretenaient leur armée à l'aide des offrandes de Delphes; et au moment où écrivait Isocrate, Philippe n'avait pas encore pris ouvertement parti contre eux.

(59) Orchomène, Coronée et Corsiai (Diodore XVI 33, 4; 35, 3; 58, 1).

(60) Isocrate emploie le présent pour parler des actes de Philippe, voulant ainsi persuader son public — et Philippe lui-même — que l'intervention macédonienne dans les affaires grecques est déjà destinée à servir l'intérêt général.

avec quelques exemples. Si en effet on voit que certains de nos prédécesseurs, qui ne s'occupaient pas d'entreprises plus glorieuses et plus saintes que celle que nous avons conseillée, ont mené à bien des tâches plus grandes et plus difficiles, quelle objection restera-t-il à ceux qui prétendent que tu mettras plus de temps à faire ce qui est facile que les autres à faire ce qui est difficile ?

58 Examine d'abord les actes d'Alcibiade (61). Il était exilé de notre pays et voyait que ceux qui avant lui avaient éprouvé ce malheur, restaient abattus à cause de la puissance de notre ville. Loin de penser comme eux, il jugea qu'il devait tenter de revenir de force (62), et il décida de faire la guerre à Athènes. **59** Celui qui tenterait d'exposer chacun des événements qui sont alors arrivés ne pourrait les raconter exactement et peut-être gênerait-il notre plan actuel. En tout cas Alcibiade a mis un tel trouble, non seulement dans notre ville, mais aussi chez les Lacédémoniens et les autres Grecs, que nous avons souffert ce que chacun sait (63), **60** que les autres sont tombés dans de tels maux que maintenant encore on n'a pu effacer les malheurs que cette guerre a causés aux Etats, que les Lacédémoniens qui ont semblé alors heureux, sont arrivés à leur infortune présente par le fait d'Alcibiade : en effet c'est en se laissant persuader par lui de viser à dominer sur mer (64) qu'ils ont perdu même leur puissance continentale ; **61** aussi celui qui dirait que leurs malheurs actuels commençaient au moment où ils prenaient la maîtrise de la mer, ne pourrait pas être convaincu de mensonge. Alcibiade

---

(61) Alcibiade a été pour Isocrate (comme pour bien d'autres auteurs du début du iv⁰ siècle) une des figures les plus frappantes de la fin du v⁰ siècle. Isocrate, écrivant pour Alcibiade le jeune, avait déjà consacré au père toute une partie du plaidoyer *Sur l'Attelage* ; et c'est évidemment au fait qu'elle était un ἐγκώμιον Ἀλκιβιάδου que cette partie a dû d'être seule conservée tandis que le reste du plaidoyer disparaissait.

(62) Cf. Thucydide VI 92, 4 (discours d'Alcibiade aux Lacédémoniens) : φιλόπολις οὗτος ὀρθῶς, οὐχ ὃς ἂν τὴν ἑαυτοῦ ἀδίκως ἀπολέσας μὴ ἐπίῃ, ἀλλ' ὃς ἂν ἐκ παντὸς τρόπου διὰ τὸ ἐπιθυμεῖν πειραθῇ αὐτὴν ἀναλαβεῖν.

(63) Plutôt qu'à la prise d'Athènes par Lysandre, Isocrate fait allusion à la ruine de la campagne athénienne par suite de l'occupation de Décélie et des incursions lacédémoniennes ; cf. Thucydide VII 27.

(64) Cette réflexion est amenée par le spectacle des guerres soutenues entre 377 et 362 par Sparte et où, selon Isocrate, Athènes, rivale de Sparte sur mer, a grandement aidé les Thébains. Cf. *Sur la Paix* 101.

donc, après avoir causé de si grands maux, revint dans sa patrie, avec beaucoup de gloire, mais non pas avec des éloges unanimes (65).

Peu d'années après, Conon eut une conduite toute contraire. **62** Après son échec (66) dans la bataille navale de l'Hellespont (67), échec dû non à la faute, mais à celle de ses collègues, il eut honte de revenir dans sa patrie : il partit donc pour Chypre et s'y occupa quelque temps de ses affaires ; puis, quand il vit qu'Agésilas était passé en Asie avec de grandes forces et ravageait ce pays, il eut l'audace, **63** sans autre ressource que sa personne et son intelligence, d'espérer vaincre les Lacédémoniens qui alors commandaient aux Grecs sur terre et sur mer ; et il envoya aux généraux du Grand Roi la promesse d'exécuter ce projet. Et à quoi bon en dire plus ? Une flotte fut réunie pour lui près de Rhodes (68), il remporta une victoire sur mer, enleva leur pouvoir aux Lacédémoniens, délivra les Grecs, **64** et non content de relever les murailles (69) de sa patrie il la ramena au degré de gloire d'où elle était tombée. Pourtant qui eût pu s'attendre qu'un homme dans une situation si humble renversât la situation de la Grèce, enlevât leur honneur (70) à certaines des villes grecques et fît dominer les autres.

65 Denys (71) (je veux te prouver par beaucoup d'exemples

---

(65) N'ayant plus comme dans le plaidoyer *Sur l'Attelage* à ménager les sentiments d'un client, et voulant, tout en encourageant Philippe, lui donner des conseils de modération, Isocrate peut ici faire des réserves sur la conduite d'Alcibiade.

(66) Conon et son fils Timothée (celui-ci, disciple d'Isocrate) ont contribué au relèvement de la puissance d'Athènes et à la préparation, puis à la constitution de la seconde confédération athénienne ; et ils se rattachent ainsi à la politique qu'Isocrate avait préconisée dans le *Panégyrique*.

(67) Bataille d'Aegos-Potamoi (septembre 405).

(68) En août 394. Isocrate, qui veut rehausser la gloire de Conon, dissimule les lenteurs de ses alliés perses, alors qu'il y insiste dans le *Panégyrique* 142 (cf. Foucart, *Etude sur Didymos*, p. 139-142). Il cite Rhodes et non Cnide parce que les opérations lacédémoniennes étaient dirigées *contre Rhodes*.

(69) Détruits en 404, les Longs Murs furent relevés de 394 à 391 (cf. Xénophon, *Helléniques* IV 8, 9 et 12 ; Diodore XIV 84-85).

(70) En fait la paix d'Antalkidas laissait à Sparte la domination sur la Grèce continentale ; mais Isocrate songe, autant qu'aux résultats obtenus par Conon, à ceux que son fils Timothée obtint pendant les guerres thébaines.

(71) Denys l'Ancien, qui régna sur Syracuse de 405 à 367, avait, vers la fin de sa vie, semblé à Isocrate pouvoir être celui qui réaliserait ses plans d'u-

la facilité de l'entreprise à laquelle je te convie), Denys à qui
sa naissance (72), sa réputation et ses autres qualités donnaient un rang infime à Syracuse, eut un désir déraisonna-
ble et fou du pouvoir absolu et eut l'audace de faire tout ce
qui pouvait l'amener à ce degré de puissance ; il s'empara de
Syracuse, soumit toutes les villes grecques de Sicile et s'en-
toura de plus de forces de terre et de mer (73) qu'aucun
homme dans le passé. **66** Cyrus (74) aussi (pour parler également des Barbares), qui avait été exposé sur une route par sa
mère et recueilli par une femme perse, changea tellement de
condition qu'il devint le maître de toute l'Asie.

67 Et quand Alcibiade, qui était exilé, Conon, qui avait
été vaincu, Denys, qui n'avait aucune réputation, Cyrus,
dont le début de la vie avait été si pitoyable, se sont tellement relevés, et ont accompli de si grandes actions, comment
ne dois-tu pas t'attendre à réaliser facilement ce que je viens
de dire, toi qui as une si noble origine, qui règnes sur la
Macédoine et qui possèdes tant de sujets.

68 Examine comme il vaut la peine d'entreprendre de tels
travaux : si tu y réussis, tu rivaliseras de gloire avec les plus
grands ; si tu n'atteins pas ce que tu espères, tout au moins
acquerras-tu la sympathie des Grecs ; et il est bien plus beau
de l'obtenir que de prendre de force beaucoup de villes grecques (75). De telles actions provoquent la malveillance, l'hostilité et bien des accusations ; à ce que je t'ai conseillé, rien

---

nité grecque et de lutte contre les Barbares ; cf. *Lettre I*. Isocrate le cite déjà
comme exemple dans l'*Archidamos* 44-45.

(72) Denys passait pour le fils d'un ânier.

(73) Plus de 400 vaisseaux (Diodore XIV 42 ; XVI 9, 2) ; de 20.000 à 80.000
hommes suivant les circonstances (110.000 même selon Diodore).

(74) Cf. § 132 ; IX 38. Hérodote (I 108-113) raconte une légende un peu dif-
férente et reconnaît d'ailleurs que sur Cyrus il y avait quatre traditions
diverses (I, 95).

(75) L'idée, déjà exprimée dans la *Lettre IX* (*A Archidamos*) 5, est reprise
au § 140 et (presque avec les mêmes expressions) dans la *Lettre II* 21. Elle
se trouvait déjà dans le discours *Sur l'Echange* 122 (à propos de Timothée) :
τὴν εὔνοιαν τὴν τῶν ἄλλων προσήγετο, νομίζων τοῦτο στρατήγημα μεῖζον εἶναι καὶ
κάλλιον ἢ πολλὰς πόλεις ἑλεῖν καὶ πολλάκις νικῆσαι μαχόμενος. Cf. Voiture, lettre
du 24 décembre 1636 (éd. Ubicini I, p. 267) connue sous le nom d'*Apologie
de Richelieu* : « Il voit qu'il n'y a pas tant de sujet de louange à étendre de
cent lieues les bornes d'un royaume qu'à diminuer un sol de la taille, et
qu'il y a moins de gloire à défaire cent mille hommes qu'à en mettre vingt
millions à leur aise et en sûreté ».

de tel ne s'attache. Si quelque dieu te donnait de choisir à
quoi tu souhaiterais travailler et consacrer toute ta vie, tu ne
choisirais pas d'autre occupation que celle-ci, si du moins tu
me consultais. **69** Non seulement en effet les autres devront
t'envier, mais tu te féliciteras toi-même de ton bonheur.
Qu'est-ce en effet qui pourrait le surpasser, quand tu verras
venir en ambassade dans ton royaume les plus illustres citoyens des plus grands Etats ; quand tu discuteras avec eux
sur le salut de la Grèce (dont on ne connaîtra personne qui se
soit plus occupé que toi) ; **70** quand tu sauras que toute la
Grèce est anxieuse de ce que tu proposes et que nul n'est
indifférent à ce qui se décide près de toi, les uns demandant où
en sont les affaires, les autres souhaitant que tu atteignes
tout ce que tu désires, les autres craignant qu'il ne t'arrive
quelque accident avant que tu aies achevé ce que tu fais ?
71 Cela étant, comment n'aurais-tu pas raison d'être fier ?
Comment ne passerais-tu pas ta vie dans la joie, avec la certi-
tude que tu présides à de si grandes choses ? Qui, même parmi
ceux qui n'ont qu'une intelligence moyenne, ne te conseillerait
pas de choisir de préférence les actions qui peuvent produire
pour ainsi dire deux sortes de fruits à la fois, des plaisirs
dépassant tous les autres et des honneurs ineffaçables ?

72 Ce que je viens de dire sur ce sujet, me suffirait, si je
n'avais laissé de côté un point, non par inadvertance, mais
parce que j'hésitais à en parler. Je crois bon de l'exposer
maintenant (76), car à mon avis, tu as avantage à le connaître et il convient que je compose mon discours avec la franchise qui m'est coutumière.

73 Je m'aperçois que tu es calomnié par des gens qui te
jalousent, qui ont l'habitude de porter le trouble dans leurs
patries, et qui pensent que la paix, qui sert à tous les autres
également, est une guerre dirigée contre leurs intérêts particuliers (77). Négligeant tout le reste, ils disent de ta puis-

---

(76) Isocrate, après le tableau très vif qu'il a fait dans les phrases qui
précèdent, semble annoncer un second discours où il va parler à Philippe
de ses devoirs envers la Grèce (et non plus de l'intérêt qu'il a à y intervenir.

(77) L'idée est reprise dans la *Lettre de Philippe* insérée dans le recueil démosthénien (XII, 19) : φασὶ γὰρ οἱ τῆς πολιτείας τῆς παρ' ὑμῖν ἔμπειροι τὴν μὲν εἰρήνην πόλεμον αὐτοῖς εἶναι, τὸν δὲ πόλεμον εἰρήνην. (Sur l'origine de cette lettre, voir

sance qu'elle grandit non pour la Grèce, mais contre elle ; que depuis longtemps tu prépares des plans contre nous tous ; **74** que, si tu te dis prêt à secourir les Messéniens (78) quand tu auras réglé les affaires des Phocidiens, en fait tu vas te soumettre le Péloponnèse ; que tu disposes des Thessaliens, des Thébains et de tous les membres de l'Amphictyonie (79) qui sont prêts à te suivre, des Argiens, des Messéniens, des Mégalopolitains (80) et de beaucoup d'autres qui sont prêts à combattre à tes côtés et à abattre les Lacédémoniens ; que, lorsque tu auras fait cela, tu commanderas facilement aux autres Grecs. **75** En disant ces niaiseries, en prétendant tout savoir et en soumettant rapidement tout en paroles, ils persuadent bien des gens, d'abord et surtout ceux qui souhaitent les mêmes malheurs que ceux qui répandent ces bruits, ensuite ceux qui, au lieu de raisonner sur la politique générale, restent complètement insensés et sont bien reconnaissants à ceux qui affectent de craindre et de trembler pour eux ; enfin ceux qui ne jugent pas indigne de croire que tu prépares des plans contre les Grecs et qui croient que l'on doit rechercher cette accusation (81). **76** Ces derniers ont si peu de jugement qu'ils ne savent pas qu'avec le même discours on pourrait nuire aux uns et servir les autres. Par exemple maintenant celui qui dirait que le souverain de l'Asie (82) prépare des plans con-

---

l'*Introduction* IV). L'expression d'Isocrate est citée par Aristote, *Rhétorique* 1410 b 29.

(78) Philippe intervint réellement en faveur des Messéniens entre 346 et 344 (cf. Démosthène, VI, *Seconde Philippique*, 13). En raillant ainsi les plans attribués à Philippe par le parti démosthénien, Isocrate l'avertit en même temps de l'hostilité qu'il soulèvera s'il tente de les exécuter.

(79) Sur les Thessaliens, cf. § 20. Les Béotiens et les autres membres de l'amphictyonie de Delphes étaient favorables à Philippe en raison de son hostilité contre les Phocidiens (niée par les partisans de la Macédoine à Athènes, mais déjà manifestée en 353 quand Philippe avait battu Onomarkhos près d'Halos. Cf. Diodore XVI 35, 4-6).

(80) Cf. Démosthène, V, *Sur la Paix* 18, où les trois mêmes peuples sont cités comme hostiles à Sparte et à Athènes, donc comme favorables à Philippe (le discours date de la fin de 346).

(81) Ici nous avons une analyse très fine, bien que partiale, des différents groupes entre lesquels se divise le public athénien : partisans de Démosthène (les premiers visés et les plus attaqués), indifférents se laissant entraîner par le parti le plus remuant, partisans déclarés de la Macédoine.

(82) L'expression qu'emploie Isocrate (τὸν τῆς 'Ασίας βασιλέα, au lieu de βασιλέα qui est plus usuel quand on parle du roi de Perse) est emphatique et employée ironiquement. Cf. [Lysias], *Oraison funèbre* 27.

tre les Grecs et qu'il est tout prêt à marcher contre nous (83), celui-là ne le calomnierait pas, mais il le ferait paraître trop énergique et trop important. Mais en lançant cette accusation contre un descendant d'Heraclès qui a été le bienfaiteur de toute la Grèce (84), il lui infligerait la plus grande des hontes. **77** Qui en effet ne s'irriterait pas et ne serait pas plein de haine si le descendant d'Héraclès se montrait l'ennemi de ceux pour qui son ancêtre a voulu s'exposer, s'il ne s'efforçait pas de conserver la sympathie qu'Héraclès a léguée à ses descendants et si, négligeant cela, il aspirait à des actions blâmables et criminelles (85)?

78 Il te faut réfléchir à cela et ne pas dédaigner ce bruit qui grandit autour de toi: tes ennemis cherchent à t'en accabler et chacun de tes amis voudrait y répondre pour te défendre. Or en ce qui concerne tes intérêts, c'est d'après les pensées de tes amis et de tes ennemis que tu pourras le mieux voir la vérité.

79 Peut-être crois-tu qu'il est d'une âme faible de se soucier de ceux qui te dénigrent sottement et de ceux qui les écoutent, et cela surtout quand tu as conscience de ne commettre aucune faute. Mais il ne faut pas mépriser la foule ni dédaigner l'estime générale (86); il faut juger que ta gloire sera belle et grande et digne de toi, de tes ancêtres et de vos exploits, **80** lorsque tu auras inspiré aux Grecs les sentiments que tu vois chez les Lacédémoniens pour leurs rois (87) et chez tes compagnons pour toi-même. Il ne t'est pas difficile d'y arriver, si tu veux bien être impartial pour tous, si

---

(83) Allusion à l'émotion qui s'empara de la Grèce et spécialement d'Athènes en 354 à la nouvelle des armements d'Artaxerxès III Okhos, dirigés en réalité contre l'Egypte et Chypre (cf. Démosthène, IX, *Sur les Symmories*, notamment 12 et 14).

(84) Cf. le même thème développé aux § 109-112.

(85) Isocrate prend ici un ton de plus en plus pressant qui prouve bien que sa prétendue défense de Philippe contre des accusations calomnieuses est un conseil détourné adressé au roi dont les projets ne le rassurent qu'à demi.

(86) L'orateur se rend compte que Philippe doit ménager l'opinion athénienne qui lui reste peu favorable : quelques semaines plus tard, la paix sera sur le point d'être rompue quand Philippe demandera aux Athéniens de reconnaître sa qualité d'Amphictyon (cf. Démosthène, VI, *Sur la Paix*, surtout 24-25 et XIX, *Sur l'Ambassade*, 113).

(87) Cf. VIII, *Sur la Paix*, 143 et *Lettre II* 6.

tu cesses d'être aimable pour certains Etats et en conflit avec d'autres; si en outre tu te décides aux actes qui inspireront de la confiance aux Grecs et de la crainte aux Barbares.

81 Ne t'étonne pas (comme je l'ai écrit à Denys (88) quand il occupait la tyrannie) si, n'étant ni stratège ni orateur ni en rien homme de gouvernement, je te parle avec plus de courage que les autres. Je suis de tous les citoyens le moins doué pour la politique (89); car je n'ai eu ni la voix suffisante ni l'audace de me mêler à la foule, de me salir, d'injurier (90) ceux qui se bousculent à la tribune. **82** Mais je revendique mes qualités d'intelligence et de bonne éducation, dût-on trouver cette expression déplacée; et je me placerais non parmi ceux qui en cela sont inférieurs aux autres, mais parmi ceux qui les dépassent. C'est pourquoi j'entreprends de conseiller, de la façon que la nature m'a permise, ma patrie, les Grecs et les hommes les plus illustres.

83 Sur ce qui me concerne et sur ce que tu dois faire à l'égard des Grecs, tu as à peu près tout appris. Sur ce qui touche l'expédition d'Asie, nous donnerons aux Etats (91) que je te disais de réconcilier des conseils sur la façon de faire la guerre aux Barbares, quand nous les verrons d'accord; et c'est à toi seul que je m'adresserai maintenant. Mais je ne suis pas dans le même état d'esprit qu'à l'âge où j'écrivais sur le même sujet. **84** Alors j'engageais ceux qui allaient m'entendre à rire de moi (92) et à me mépriser si je ne leur montrais pas un discours qui fût digne du sujet, de ma réputation et du temps que j'avais passé à le composer; maintenant je crains

---

(88) Cf. *Lettre I* 9 (de peu antérieure à 367).

(89) Cf. XII, *Panathénaïque* 10 ; *Lettre VIII* 7 (qui date environ de 350). Isocrate n'a jamais pu se consoler de n'être pas un véritable orateur (cf. XV, *Sur l'Echange,* 185-189).

(90) Cf. *Lettre de Philippe* (dans le recueil démosthénien) 19 : τῶν ἔξωθεν τοῖς ἐνδοξοτάτοις λοιδορουμένους ἐπὶ τοῦ βήματος.

(91) Isocrate projette peut-être déjà de composer un discours destiné aux grands Etats grecs ; de 342 à 339, il s'occupera de réaliser (en partie seulement) ce plan, en ce qui concerne Athènes et Sparte, par la composition du *Panathénaïque*.

(92) Isocrate reprend ici textuellement les expressions qu'il employait en 380 dans le *Panégyrique* (§ 14) ; il avait travaillé au *Panégyrique* pendant de longues années ; dix selon les uns (Lysias, fragment 280 ; [Plutarque], *Vie des Dix orateurs* 837 F ; Photios, *Bibliothèque* 260), quinze selon les autres (*Vie des Dix orateurs* 837 F ; Photios).

9

que mes paroles ne soient bien indignes de tout cela. En effet, entre autres choses, le *Discours Panégyrique*, qui a donné plus de ressources (93) à tous ceux qui s'occupent de culture littéraire, m'a mis dans un grand embarras ; car je ne veux pas répéter ce que j'y ai dit et je ne puis chercher encore des idées nouvelles. **85** Cependant il ne faut pas s'abandonner ; il faut dire, sur le sujet que j'ai choisi, ce qui se présentera et pourra te persuader d'agir dans ce sens. S'il me manque quelque chose et que je ne puisse écrire aussi bien que dans mes ouvrages précédemment publiés, je crois du moins que j'esquisserai assez bien ce que d'autres (94) pourront se donner la peine de terminer.

86 Je crois avoir commencé l'ensemble de mon discours comme il convient (95) à ceux qui conseillent de faire une expédition en Asie. En effet nul ne doit agir avant de posséder soit le concours des Grecs, soit leur sympathie pour ses projets. C'est à quoi Agésilas (96), qui passait pour le plus sage des Lacédémoniens, a prêté trop peu d'attention, non par défaut d'habileté, mais par ambition. **87** Il eut en effet deux projets, beaux tous deux, mais contraires l'un à l'autre et impossibles à réaliser en même temps : il avait décidé de faire la guerre au Grand Roi (97) et de ramener ses amis (98) dans leurs villes en leur donnant le pouvoir. Il arriva donc que son activité en faveur de ses amis mit les Grecs dans le malheur et le danger, et que le trouble provoqué chez nous

---

(93) Cf. § 11, 94 ; *Sur l'Echange* 74 ; *Lettre VI* (Aux fils de Jason) 7 (écrite vers 359 ou 358).

(94) Nous connaissons au moins une autre *Lettre à Philippe*, écrite après le discours d'Isocrate : celle que Théopompe adressa entre 346 et 341 au roi de Macédoine et dont Didymos nous a conservé un fragment (cf. Foucart, *Etude sur Didymos*, p. 104-107). Un autre fragment se trouve sans doute dans Théon d'Alexandrie, *Progymnasmata*, 8 (Théopompe, fragment 285).

(95) Cf. *Panégyrique* 15 et suivants.

(96) La même appréciation du rôle d'Agésilas se retrouve à peu près dans les mêmes termes dans la *Lettre IX* 11-14, adressée à son fils Archidamos en 356.

(97) Au printemps de 396, Agésilas (roi depuis 400) passa en Asie pour continuer la guerre commencée par Thibron en 400.

(98) Il s'agit réellement des aristocrates des villes grecques d'Asie (cf. Xénophon, *Helléniques* III 4, 7 ; Plutarque, *Agésilas* XV 1) ; mais Isocrate, qui veut conseiller la prudence à Philippe, emploie une expression qui peut s'entendre de la Grèce propre (où *Lysandre* avait tenté entre 403 et 400 d'établir les *décarchies* oligarchiques ; cf. § 95).

lui enleva le loisir et le pouvoir de faire la guerre aux barbares. **88** Aussi, d'après les erreurs (99) commises à ce moment là, est-il facile de reconnaître que ceux qui ont un plan raisonné, ne doivent pas porter la guerre contre le Grand Roi avant que l'on n'ait réconcilié les Grecs et fait cesser la folie qui les possède maintenant. Et c'est ce que nous t'avons conseillé.

89 Sur ce point personne de sensé n'oserait me contredire, mais je crois que si d'autres voulaient donner des conseils touchant l'expédition d'Asie, voici comment ils t'encourageraient : ils diraient que tous ceux qui ont entrepris de faire guerre au grand Roi, sont devenus d'inconnus illustres (100), de pauvres riches, de faibles maîtres de beaucoup de pays et de villes. **90** Je ne vais pas t'encourager ainsi, mais en parlant de ceux qui passent pour avoir échoué, je veux dire de ceux qui sont partis en expédition avec Cyrus (101) et Cléarkhos. Tout le monde reconnaît qu'ils ont remporté sur les troupes du Grand Roi une aussi grande victoire que s'ils avaient combattu contre leurs femmes, et qu'au moment où ils semblaient déjà maîtres de la situation, ils ont échoué à cause de la témérité de Cyrus. Celui-ci en effet, transporté par la joie (102) et se lançant à la poursuite bien en avant des autres, fut entouré par les ennemis et succomba. **91** Cependant après un tel malheur survenu aux Grecs, le Grand Roi méprisa tant les troupes qui l'entouraient, qu'il invita Cléarkhos et les autres chefs à une conférence ; il leur promit pour eux de grands présents, pour les autres soldats le renvoi après paiement de la solde entière, il les attira par de tels espoirs, leur donna les garanties les plus grandes de celles qui sont en usage là-bas, et il les fit ensuite arrêter et mettre à mort : ainsi il aima mieux commettre une faute à l'égard des dieux que combattre des soldats si isolés (103). **92** Aussi

---

(99) Cette conclusion est textuellement tirée de la *Lettre IX* 14.

(100) Peut-être était-ce l'argument développé par Théopompe en faisant le portrait d'Hermias d'Atarnes dans sa *Lettre à Philippe* (cf. Foucart, *Etude sur Didymos*, p. 105).

(101) Les Dix-Mille, dont Isocrate a déjà parlé dans le *Panégyrique* 145-146 et auxquels il sera fait de nouveau une brève allusion dans le *Panathénaïque* 104.

(102) Cf. *Lettre II* 7-8 et Xénophon, *Anabase* I, 8, 21-29.

(103) Ici Isocrate donne sur la mort des généraux grecs plus de détails que

peut-il y avoir un encouragement plus beau et plus sûr ? On voit que ces Grecs auraient conquis l'empire du Roi sans la faute de Cyrus, qu'il ne t'est pas difficile de te garder du malheur (104) que l'on subit alors, et que tu peux facilement préparer une armée bien plus forte que celle qui vainquit les troupes du Roi. Avec ces deux avantages, comment ne pas avoir confiance pendant le cours de cette expédition ?

93 Que personne n'aille croire que je cherche à cacher que j'expose certaines de ces idées de la même façon qu'autrefois (105). Car, m'occupant du même sujet, j'ai résolu de ne pas me donner la peine de chercher à dire autrement ce que j'ai déjà bien démontré. Si en effet je faisais un discours d'apparat, je chercherais à éviter toutes ces répétitions ; **94** mais, te conseillant, je serais fou si je consacrais plus de temps à l'expression qu'aux faits, et également si, voyant les autres se servir de mes idées (106), j'étais le seul à ne pas employer ce que j'ai déjà dit. Donc, le cas échéant, je pourrai me servir de ce qui m'appartient, si c'est tout à fait nécessaire et convenable ; mais je n'emprunterai rien aux autres, non plus que je l'ai fait dans le passé (107).

95 Cela étant dit, je pense qu'il me faut maintenant parler des moyens d'action (108) que tu posséderas et de ceux qu'avaient les compagnons de Cléarkhos. Ce qui est le plus important, tu auras la sympathie des Grecs, si du moins tu veux bien tenir compte de ce que j'ai dit à leur sujet ; eux, à cause des décarchies (109) établies par les Lacédémoniens,

---

dans le *Panégyrique* 146-147 ; il ne distingue d'ailleurs pas les négociations avec le roi (Xénophon, *Anabase* II 1, 7-14 ; Diodore XIV 26) de celles qui furent menées avec Tissapherne et interrompues par l'assassinat des généraux (Xénophon, *Anabase* II 5, 1-30). En rapprochant ces détails de la mention de Cyrus l'Ancien (§ 66), on pourrait voir une preuve de l'intérêt excité par les œuvres de Xénophon (mais les différences interdisent de supposer une influence directe de Xénophon).

(104) Un conseil semblable sera l'occasion de l'envoi de la *Lettre II* en 344 (cf. *Lettre II*, 1-12).

(105) Dans le *Panégyrique* 145-147 en ce qui concerne les Dix-Mille, et surtout dans la *Lettre IX* (A Archidamos) 11-14 en ce qui touche à Agésilas.

(106) Cf. § 11, 84 ; XV 74 ; *Lettre VI* 7.

(107) Isocrate revendique ici l'originalité de ses idées politiques, sans doute pour répondre à ceux qui déjà en voulaient trouver l'origine dans les *discours Olympiques* de Gorgias et de Lysias ; cf. aussi § 12 et note 11.

(108) Isocrate insiste d'autant plus sur ce point qu'il tient à montrer l'intérêt pratique de son discours.

(109) Cyrus le jeune avait bien soutenu Lysandre dans son institution des

leur inspiraient la plus grande haine. Les Grecs pensaient en effet que si Cyrus et Cléarkhos réussissaient, leur esclavage serait encore plus dur et qu'en cas de victoire du Roi ils seraient délivrés de leurs maux ; ce qui précisément arriva. **96** En outre tu trouveras tout prêts autant de soldats que tu voudras, car la situation de la Grèce est telle qu'il est plus facile de constituer une armée plus grande et plus forte avec les gens sans domicile qu'avec les habitants des villes. Dans ce temps-là, il n'y avait pas de troupe de mercenaires ; aussi ceux qui étaient forcés d'aller chercher des mercenaires dans les villes, dépensaient plus pour les présents donnés aux recruteurs que pour la solde des troupes. **97** De plus si nous voulons examiner et comparer avec toi qui vas conduire l'expédition et décider de tout, Cléarkhos qui alors dirigeait cette entreprise, nous verrons qu'il n'avait jamais commandé auparavant aucune force navale ou terrestre (110) et que c'est son malheur sur le continent qui a fait connaître son nom, **98** tandis que tu as accompli une foule de grands exploits qu'il serait beau d'exposer si j'adressais mon discours à d'autres ; mais te parlant, si j'énumérais tes actions, je paraîtrais à juste titre à la fois insensé et indiscret.

99 Il importe aussi de parler des deux Rois, de celui contre qui je te conseille de marcher et de celui contre qui Cléarkhos a combattu ; afin que tu connaisses le caractère et la puissance de chacun d'eux. Le père du Roi actuel a vaincu notre

---

décarchies (comités oligarchiques) ; mais en 401 l'influence de Lysandre diminuait à Sparte (en 403, le roi Pausanias l'avait évincé pour le réglement de la lutte des partis à Athènes ; cf. Aristote, *Constitution d'Athènes* XXXVIII 3-4 ; Xénophon, *Hellénique* II 4, 27-39) ; d'autre part les Grecs ne se prononcèrent sérieusement contre Sparte qu'en 395. Isocrate, en résumant les événements, arrive à présenter comme une conséquence de la bataille de Cunaxa (septembre 401) la libération d'une partie de la Grèce qui résulta de la bataille de Cnide (août 394).

(110) En fait Cléarkhos avait été deux fois harmoste à Byzance (Xénophon, *Helléniques* I 1, 35-36 ; 2, 15-22 ; Diodore XIV 12) ; mais dans l'*Anabase* (I 1, 9 ; II 6, 2-4) Xénophon n'insiste pas non plus sur ce point, les deux auteurs voulant sans doute éviter de signaler que Cléarkhos s'était révolté contre Sparte.

(111) Réellement c'est sous le règne de Darios II Nothos et sous l'influence de Cyrus le jeune que la Perse avait pris parti nettement contre Athènes ; et lors de l'avènement d'Artaxerxès II Mnémon (404), la guerre venait de finir. Mais Isocrate, pour renforcer son opposition entre Artaxerxès Mnémon et Artaxerxès Okhos, exagère ici la puissance du premier, qu'il diminuait au contraire dans le *Panégyrique* (notamment 138-143).

ville (111) et ensuite celle des Lacédémoniens (112) ; celui-ci ne l'a jamais emporté sur aucune des armées qui dévastaient son pays. **100** Ensuite le premier reçut des Grecs par un traité toute l'Asie (113) ; celui-ci est si loin de commander aux autres qu'il n'exerce même pas son pouvoir sur les villes qui lui ont été livrées. Aussi chacun se demande-t-il s'il faut croire que le Roi a renoncé à ces villes par lâcheté ou si elles ont dédaigné et méprisé la domination des barbares.

101 De plus, en apprenant quelle est la situation du pays, qui ne serait encouragé à combattre contre le Grand Roi ? Au temps de Cléarkhos, l'Egypte était bien révoltée contre lui (114) ; mais les habitants craignaient que le Roi en personne ne fît une expédition contre eux et ne triomphât des difficultés causées par le fleuve et de tous leurs préparatifs. Mais maintenant il leur a enlevé cette crainte, car après avoir préparé une armée aussi nombreuse qu'il le pouvait et être parti en expédition contre eux, il est revenu de là bas, (115) non seulement vaincu, mais couvert de ridicule (116) et ne semblant digne ni de régner ni de commander une armée. **102** En outre les régions de Chypre, de Phénicie, de Cilicie (117) et de tout ce pays d'où les Perses tiraient leur flotte, appartenaient alors au grand Roi ; maintenant ou bien elles l'ont abandonné ou bien elles sont en proie à la guerre et à de tels malheurs qu'il ne peut rien tirer d'utile de ces peuples et que cela te sera profitable si tu veux le combattre. **103** Enfin Idrieus (118), le mieux pourvu de tous les princes du continent,

---

(112) Par la bataille de Cnide (août 394).

(113) En 386 par le traité d'Antalkidas (cf. *Panégyrique* 175; Xénophon, *Helléniques* V 1, 31 : Ἀρταξέρξης βασιλεὺς νομίζει δίκαιον τὰς μὲν ἐν τῇ Ἀσίᾳ πόλεις ἑαυτοῦ εἶναι καὶ τῶν νήσων Κλαζομενὰς καὶ Κύπρον.....).

(114) La flotte de Cyrus se réfugia en Egypte et grossit les forces de PsammÉnit (cf. Diodore XIV 35). Vers 390, Artaxerxès tenta vainement de soumettre Hakorìs (cf. *Panégyrique*, 140).

(115) Les préparatifs de l'expédition avaient commencé vers 354 (cf. Démosthène, IX, *Sur les symmories*, 12 et 14). L'expédition eut lieu en 354 et échoua (cf. Diodore, XVI 40, 3 et 48 ; Théopompe, fragment 125).

(116) Cf. le calembour fait par les Egyptiens sur le nom d'Okhos, selon Elien, *Histoire variée*, IV 8, 4 (Ὦχος, ὄνος).

(117) Okhos venait de soumettre à nouveau ces provinces, révoltées depuis l'échec de l'expédition d'Egypte; mais la lutte avait été dure et Sidon avait été complètement détruite (en 348 au plus tard ; cf. Diodore XVI 45, 1-4).

(118) Idrieus, fils d'Hécatomnos, avait succédé à son frère Mausole en 353, en partageant peut-être un moment le pouvoir avec Artémise (cf. Diodore

doit sans doute être plus hostile à la puissance royale que ceux-mêmes qui lui font la guerre. Ou bien il serait le dernier des misérables s'il ne voulait pas voir détruite cette puissance qui a supplicié son frère et l'a attaqué lui-même, qui ne cesse de lui tendre des pièges, et de vouloir se rendre maîtresse de sa personne et de tous ses biens. **104** C'est par crainte qu'il est maintenant forcé de servir le Roi et de lui envoyer chaque année beaucoup d'argent (119). Mais si tu passais sur le continent, Idrieus le verrait avec plaisir en pensant que tu viens à son secours ; et tu détacheras du Roi beaucoup d'autres satrapes (120), si tu leur promets la liberté et si tu répands en Asie ce mot qui, jeté parmi les Grecs, a abattu notre empire et celui des Lacédémoniens. **105** J'entreprendrais de te dire encore plus longuement par quelle méthode de guerre tu pourrais l'emporter rapidement sur les forces du Roi ; mais je crains que l'on ne me fasse des reproches si, moi qui ne me suis jamais occupé d'affaires militaires, j'osais te donner des conseils, à toi qui as accompli à la guerre tant de grandes actions. Aussi crois-je ne rien devoir dire de plus sur cette question.

Sur les autres points, je pense que ton père, que celui qui a fondé votre dynastie, que l'auteur de votre race (si les lois divines le permettaient à ce dernier et si les autres en avaient la faculté) te donneraient les mêmes conseils que moi. **106** Je le conjecture d'après ce qu'ils ont fait. Car ton père (121) a été en bons rapports avec les villes, avec toutes les villes auxquelles je te recommande de faire attention. Celui qui a fondé

XVI, 36, 42, 45 ; Ch. Michel, *Recueil d'inscriptions grecques*, n° 804), puis avec sa sœur et femme Ada. Nous ne connaissons pas de faits qui prouvent son hostilité à la Perse : en 350, il avait aidé à la reprise de Chypre (cf. Diodore XVI, 42, 5) et Mausole semble n'avoir nullement souffert de son attitude indépendante au début du règne d'Okhos. Mais Idrieus put avoir peu après des rapports avec Philippe par l'intermédiaire de Delphes où entre 346 et 344 (cf. Homolle, *Bulletin de correspondance hellénique*, 1899, p. 383-385) les Milésiens lui élevèrent une statue.

(119) Le tribut de Carie était alors de 200 à 300 talents (Cavaignac, *Histoire de l'Antiquité*, II, p. 327).

(120) Isocrate suppose que les satrapes d'Asie Mineure chercheront à se rendre indépendants, comme l'avaient tenté leurs prédécesseurs entre 370 et 360 (l'un d'eux, Orontès, s'était encore révolté en Eolide en 347).

(121) Sur les rapports d'Amyntas et d'Athènes et Lacédémone, cf. surtout [Démosthène], VII, *Sur l'Halonnèse*, 11 ; Eschine, II, *Sur l'Ambassade*, 26 et scholies ; Ch. Michel, *Recueil d'inscriptions grecques*, Supplément, n° 1451).

votre empire (122) eut une ambition plus haute que ses concitoyens et aspira à la monarchie ; mais il n'a pas formé les
mêmes projets que ceux qui étaient portés à de tels désirs.
107 Ceux-ci en effet acquéraient cette dignité en suscitant
dans leurs villes des partis, des troubles et des massacres. Pour
lui, il laissa entièrement de côté les régions grecques et désira
établir la royauté en Macédoine. C'est qu'il savait que les Grecs
n'ont pas l'habitude de supporter la Monarchie, tandis que
les autres peuples (123) ne peuvent pas régler leur vie sans ce
genre de domination. **108** Or il en résulta que parce qu'il
avait sur ce point des idées personnelles, sa royauté aussi
différa beaucoup de celle des autres ; ayant été le seul Grec
à vouloir règner sur une race étrangère, il fut aussi le seul à
échapper aux périls de la monarchie. Car nous pouvons voir
que ceux qui ont agi ainsi en Grèce, ont péri (124) et que même
leur famille a disparu du monde, tandis que ton ancêtre a
passé sa vie dans le bonheur et a transmis à sa famille les
mêmes honneurs qu'il possédait.

109 Pour ce qu'il est d'Héraclès, les autres ne cessent de
célébrer son courage et de dénombrer ses travaux, mais on
ne voit aucun poète ni aucun prosateur qui ait jamais fait
mention des qualités de son âme. Pour moi je vois un champ
qui m'appartient en propre et où nul n'a travaillé ; qui, loin
d'être petit ou stérile, abonde en sujets d'éloges et en belles
actions et qui réclame un homme capable de les traiter digne-
ment (125). **110** Si j'avais été plus jeune quand je l'ai ren-

---

(122) Caranos, qui passait pour l'ancêtre véritablement macédonien des
Argéades, avait été rattaché à Argos par les généalogistes qui faisaient des
rois de Macédoine des Héraclides (cf. Théopompe, fragment 30 ; Satyros,
fragment 21 ; Porphyre de Tyr, fragment 1, qui donne les plus longs détails
sur l'établissement de Caranos en Macédoine).

(123) La famille royale de Macédoine est considérée comme d'origine hellénique ; mais Isocrate juge (sans le dire nettement) que les Macédoniens
sont des barbares, ce qui lui permet de concilier sa sympathie pour Philippe
avec ses déclarations démocratiques (d'ailleurs moins nettes dans le *Philippe*
que dans les autres discours). De son côté le parti démosthénien refuse,
même aux prétendus Héraclides de Macédoine, la qualité de Grecs (cf. Démosthène II 16 ; IX 31).

(124) L'exemple le plus récent était celui d'Alexandre de Phères, assassiné
en 358 (cf. Xénophon, *Helléniques* VI 4, 35-37 ; Plutarque, *Pélopidas*, 35, 4-8).

(125) Isocrate indique brièvement comment on pourrait composer un *Héraclès*, suivant la méthode qu'il avait appliquée dans l'*Hélène* et le *Busiris*. Il
a peut-être songé à critiquer (injustement, semble-t-il) l'*Héraclès* d'Antisthène dont le *Cyrus* a pu lui fournir la légende rappelée au § 66.

contré, j'aurais facilement montré que votre ancêtre l'a emporté sur tous ses prédécesseurs par son intelligence, sa noble ambition et sa justice, plus encore que par la force corporelle. Mais maintenant en y parvenant et en voyant tout ce que l'on en peut dire, je me suis plaint du peu de forces qui me restait et j'ai compris que mon discours deviendrait double de celui qu'on te lit maintenant. C'est pourquoi j'ai laissé de côté les autres points, et je n'ai choisi qu'une action (126) qui se rattachait et se rapportait à ce que j'ai déjà dit, et qui avait lieu dans des circonstances tout à fait concordantes avec celles dont je te parle maintenant.

111 Héraclès voyant la Grèce remplie de guerres, de dissensions et de bien d'autres maux, les fit cesser, réconcilia les Etats et indiqua aux générations suivantes avec quels alliés il convient et contre quels ennemis on doit faire la guerre (127) Il fit une expédition contre Troie, qui était alors la plus grande puissance d'Asie ; et ses qualités de chef furent d'autant supérieures à celles des chefs qui firent plus tard la même guerre, **112** que ceux-ci, avec l'aide des Grecs et après dix ans, prirent Troie à grand peine (128) et qu'Héraclès, en bien moins de dix jours et avec quelques compagnons seulement, l'enleva facilement de vive force. Ensuite il mit à mort tous les rois (129) des peuplades qui habitaient au

---

(126) Ici, comme au § 85, Isocrate ne prétend sur un point de détail que donner à ses disciples une esquisse qu'ils se chargeront ensuite de compléter (cf. § 16 : περιβολὴ ; 85 : ὑπογράφειν).

(127) La guerre faite par Héraclès contre Laomédon devient le modèle de toute lutte des Grecs contre les barbares d'Asie. Hérodote donne la même valeur à la seconde guerre de Troie, celle que célèbrent les poèmes homériques (cf. Hérodote I 5).

(128) La guerre de Troie sert aussi de terme de comparaison pour rehausser la gloire des Athéniens (*Panégyrique* 83 et 186) et celle d'Evagoras (*Evagoras* 65) ; ce thème est passé à Hypéride qui s'en sert pour vanter les morts de la guerre lamiaque (cf. Hypéride, *Oraison funèbre* 35-36) et au pseudo-Démosthène qui avoue l'emprunt (προείρηται μὲν ὃ μέλλω λέγειν ὑπ' ἄλλων πρότερον) et célèbre ainsi la gloire des Athéniens du temps des guerres médiques (cf. [Démosthène] *Oraison funèbre* 10). La même comparaison est attribuée à Périclès lors de la prise de Samos (cf. Ion de Chios, dans Plutarque, *Périclès*, XXVIII, 7).

(129) Puisqu'Héraclès est donné comme modèle à Philippe (cf. § 115), il ne s'agit que de rois barbares : en Thrace, Diomède (*Bibliothèque d'Apollodore* II 5, 8) ; en Asie, Mygdon, l'Amazone Hippolyté, Sarpédon (*ibid*. II 5, 9) ; en Occident, Géryon, Eryx (*ibid*. II 5, 10) ; en Egypte, Busiris (*ibid*. II 5, 11, Isocrate, *Busiris* 36, nie le fait ; mais on le voit ailleurs traiter deux formes contradictoires d'une même légende ; cf. par exemple la légende des Epigo-

bord de la mer sur les deux continents et il n'eût pu les tuer s'il n'avait pas abattu aussi leur puissance. Après ces exploits, il établit les colonnes d'Héraclès, trophée élevé sur les Barbares, souvenir de ses vertus et des dangers qu'il avait courus, limites (130) fixées au territoire grec.

113 Si je t'ai exposé tout cela, c'est pour te faire reconnaître que mon discours t'appelle à des exploits que dans leurs actes tes ancêtres ont choisis ouvertement comme les plus beaux. Il faut que tous les gens intelligents prennent comme guide le héros le plus grand et cherchent à lui ressembler ; et cela te convient particulièrement. En effet, puisque tu n'as pas à te servir d'exemples étrangers et puisque tu en possèdes un dans ta maison (131), n'est-il pas raisonnable que cet exemple t'emplisse de l'ardeur et de l'ambition de te rendre semblable à ton ancêtre (132) ? **114** Je ne dis pas que tu pourras imiter tous les exploits d'Héraclès (certains même des Dieux ne le pourraient pas) ; mais du moins, pour ce qui touche à son caractère, à son amour des hommes, au dévouement qu'il avait pour les Grecs, tu pourrais prendre des résolutions semblables aux siennes. Et en écoutant ce que je te dis, tu peux obtenir la gloire que tu voudras : **115** car il est plus facile, en partant de ta situation présente, d'obtenir la plus belle renommée que de monter, de l'état dont tu avais hérité, à ton point actuel de gloire (133). Remarque en outre que je t'invite à des actions, grâce auxquelles tu feras tes expéditions, non pas allié aux barbares contre ceux que la justice te défend d'attaquer, mais allié aux Grecs contre ceux qu'il convient aux descendants d'Héraclès de combattre.

116 Ne va pas t'étonner que dans tout mon discours je cherche à te pousser à rendre service aux Grecs et à faire

---

nes dans le *Panégyrique* 58 et 64, le *Plataïque* 53 et l'*Hélène* 31 d'une part, et dans le *Panathénaïque* 171-174 de l'autre).

(130) Cette expression d'Isocrate rappelle l'intérêt qu'il a porté à Denys de Syracuse et montre qu'il a songé à adapter à son projet « pantellénique » les plans athéniens de la seconde moitié du v⁰ siècle.

(131) Cf. des expressions analogues dans l'*Evagoras* 77 et dans Démosthène, *Troisième Olynthienne*, 23.

(132) Pas plus ici que dans la *Lettre III* 5, Isocrate ne songe vraiment à une apothéose de Philippe ; mais c'est pourtant déjà l'état d'esprit qui aboutira à diviniser Alexandre et les souverains alexandrins, et en cela Isocrate s'écarte des sentiments proprement grecs.

(133) Cf. *Lettre III* 5.

preuve de douceur et d'humanité. Je vois en effet que la dureté est pénible pour ceux qui l'emploient et pour ceux qui la subissent, que non seulement la douceur est bien jugée chez les hommes et tous les autres êtres vivants, **117** mais que ceux des dieux qui nous accordent des biens, sont invoqués sous le nom d'Olympiens, que ceux qui sont préposés aux malheurs et aux châtiments, reçoivent des appellations plus désagréables, que les particuliers et les Etats élèvent des temples et des autels aux premiers tandis que les seconds ne sont honorés ni dans les prières, ni dans les sacrifices et que l'on cherche à conjurer leur action (134). **118** En reconnaissant cela, il faut que par tes actes habituels et par tes efforts tu donnes à tous encore plus que maintenant une telle opinion de toi. Il faut que ceux qui désirent une gloire plus grande que celle des autres, embrassent par la pensée des actions possibles, certes, mais semblables à de purs souhaits (135) et qu'ils tentent de les accomplir pour que l'occasion favorable leur permette d'y arriver.

119 Bien des faits et surtout ce qui s'est produit pour Jason (136) te permettront de comprendre qu'il te faut agir ainsi. Jason qui n'avait rien accompli de tel que toi, a obtenu une très grande gloire non par ses actes, mais par ses paroles ; car il prétendait qu'il passerait sur le continent et ferait la guerre au Grand Roi. **120** Quand Jason, seulement en parlant ainsi, a tellement grandi sa réputation, quelle opinion ne doit-on pas attendre que les Grecs aient de toi, si tu réalises ce plan, si tu t'efforces avant tout d'anéantir entièrement la royauté perse ou du moins de délimiter un territoire aussi grand que possible et de couper l'Asie, comme on dit (137),

------

(134) Le terme qu'emploie Isocrate (ἀποπομπαί) ne se trouve qu'ici et chez Harpocration qui renvoie à ce passage même ; il désigne évidemment des cérémonies religieuses.

(135) Par εὐχῇ ὁμοίας, Isocrate (comme Platon, *République* 499 C) veut désigner les projets qui atteignent la limite du possible et semblent des « *rêves* ».

(136) Jason, tyran de Phères, passait pour préparer une expédition « panhellénique » contre la Perse quand il fut assassiné en 370 (cf. Xénophon, *Hélléniques* VI 1, 12). Isocrate, qui vers 359-8 adressa la *Lettre VI* à ses fils, semble avoir un moment compté sur lui pour réaliser le rêve de toute sa vie.

(137) Isocrate reprend pour son compte une formule qui était sans doute le mot d'ordre, sinon d'un parti, du moins d'un groupe de théoriciens politiques. Elle est plus ambitieuse que celle du *Panégyrique* 164 (où il n'est question que de la *côte* de *Cnide* à Sinope) et que celle du « traité de Callias » en 449 (où les limites sont fixées aux îles Chélidoniennes, un peu à l'Ouest de Phasélis, et aux Cyanées, à l'entrée du Pont-Euxin).

de la Cilicie à Sinope ; et en outre de fonder des villes dans ce pays et d'y établir ceux qui errent maintenant faute de moyens de vivre et qui font du mal à tous ceux qu'ils rencontrent. **121** Si nous ne leur fournissons pas des ressources suffisantes pour les empêcher de se rassembler, à notre insu ils deviendront si nombreux qu'ils ne seront pas moins redoutables pour les Grecs que pour les barbares. C'est à quoi nous ne faisons pas attention et nous ne voyons pas grandir un fléau commun et un danger qui nous menace tous. **122** Il appartient donc à un homme plein de grandes pensées, dévoué aux Grecs et dont l'esprit est plus pénétrant que celui des autres, d'employer ces gens contre les barbares, de découper (138) un territoire aussi grand que nous venons de le dire, et ainsi de délivrer ceux qui vivent en mercenaires des maux dont ils souffrent eux-mêmes et font souffrir les autres, de fonder avec eux des villes qui serviront de limites à la Grèce et seront devant nous tous comme un glacis. **123** En agissant ainsi, non seulement tu les rendras heureux, mais tu nous donneras à tous la sécurité. Si tu n'obtiens pas ce résultat, du moins arriveras tu facilement à rendre libres les villes d'Asie (139). Quelle que soit la partie de ces projets que tu puisses réaliser ou que tu entreprennes seulement, il est impossible que tu n'acquières pas une plus grande gloire que les autres, à juste titre, si tu te lances toi-même dans cette voie et si tu y entraînes les Grecs. **124** Car maintenant même n'aurait-on pas raison de s'étonner de ce qui s'est produit, et de nous mépriser, puisque chez les barbares que nous jugeons amollis, sans expérience de la guerre et corrompus par le luxe (140), il y a eu

---

(138) Isocrate applique à l'Asie-Mineure un plan de colonisation conçu antérieurement pour la Thrace (*Sur la Paix* 24). Alexandre reprendra l'idée en fondant des colonies à la limite de son empire : Alexandria Arion (*Hérat*), Alexandria Oxiané, Alexandria Eschata (*Khodjend*), Alexandria Opiané (*Begrâm*), Alexandria Arachotum (*Kandahar*), Alexandria Sogdiané.

(139) Il s'agit, dans l'hypothèse la plus défavorable, de délivrer les villes *grecques* d'Asie et d'accepter ainsi, comme pis-aller, les limites atteintes par la ligue attico-délienne lors de sa plus grande extension.

(140) Ce mépris des Barbares, ordinaire chez Isocrate (cf. *Panégyrique* 150 et suivantes) lui est commun avec tous les Grecs. Cf. par exemple Euripide, *Iphigénie à Aulis* 1400-1401 :

Βαρβάρων δ' Ἕλληνας ἄρχειν εἰκὸς, ἀλλ' οὐ βαρβάρους,
μῆτερ, Ἑλλήνων· τὸ μὲν γὰρ δοῦλον, οἱ δ' ἐλεύθεροι. —

et la justification qu'Aristote donne de l'esclavage dans la *Politique* 1252 b 5 et suivantes.

des hommes qui ont ambitionné de commander aux Grecs (141),
et qu'aucun Grec n'a eu la noble pensée **125** de nous rendre
maîtres de l'Asie ? Nous léur sommes si inférieurs que, tandis
qu'ils n'ont pas hésité à prendre l'initiative de la haine contre
les Grecs, nous n'osons pas même les combattre en représail-
les de ce qu'ils nous ont fait souffrir ; alors qu'ils reconnaissent
n'avoir dans toutes leurs guerres ni soldats ni généraux ni
rien de ce qui est utile dans les dangers, **126** et qu'ils font
venir tout cela de chez nous, nous désirons à tel point nous
nuire à nous-mêmes que, lorsqu'il nous est permis de posséder
sans risques leurs biens, nous luttons contre nous-mêmes
pour peu de choses, nous les aidons (142) à abattre ceux qui
se révoltent contre la domination du grand Roi et nous ne
voyons pas que parfois nous cherchons, en nous alliant avec
nos ennemis héréditaires, à faire périr nos frères de race.

127 Aussi crois-je qu'il t'est utile, les autres étant si lâ-
ches, de prendre l'initiative de la guerre contre le roi de Perse.
Il convient aux autres descendants d'Héraclès (143) et à ceux
qui sont tenus attachés par la constitution et les lois de leur
patrie, de respecter l'Etat où ils habitent ; mais il convient que
toi, qui es pour ainsi dire laissé complètement libre (144), tu
considères toute la Grèce comme ta patrie, ainsi que l'a fait
votre ancêtre et que comme lui tu t'exposes pour elle à autant
de dangers que pour ce qui t'intéresse le plus.

128 Peut-être certains de ceux qui ne savent qu'adresser
des critiques, diront-ils qu'en me décidant à t'inciter, à l'expédition contre les barbares et à la direction des Grecs, j'ai
négligé ma patrie. **129** Pour moi, si j'entreprenais d'en
entretenir d'autres avant ma patrie qui par trois fois (145) a

---

(141) Darios et Xerxès. Il ne peut s'agir d'Artaxerxès Okhos, car Isocrate
semble ne pas avoir partagé les inquiétudes que ses armements firent naître
en 354 (cf. § 76).

(142) En 330 Phocion avait rétabli la domination perse à Chypre. En 344,
les Thébains et les Argiens fournissaient encore sept mille hommes pour
l'expédition d'Egypte.

(143) Il s'agit des rois de Sparte : Isocrate a complétement abandonné le
plan que l'*Archidamos* et la *Lettre IX* (à Archidamos) semblaient annoncer.

(144) Le terme employé par Isocrate (ἄφετος) désigne proprement un ani-
mal *consacré à un dieu* ; la comparaison est déjà dans Platon (*Protagoras*
320 A), mais ici elle insiste sur la mission divine de Philippe.

(145) A Marathon, à Salamine et lors de la bataille de Cnide ; cf. *Lettre II*
19.

délivré les Grecs, deux fois des barbares, une fois de la domination des Lacédémoniens, j'avouerais que je commets une faute ; mais on verra bien que c'est elle la première que j'ai poussée à cela avec le zèle le plus grand possible, et que, le voyant moins s'intéresser à ce que je disais qu'aux folies débitées à la tribune, je l'ai laissée de côté, mais sans abandonner ma tâche. **130** Aussi mériterais-je des éloges unanimes pour avoir consacré tout mon temps et le pouvoir que je possède, à faire la guerre aux barbares, à accuser ceux qui ne pensaient pas comme moi, à tenter d'exciter ceux que j'espérais être les plus capables (146) de faire quelque bien aux Grecs et d'arracher aux barbares la prospérité dont ils jouissent. **131** Aussi maintenant encore est-ce à toi que j'adresse mon discours, sans me dissimuler que beaucoup critiqueront par jalousie les projets que j'expose et que tous se réjouiront quand ces mêmes projets seront exécutés par toi. En effet personne ne s'est associé à moi pour ce que j'ai dit, mois il n'est personne qui ne s'attendra à participer aux avantages qui en résulteront.

132 Vois aussi combien il est honteux de laisser l'Asie plus heureuse que l'Europe et les barbares plus riches que les Grecs, de laisser appeler Grands Rois (147) ceux qui ont hérité leur pouvoir de Cyrus que la mère abandonna sur la route (148) et appeler de termes plus modestes (149) ceux qui descendent d'Héraclès que son père mit au rang des dieux pour ses vertus (150). Voilà ce dont il ne faut rien laisser subsister, ce qu'il faut renverser et changer complètement.

133 Sache le bien, je n'aurais tenté de te donner aucun de ces conseils, si j'avais vu que le fruit en serait seulement de la puissance et de la richesse. Je crois que dès maintenant tu as ces biens plus qu'en suffisance et qu'il a des désirs insatiables celui qui décide de s'exposer au danger pour les conquérir ou de perdre la vie. **134** Ce n'est pas pour avoir regardé vers

---

(146) Denys l'ancien (*Lettre I*), peut être Jason de Phères (cf. § 119 et *Lettre VI*) et son successeur Alexandre (cf. *Lettres socratiques* XXX), Archidamos (*Lettre IX*).
(147) Cf. *Panégyrique* 121.
(148) Cf. § 66.
(149) C'est-à-dire du simple titre de *roi*.
(150) Cf. *A Démonicos* 50.

de telles conquêtes que je fais mon discours, mais parce que je crois que ces projets te donneront la plus grande et la plus belle gloire. Songe que tous nous possédons un corps soumis à la mort, mais que par la louange, les éloges, la renommée et le souvenir qui nous suit à travers les siècles, nous participons à une immortalité (154) qui mérite d'être recherchée par nous autant que nous le pouvons et au prix de n'importe quelle souffrance. **135** Tu pourrais voir aussi que les plus estimables des simples particuliers (152) ne vendraient leur vie (153) pour rien, mais s'offrent pour mourir à la guerre afin d'obtenir de la gloire ; qu'en général on loue ceux qui désirent des honneurs supérieurs à ceux qu'ils ont et que l'on juge trop intempérants et trops vils ceux qui sont insatiables de quelque autre objet (154). **136** Enfin (et c'est le point le plus important) il arrive souvent que notre richesse et notre puissance tombent aux mains de nos ennemis, mais pour le dévouement que nous témoigne la foule et pour tout ce que je viens de te citer, nous ne laissons pas d'autres héritiers que nos descendants (155). Aussi serais-je honteux si ce n'était pas pour ces raisons que je te conseille de faire cette expédition, de combattre et de t'exposer aux dangers.

137 Tu prendras la meilleure décision à ce sujet si tu penses que ce n'est pas seulement ce discours qui t'exhorte, mais aussi tes ancêtres (156), le manque d'énergie des barbares (157), les hommes qui ont acquis du renom et ont passé pour des demi-dieux (158) à cause de leurs expéditions contre

---

(151) La même opposition du corps mortel et de l'âme immortelle se retrouve dans *A Nicoclès* 37 et l'*Archidamos* 109.

(152) Même opposition entre les simples particuliers et les rois dans l'*Evagoras* 72.

(153) Cf. *Evagoras* 3.

(154) La même pensée se retrouve dans la *Lettre III* 4 : Ἔστι δὲ πρὸς μὲν ἄλλο τι τῶν ὄντων ἀπλήστως ἔχειν οὐ καλόν · αἱ γὰρ μετριότητες παρὰ τοῖς πολλοῖς εὐδοκιμοῦσι · δόξης δὲ μεγάλης καὶ καλῆς ἐπιθυμεῖν καὶ μηδέποτ' ἐμπίπλασθαι προσήκει τοῖς πολὺ τῶν ἄλλων διενεγκοῦσιν.

(155) Ici l'idée de la gloire qui sera reprise dans la comparaison (§ 146 et suivants), vient se substituer à celle de l'intérét qui avait semblé dominer au début (§ 3-5 et 45).

(156) Cf. § 105-108. Les mêmes raisons sont encore citées par Polybe III 6, 12.

(157) Cf. § 124.

(158) Héraclès (cf. 109-112), mais aussi Agamemnon (cité comme exemple dans le *Panathénaïque* 72-89) et tous les héros de la guerre de Troie.

ceux-ci, et surtout le moment où tu te trouvès possesseur d'une puissance telle que n'en a eue aucun des habitants de l'Europe et où celui que tu combattras se trouve détesté et méprisé de tous comme ne l'a jamais été aucun roi (159).

138 Je préférerais de beaucoup pouvoir réunir en un seul tous les discours que j'ai faits sur cette question, car il semblerait ainsi plus digne de son sujet. Quoiqu'il en soit, tu dois au moins examiner parmi tous les arguments ceux qui t'entraînent et te poussent à cette guerre ; car c'est ainsi que tu te décideras le mieux à leur sujet.

139 Je n'ignore pas que bien des Grecs croient invincible la puissance du Grand Roi. On doit s'étonner de ce qu'ils ne croient pas qu'une puissance conquise et organisée pour la servitude par quelque barbare dont l'éducation avait été négligée (160) puisse être détruit pour la liberté par un Grec (161) plein d'expérience pour la guerre, et cela alors qu'ils savent que toute chose est difficile à organiser et facile à détruire.

140. Songe que tout le monde honore et admire surtout ceux qui peuvent à la fois être hommes d'Etat (162) et généraux. Quand donc tu vois arriver à la gloire ceux qui montrent ces qualités dans une seule ville, quels éloges ne, doit-on pas s'attendre à te voir accorder lorsqu'on te verra rendre à tous les Grecs les services d'un homme d'Etat et soumettre les barbares par tes exploits de général. **141** Pour ma part je crois que ces éloges atteindront le plus haut degré ; car nul autre ne pourra jamais faire plus que toi : il n'y aura jamais chez les Grecs d'action égale à celle qui nous fera sortir de si grandes guerres et nous amènera à la concorde, il n'est pas vraisemblable qu'une puissance égale renaisse chez les barbares quand tu auras détruit celle qui existe maintenant. **142** Aussi, même si parmi nos successeurs quelqu'un l'emporte sur les

---

(159) Cf. § 101-103.

(160) Isocrate fait allusion non seulement à ce qu'il dit de l'abandon de Cyrus (cf. § 66 et 132), mais aussi à son enfance passée au milieu des bergers (cf. Hérodote I 114).

(161) Il y a dans cette phrase un parallélisme intentionnel et des oppositions dont la principale, qui consiste dans l'emploi pour Cyrus d'ἄνθρωπος (péjoratif) et pour Philippe d'ἀνὴρ, ne peut être que difficilement rendue par la traduction.

(162) L'expression se retrouve dans [Démosthène] XIII, Περὶ συντάξεως 35 : πεπολίτευσθε γὰρ ἐν τοῖς Ἕλλησιν.

autres par ses qualités, il n'aura rien de tel à accomplir. Et même je puis mettre au dessus des actions de nos prédécesseurs (163) celles que tu as déjà accomplies, et cela sans esprit mesquin (164), en toute vérité : puisque tu as soumis des peuples plus nombreux que les villes prises par aucun autre Grec, comment en te comparant à chacun n'aurais-je pas facilement démontré que tu as accompli des exploits plus grands qu'eux ? **143** Mais j'ai décidé de m'abstenir de ce procédé, pour deux raisons, parce que certains se servent de lui à contretemps, et parce que je ne veux pas mettre au-dessous de ceux qui vivent maintenant ceux en qui l'on voit des demi-dieux.

144 Songe (pour citer aussi quelque ancienne histoire) que la richesse de Tantale, le pouvoir de Pélops, la puissance d'Eurysthée ne serait louée par aucun inventeur de discours ni par aucun poète, mais qu'après le mérite éclatant d'Héraclès et les vertus de Thésée (165) tous célébreraient ceux qui ont fait l'expédition de Troie et ceux qui leur ont ressemblé. **145** Or nous savons que les plus renommés et les plus grands d'entre eux possédaient leur pouvoir dans de petites cités et de petites îles (166) ; cependant ils ont laissé une gloire égale à celle des dieux et célébrée partout ; car tout le monde aime, non pas ceux qui ont acquis pour eux-mêmes une grande puissance, mais ceux qui ont été pour les Grecs les auteurs de plus grands biens.

146 Ce n'est pas seulement à leur propos que tu verras les hommes avoir cette opinion, mais en tous les cas également. Car nul ne louerait notre ville, ni d'avoir en la maîtrise de la mer, ni d'avoir levé sur ses alliés une si grande somme d'ar-

---

(163) Ce procédé de comparaison entre la réalité contemporaine et le passé, même légendaire, se retrouve dans Hypéride, *Oraison funèbre* 35-39 (cf. § 112).

(164) L'expression grecque (γλίσχρως) désigne exactement un esprit qui *s'attache aux détails insignifiants.*

(165) C'est intentionnellement qu'Isocrate rapproche ici Héraclès, l'ancêtre de Philippe, et Thésée, le héros proprement athénien, qui ailleurs font figure de rivaux ou sont subordonnés l'un à l'autre ; il veut nous laisser entendre par là que la Macédoine et Athènes, désormais réconciliées, doivent traiter sur un pied d'égalité pour le bonheur de la Grèce.

(166) Il y a là un souvenir évident de la discussion si précise que Thucydide (I, 10, 3-11) fait des textes homériques. D'ailleurs, en 339 (*Panathénaïque* 81), Isocrate revient à la légende courante qui fait d'Agamemnon le « roi des rois » régnant sur Mycènes « riche en or ».

gent et de l'avoir transportée à l'Acropole (167), non pas même d'avoir dominé beaucoup de villes dont elle pouvait détruire les unes, agrandir d'autres, gouverner d'autres à son gré (168). **147** Certes elle avait ce pouvoir, mais il a suscité contre elle bien des accusations. C'est à cause de la bataille de Marathon (169), de celle de Salamine et surtout parce que les Athéniens ont abandonné leur pays (170) pour le salut des Grecs, que tous lui adressent des éloges. On pense de même sur les Lacédémoniens, **148** on préfère leur défaite des Thermopyles à toutes leurs victoires ; on admire et on contemple le trophée élevé sur eux par les barbares (171) et, loin de célébrer ceux qu'ils ont élevés eux-mêmes sur les autres (172), on les regarde sans plaisir ; car on juge que le premier est un monument de courage, les autres des monuments d'orgueil.

149 Quand tu auras examiné tout cela et que tu auras réfléchi, si un passage te paraît trop plat ou inférieur, accuse mon âge à qui tous auraient raison de pardonner. Mais si ce que je dis est semblable à ce que j'ai répandu auparavant dans le public (173), il faut penser que ce n'est pas ma vieillesse, mais la divinité qui

---

(167) En 454, le trésor de la confédération attico-délienne fut transporté de Délos à Athènes ; en 449, il devait contenir environ trois mille talents (Cavaignac, *Histoire financière d'Athènes*, p. 69 ; *Histoire de l'antiquité*, II, p. 72). Isocrate passe rapidement sur la prospérité financière d'Athènes pendant la Pentécontaétie, parce qu'il renonce à l'hégémonie maritime qui l'avait provoquée ; au contraire Andocide (*Sur la Paix* 3-7) et Eschine (*Sur l'Ambassade* 172-176) n'aperçoivent pas le lien entre les deux faits.

(168) Dans le *Panégyrique* 100, Isocrate cite notamment comme les faits les plus graves la prise de Mélos en 416 (cf. Thucydide V 84-116) et la destruction de Skioné en 421 (cf. Thucydide V 32, 1). Dans le *Panathénaïque* 63, il y ajoute la réduction en esclavage des habitants de Toroné en 422 (cf. Thucydide V 2-3). Cf. aussi *Sur la Paix* 37-38.

(169) Cf. *Panégyrique* 91 ; *Sur la Paix* 38.

(170) Cf. *Panégyrique* 96-99 ; *Archidamos* 83 ; *Sur la Paix* 43. Partout Isocrate songe plutôt à l'évacuation d'Athènes avant Salamine qu'à celle qui précéda Platées ; cf. d'ailleurs Thucydide I 73, 4-5.

(171) Le trophée dont il est question ici, est tout métaphorique, à moins qu'Isocrate ne songe à la mise en croix du cadavre de Léonidas (cf. Hérodote VII 238).

(172) Isocrate fait probablement allusion ici à des monuments réels, élevés par les Lacédémoniens pour commémorer leurs victoires : par exemple à Olympie le trophée qui rappelait la victoire remportée en 457 à Tanagra sur « les Athéniens, les Argiens et les Ioniens » (cf. *Inschriften von Olympia* 253) ; à Delphes le monument élevé après Aegos-Potamoi (cf. Bourguet, *Les ruines de Delphes*, p. 41 et suivantes). Cf. Gorgias *Olympique* (cité par Philostrate), et *Panégyrique* 158.

(173) On trouve une remarque analogue dans le discours *Sur l'Echange* 9 et dans le *Panathénaïque* 4.

me les a inspirés, non qu'elle ait quelque souci de moi, mais par intérêt pour la Grèce, en voulant la délivrer de ses maux présents et t'entourer d'une gloire bien plus grande que celle que tu as maintenant. **150** Je crois que tu n'ignores pas comment les dieux gouvernent les affaires des hommes : ils ne causent pas directement le bonheur ou le malheur qui nous atteint, mais ils donnent à chacun des dispositions d'esprit telles que biens et maux nous arrivent par notre action réciproque. **151** C'est ainsi sans doute que maintenant même ils nous ont attribué les discours et t'ont chargé des actions (174), pensant que c'est toi qui pourrais le mieux les diriger, mais que mon discours ne serait pas désagréable aux auditeurs. Je pense aussi que tes exploits précédents n'auraient pas été si grands si quelque dieu n'avait pas aidé à leur succès, **152** non pas pour que tu fasses une guerre continuelle aux seuls barbares établis en Europe (175), mais pour que tu t'exerces ainsi, que tu y prennes de l'expérience, que tu fasses connaître qui tu es et qu'enfin tu portes tes désirs vers ce que j'ai déjà conseillé (176). Donc il est honteux de rester en arrière quand le sort te guide sur une noble voie et de ne pas t'offrir à lui pour le but où il veut te conduire.

153 Je crois que tu dois accorder de l'honneur à tous ceux qui parlent bien de ce que tu as fait, mais que du dois surtout penser que ton plus bel éloge est fait par ceux qui jugent ton caractère digne d'exploits plus grands, et ceux qui, non contents de parler agréablement dans le temps présent, peuvent faire admirer aux générations futures tes actions plus que celles d'aucun de tes prédécesseurs. Alors que je voudrais dire bien des choses de ce genre, je ne le puis et la cause, je l'ai déjà dite plus souvent qu'il ne faut (177).

---

(174) Une mission de ce genre semble attribuée par Isocrate à Timothée entre 375 et 360, et Alcibiade aussi est parfois jugé à ce point de vue (cf. *Sur l'attelage, passim* ; *Busiris*, 5 fin). On pourrait en rapprocher le rôle que Xénophon donne à Cyrus dans la *Cyropédie*.

(175) Il s'agit des campagnes faites par Philippe contre les Thraces (la campagne contre Kersobleptès prend fin au moment même de la composition du *Philippe*), les Péoniens et les Illyriens (contre qui une nouvelle campagne devra être faite en 344. Cf. *Lettre II* 11 où Isocrate reprend la même pensée).

(176) Isocrate adresse à Philippe un conseil qu'il a déjà donné à bien des Etats (cf. § 130); de là vient qu'il emploie συμβεβουλευκὼς et non σοι συμβεβουλευκώς.

(177) Cf. § 10, 27, 83, 110, 149.

154 Il me reste à résumer ce que j'ai dit pour que tu voies en aussi peu de mots que possible l'essentiel de mes conseils. Je dis qu'il te faut être le bienfaiteur des Grecs, le roi des Macédoniens, le maître du plus grand nombre possible de barbares (178). Si tu agis ainsi, tous te seront reconnaissants, les Grecs des bienfaits que tu leur accorderas, les Macédoniens si tu les gouvernes en roi et non en tyran, les autres races si tu les délivres d'une domination barbare pour leur donner la protection grecque. **155** Quelle est la valeur de mon ouvrage en ce qui concerne les faits et l'exactitude du détail, il est juste de vous le demander, à vous qui l'écoutez. Mais que personne ne puisse te donner des conseils meilleurs et mieux en rapports avec les circonstances présentes, c'est ce que je crois bien savoir.

---

(178) La même distinction entre Grecs et barbares se retrouve en 338 dans la *Lettre III* 5, et dans le conseil donné par Aristote à Alexandre (Plutarque, *sur la fortune d'Alexandre* I 6 : Οὐ γάρ, ὡς Ἀριστοτέλης συνεβούλευεν αὐτῷ, τοῖς μὲν Ἕλλησιν ἡγεμονικῶς, τοῖς δὲ βαρβάροις δεσποτικῶς χρώμενος).

LETTRE II

A PHILIPPE

Je sais bien (1) que tous les hommes sont d'ordinaire plus reconnaissants à ceux qui leur adressent des éloges qu'à ceux qui leur donnent des conseils, surtout si l'on veut le faire sans qu'ils le demandent. Pour moi, si déjà auparavant (2) je ne t'avais pas donné, et avec beaucoup de dévouement, des conseils qui, à mon avis, devaient te pousser aux exploits les plus dignes de toi, peut-être maintenant même n'entreprendrais-je pas d'exposer mon sentiment sur ce qui t'est arrivé. **2** Mais puisque j'ai résolu de m'intéresser à tes affaires dans l'intérêt à la fois de ma patrie et des autres Grecs, j'aurais honte si l'on voyait que je t'ai donné des conseils sur ce qui était peu nécessaire et si je ne parlais nullement de ce qui est le plus urgent, et cela quand je sais que mes premiers conseils intéressent ta gloire et les seconds ton salut que tu négliges trop de l'avis de tous ceux qui ont entendu les reproches qui te sont faits. **3** En effet il n'est personne qui ne t'accuse de t'être offert au danger plutôt en téméraire qu'en roi et de te soucier plus des éloges accordés au courage que des nécessités de la situation générale. Or la honte est égale à ne pas surpasser les autres quand les ennemis vous entourent et à se jeter sans aucune nécessité dans des combats où, en cas de succès, tu n'aurais

------

(1) Sur la date et l'occasion de cette lettre, voir l'*Introduction* V.
(2) Isocrate renvoie au *Phliippe* dès le début de sa lettre et en des termes qui prouvent que nous n'aurons en réalité que la reprise des principales idées du discours.

rien accompli de grand et où, en perdant la vie (3), tu aurais détruit en même temps tous les avantages que tu possèdes. **4** Il ne faut pas juger belles toutes les morts dans les guerres : il faut considérer comme digne d'éloges celle que l'on reçoit pour sa patrie, ses parents, ses enfants (4) ; mais pour celles qui leur nuisent et avilissent les exploits passés, il faut les juger honteuses et les fuir comme des causes de grand déshonneur.

5 Je crois qu'il est utile d'imiter les Etats (5) dans leur façon de mener la guerre. Tous en effet, lorsqu'ils envoient une armée, ont coutume de mettre en sûreté le pouvoir central (6) qui doit délibérer sur les événements. Ainsi, loin qu'un échec suffise à détruire leur puissance, ils peuvent supporter bien des malheurs et s'en relever. **6** C'est à quoi tu dois réfléchir, et tu dois aussi ne juger aucun bien supérieur à ton salut, pour te permettre de profiter de tes victoires comme il convient [et de remédier aux échecs (7)]. Tu peux voir aussi que les Lacédémoniens (8) se préoccupent fort du salut de leurs rois et qu'ils leur ont donné comme garde les plus renommés (9) des citoyens, pour qui c'est un plus grand déshonneur de les laisser tuer que d'abandonner leurs boucliers (10). **7** En outre tu n'igores pas non plus ce qui est arrivé à

---

(3) Les blessures de Philippe avaient vivement frappé l'esprit des Grecs ; cf. Démosthène, *Sur la Couronne* 67 ; [Démosthène], *Sur la lettre de Philippe,* 22 ; Didymos, dans Foucart, *Etude sur Didymos,* p. 63-67, 114, 118-121. En outre tout ce qui affectait la santé de leur adversaire, remplissait d'espoir les Athéniens ; cf. Démosthène, *Première Philippique* 10-11 (pour une maladie survenue en 351) ; *Troisième Olynthienne* 5. Cf. aussi le mot de Démade à l'annonce de la mort d'Alexandre (Démétrios, Περὶ ἑρμηνείας 282 ; Plutarque, *Phocion* XXII).

(4) L'expression est classique dans la littérature patriotique ; cf. Callinos 7 ; Tyrtée, fragment 10 (Bergk), 13-14 ; fragment 12, 33-34.

(5) Isocrate rappelle ici Platon qui étudie l'Etat pour y trouver plus facilement le fondement de la morale *individuelle* (*République* 368 D).

(6) Isocrate (comme Polybe X 32, 7 et surtout 33, 3-5, à propos de Marcellus et d'Annibal) a déjà la conception moderne du chef d'Etat que n'acceptent ni Philippe ni Alexandre (cf. E. Meyer, *Sitzungsberichte* de l'Académie de Berlin, 1909, p. 764).

(7) Mots interpolés, formant hiatus ; voir l'*Introduction* VII.

(8) Cet exemple est déjà cité dans le discours *sur la Paix* 143 et dans le *Philippe* 80 ; il est d'autant mieux à sa place dans une lettre à Philippe que celui-ci se pique d'être Héraclide au même titre que les rois de Sparte.

(9) Ce sont les trois cents ἱππεῖς (qui servent à pied malgré leur nom) ; cf. Thucydide V 72 ; Denys d'Halicarnasse, *Antiquités romaines,* II 13.

(10) Isocrate, soit qu'il l'ignore, soit qu'il le juge contraire au dessein de

Xerxès, celui qui a voulu asservir les Grecs, et à Cyrus, celui qui a cherché à obtenir la royauté (11). Le premier, bien qu'accablé par des défaites et des malheurs tels que nul n'en connait d'autres, pour avoir sauvé sa vie, maintint son pouvoir royal, le transmit à ses enfants et gouverna de telle façon l'Asie qu'elle n'est pas moins redoutable pour les Grecs qu'auparavant. **8** Cyrus qui avait vaincu toute l'armée du Grand Roi et aurait été le maître de la situation sans sa témérité (12), non seulement se priva d'une telle puissance, mais provoqua les plus grands malheurs pour ceux qui l'avaient accompagné. Je pourrais te citer une foule de gens qui, mis à la tête de grandes armées, par leur mort prématurée firent périr avec eux bien des milliers d'hommes.

9 Il te faut réfléchir à cela et ne pas estimer le courage qu'accompagnent une folle irréflexion et une ambition inopportune ; ni, alors que les monarchies comportent bien des dangers qui leur sont propres, en inventer d'autres moins glorieux et dignes de simples soldats, ni rivaliser avec ceux qui ou bien veulent se débarrasser d'une vie malheureuse ou bien s'offrent aveuglément aux dangers pour obtenir une solde plus forte (13) ; **10** ni même désirer une gloire qu'obtiennent bien des Grecs et bien des Barbares, mais au contraire une si grande que seul de tous ceux qui vivent maintenant tu pourrais l'obtenir. Il ne te faut pas non plus aimer trop les qualités que possèdent même les gens de peu de valeur, mais seulement celles qu'aucun homme vicieux ne peut avoir en partage (14). **11** Et il ne te faut pas faire des guerres obscures et difficiles quand tu en veux faire de glorieuses et de faciles, ni des guerres qui procureront à tes amis des chagrins et des soucis, à tes ennemis de grandes espérances (15) comme

---

sa lettre, tait le fait que 150 des ἑταῖροι du roi furent blessés dans le combat où Philippe lui-même fut atteint.

(11) Isocrate précise l'identité de Xerxès et de Cyrus le jeune, parce que pour lui Xerxès est le titre de tous les rois de Perse (cf. *Philippe* 42), et pour éviter toute confusion entre les deux Cyrus (de telles précautions contre les erreurs ne paraissent pas inutiles aux Grecs ; cf. l'avertissement que donne Thucydide II 29, 3 au sujet de Térès et de Téreus).

(12) Cf. *Philippe* 90-92 ; Xénophon, *Anabase* I 8, 21-29.

(13) Le même mépris pour les mercenaires se montre dans le *Philippe* 120-121. Cf. aussi plus bas § 19.

(14) Cf. *A Nicoclès* 30 et (de façon plus vague) *Nicoclès* 43.

(15) Démosthène, dans un tout autre dessein, reproche aux Athéniens les

celles que tu viens de leur donner. Pour les barbares que tu combats maintenant (16), il te suffira de les vaincre assez pour assurer la sécurité de ton pays; puis tu entrepredras d'abattre celui qu'on appelle maintenant le Grand Roi, afin de rehausser ta gloire et d'indiquer aux Grecs contre qui (17) il faut porter la guerre.

12 Je préférerais de beaucoup t'avoir envoyé cette lettre avant ton expédition; ainsi, si tu avais été convaincu, tu ne serais pas tombé dans un tel péril; et si tu ne t'étais pas fié à mes conseils, je n'aurais pas semblé te donner les mêmes avis que ceux que tous adoptent maintenant par suite de ta blessure; l'événement aurait témoigné que c'était mon discours à ce sujet qui était raisonnable.

13 Quoique ayant encore beaucoup à dire vu la nature du sujet, je vais cesser de parler; je crois en effet que toi et les plus zélés de tes compagnons (18) compléterez facilement et à votre gré ce que j'ai dit. En outre je crains d'être importun, car maintenant, en progressant peu à peu, j'ai atteint sans m'en apercevoir non pas les proportions d'une lettre, mais la longueur d'un discours.

14 Néanmoins je ne dois pas laisser de côté ce qui concerne ma patrie et je dois tenter de t'exhorter à avoir de bons rapports avec elle et à avoir recours à elle. Je crois qu'il y a beaucoup de gens pour te faire des rapports (19) et non seulement te dire les plus désagréables des propos que l'on tient chez nous à ton sujet, mais encore y ajouter d'eux-mêmes. Il ne te faut pas accorder d'attention à ces gens. **15** En effet ta conduite serait étrange si, blâmant notre peuple d'écouter les calomnies facilement (20), tu montrais toi même de la

---

espérances que leur donne le bruit de la maladie ou de la mort de Philippe (en 351 ; *Première Philippique* 10-11 ; *Troisième Olynthienne* 5), ou même simplement son éloignement (en 342 : *Sur les affaires de Chersonèse* 35-36).

(16) Les Illyriens ne semblent pas à Isocrate des ennemis dangereux parce qu'ils ne menacent pas directement la Grèce ; mais en 359 leur roi Bardylis avait envahi la Macédoine (Diodore XVI 2, 2-4 ; 4, 3).

(17) La lutte contre la Perse est pour Isocrate le devoir essentiel de tout Etat grec; cf. G. Mathieu, *Les idées politiques d'Isocrate*, chapitre VI.

(18) La même expression est employée dans le *Philippe* 19.

(19) Sur ces Athéniens qui renseignaient la cour de Macédoine, cf. [Démosthène, c'est-à-dire Hégésippe] VII, *Sur l'Halonnèse*, 23 ; Hypéride, III, *Pour Euxénippe* 21.

(20) Au cours de la même année et probablement peu de semaines après

confiance envers ceux qui pratiquent cet art, et si tu ne voyais pas que plus on te montre que notre ville se laisse facilement entraîner par le premier venu, plus on te prouve qu'elle doit t'intéresser. Si en effet ceux qui ne peuvent rien faire de bien, arrivent par leurs paroles à tout ce qu'ils veulent, à plus forte raison est-il naturel que toi, qui pourrais par tes actes faire le plus grand bien, tu n'échoues en rien auprès de nous.

16 Je pense qu'il faut, en face de ceux qui accusent amèrement notre ville, placer ceux qui disent de laisser de côté toutes ces accusations et ceux qui affirment qu'elle n'a commis aucune injustice grande ou petite. Je ne dirai pourtant rien de tel; car je rougirais, quand les autres (21) ne jugent pas même les dieux irréprochables, d'oser dire que notre ville n'a jamais commis aucune erreur. **17** Cependant je puis dire d'elle que tu ne trouveras pas d'Etat plus utile pour les Grecs ou pour tes affaires (22). C'est à quoi il te faut accorder la plus grande attention. Car ce n'est pas seulement en combattant avec toi qu'elle te rendrait les plus grands services, mais même seulement en semblant bien disposée pour toi. **18** En effet tu maintiendrais plus facilement ceux qui te sont maintenant soumis s'ils ne savaient plus vers qui se tourner (23), et tu soumettrais plus rapidement tous les barbares que tu

---

cette lettre, Philippe se plaint encore auprès des Athéniens des calomnies que lancent contre lui les orateurs; cf. Démosthène, *Deuxième Philippique*, argument de Libanios : ἔπεμψε πρέσβεις ὁ Φίλιππος πρὸς τοὺς Ἀθηναίους, αἰτιώμενος ὅτι διαβάλλουσιν αὐτὸν μάτην πρὸς τοὺς Ἕλληνας. En 340, le roi de Macédoine fait une démarche du même genre au moment où il s'apprête à déclarer la guerre à Athènes (cf. *Lettre de Philippe*, contenue sous le nᵉ XII dans le recueil démosthénien).

(21) Isocrate fait ici allusion à la mythologie usuelle contre laquelle il a protesté dans le *Busiris* 38.

(22) Nous retrouvons ici les deux arguments qui expliquent tous les conseils du *Philippe* : la lutte contre la Perse intéresse à la fois la prospérité de la Grèce et la gloire de Philippe; mais ici les arguments sont restreints à la question de la place qu'Athènes doit tenir dans les plans du roi de Macédoine.

(23) Isocrate rappelle discrètement l'asile et l'appui qu'Athènes donnait depuis longtemps à tous ceux qui étaient hostiles à Philippe : en 356, elle avait signé un traité d'alliance avec les rois de Thrace, de Péonie et d'Illyrie (Ch. Michel, *Recueil d'inscriptions grecques*, Supplément 1456); elle accueillait en 348 des réfugiés Olynthiens (Ch. Michel, 1460), en 346 des réfugiés Phocidiens (Démosthène, V, *Sur la Paix* 19); en 343 encore, le roi des Molosses, Arybbas, réfugié à Athènes, était spécialement recommandé à la protection du Conseil et des stratèges (Michel, 99).

voudrais. Or ne doit-on pas désirer vivement une bienveillance qui te fera non seulement conserver en toute sûreté ton empire actuel, mais encore en gagner sans risque un autre aussi important? **19** Je regarde avec étonnement les gens puissants qui paient des armées de mercenaires et dépensent pour cela beaucoup d'argent, tout en sachant bien que ces armées ont fait plus souvent du tort à ceux qui s'y sont fiés qu'elles ne les ont sauvés (24), et qui ne cherchent pas à se concilier notre ville dont la puissance a déjà sauvé bien des fois chacune des cités et la Grèce toute entière (25). **20** Songe que, de l'avis de beaucoup, tu a pris une résolution sage quand tu as traité avec justice et de façon utile pour eux les Thessaliens (26), gens difficiles d'humeur, pleins d'orgueil et d'esprit de discorde. Or il te faut aussi tenter d'avoir la même attitude à notre égard, en sachant bien que, si les Thessaliens sont proches de toi par leur territoire, nous le sommes par la puissance (27). Cherche par tous les moyens à te concilier cette force. **21** Il est bien plus beau de conquérir l'affection des villes que leurs murailles (28), action qui non seulement provoque des reproches, mais dont on attribue le mérite aux armées : au contraire si tu peux gagner la bienveillance et l'affection, les qualités de ton caractère seront louées de tous.

22 Tu peux à bon droit te fier à moi pour ce que je viens de te dire sur Athènes. Car on verra bien que je n'ai jamais eu l'habitude de la flatter dans mes discours et que je lui ai adressé les plus vifs reproches (29); que d'autre part la foule

---

(24) Cf. § 9 et note 13.

(25) Isocrate (dans le *Philippe* 129) indique de façon plus précise et moins emphatique *trois* victoires athéniennes qui ont sauvé les Grecs : Marathon, Salamine, Cnide.

(26) Cf. *Philippe* 20. Appelé en 354 par les Aleuades pour combattre Lycophron de Phères, Philippe était maître de la Thessalie depuis 352. A l'automne de cette même année 344, il devait procéder à une réorganisation du territoire par la création des « tétrarchies » (Démosthène, VI, *Deuxième Philippique* 22). A l'Amphictyonie de Delphes, les hiéromnémons thessaliens furent toujours ses plus fermes soutiens.

(27) Le ton est différent de celui qu'adoptait Isocrate en 346, quand il insistait sur la faiblesse de toutes les villes grecques sans excepter Athènes (*Philippe* 40).

(28) Cf. *Sur l'Echange* 122 (à propos de Timothée) ; *Philippe* 68, 140 et la note 75.

(29) Isocrate fait allusion aux deux ouvrages qu'il a publiés à la fin de la

et ceux qui décident au hasard (30), n'ont pas bonne opinion de moi, mais me méconnaissent et me jalousent autant que toi. Cependant il y a une différence entre nous : c'est qu'ils ont ces sentiments à ton égard à cause de ta puissance et de ton bonheur, à mon égard parce que je m'efforce de penser mieux qu'eux et parce qu'ils voient plus de gens désirer s'entretenir avec moi qu'avec eux. **23** Je voudrais qu'il nous fût également aisé d'échapper à notre réputation. Mais il ne te sera pas difficile de la faire disparaître si tu le veux ; pour moi ma vieillesse (31) et bien d'autres raisons me forcent à me résigner à mon état présent,

24 Je ne crois devoir ajouter rien d'autre que ceci : il est beau de confier votre royauté et votre bonheur à l'affection des Grecs.

---

guerre sociale, l'*Aréopagitique* et le discours *Sur la Paix* ; c'est surtout dans ce dernier (§ 13, 14, 21, 44, 49 et suivants) que se trouvent les plus vifs reproches contre les mœurs politiques des Athéniens.

(30) Isocrate songe aux nombreuses polémiques qu'il a eu à soutenir pendant tout le cours de son existence et dont le *Contre les Sophistes*, le *Busiris* et le *Sur l'Echange* nous donnent les échos les plus précis. Dans les *Lettres socratiques*, la trentième (attribuée à Speusippe) donne un exemple des critiques qu'avait soulevées le *Philippe*. (En particulier sur la polémique entre Isocrate et l'école de Platon, cf. Teichmüller, *Litterarische Fehden im 4 Jahrhundert*, I, p. 50 et suivantes ; sur la polémique avec Aristote, cf. *Teichmüller*, I, p. 259 et suiv. ; *Lettre V*). La dernière phrase du paragraphe montre bien que les adversaires visés sont des chefs d'école et non pas des hommes politiques.

(31) Isocrate est alors âgé de quatre-vingt-douze ans.

LETTRE III

A PHILIPPE

1 J'ai entretenu (1) Antipatros (2) de ce qui intéressait notre ville et toi-même, de façon suffisante à ce que je crois. Mais j'ai voulu aussi t'écrire, sur ce qu'il faut faire à mon avis après la paix, des idées semblables à celles de mon discours (3), mais sous une forme bien plus brève.

2 A ce moment je te conseillais de réconcilier notre ville, celles des Lacédémoniens, des Thébains et des Argiens, pour établir la concorde en Grèce (4); je pensais que, si tu inspirais ces dispositions aux principales puissances, les autres suivraient rapidement (5). Les circonstances étaient alors différentes : maintenant il n'est plus nécessaire de persuader ; la bataille qui a été livrée (6) fait que tous sont forcés d'être raisonnables, de désirer ce qu'ils pensent que tu veux faire et

---

(1) Sur la date de cette lettre et les doutes que certains ont eus touchant son authenticité, voir l'*Introduction* VI.

(2) Antipatros, qui devait plus tard gouverner la Macédoine et la Grèce au nom d'Alexandre, avait été envoyé à Athènes pour traiter des préliminaires de paix. Il avait déjà joué le même rôle lors de la paix de Philocrate (Eschine, III, *Contre Clésiphon*, 72 ; Dinarque, *Contre Démosthène*, 28 ; scholie de Démosthène XIX 40). Son autorité était très grande auprès de Philippe (cf. l'anecdote rapportée par Carystios de Pergame, *Fragmenta historicorum græcorum*, IV, p. 357). Isocrate le connaissait personnellement depuis une ambassade précédente et lui avait recommandé Diodotos par la *Lettre* IV.

(3) Le *Philippe*, publié dans l'été de 346, après la paix de Philocrate.

(4) Cf. *Philippe* 30.

(5) Dans le *Philippe* 31, Isocrate dit plus explicitement que toute la Grèce dépend de ces quatre villes.

(6) La bataille de Chéronée a eu lieu le 1er septembre 338 et notre lettre date d'octobre.

de dire qu'il faut mettre fin à leur folie et à la domination qu'ils cherchaient à exercer les uns les autres, afin de porter la guerre en Asie. **3** Et bien des gens me demandent (7) si c'est moi qui t'ai conseilé l'expédition contre les Barbares ou si je t'ai encouragé après que tu y eus pensé. Je leur dis que je ne sais pas la vérité, car je ne me suis jamais rencon- avec toi, mais qu'à ce que je crois tu as pris ta décision et j'ai parlé dans le sens de tes désirs (8). En apprenant cela tous m'ont prié de t'encourager et de t'inciter à garder la même résolution, pensant qu'on n'accomplira jamais rien de plus beau, de plus utile à la Grèce et de plus opportun.

4 Si j'avais la même force qu'autrefois (9) et si je n'étais pas complètement abattu, ce n'est pas par lettre que je m'en- tretiendrais avec toi ; je me présenterais à toi pour t'exciter et t'encourager à ces actions. Maintenant je t'encourage comme je le puis à ne pas les abandonner avant de les avoir menées à bonne fin. S'il n'est pas beau d'être insatiable (10) de quelque autre chose (car l'opinion générale approuve la modération), désirer une grande et noble gloire et ne jamais s'en rassasier (11) est ce qui convient à ceux qui surpassent de beaucoup les autres, ce qui est ton cas. **5** Pense donc que tu auras une gloire que nul ne pourra surpasser et qui sera digne de tes exploits, lorsque tu auras forcé les barbares (à l'exception de ceux qui auront combattu à tes côtés) à être les serfs (12) des Grecs et quand tu auras imposé ta volonté à celui qu'on appelle maintenant le Grand Roi. Il ne te restera plus qu'à de- venir dieu (13). Or il est bien plus facile d'y arriver en partant

---

(7) Cf. le même procédé dans le *Philippe* 18 et 23.

(8) Cf. *Philippe* 150-151 où cette rencontre des desseins d'Isocrate et de Philippe est présentée comme dûe à l'inspiration d'un dieu.

(9) Isocrate avait quatre-vingt-dix-huit ans et est mort très peu après avoir écrit cette lettre.

(10) La même expression se retrouve dans le *Philippe* 135.

(11) Cf. *Philippe* 136.

(12) Textuellement « *les Hilotes* », Isocrate empruntant à l'état social de Lacédémone le terme qui rend le mieux l'idée d'exploitation du vaincu par le vainqueur. L'idée est plus précise que dans le *Philippe* 154 où il est ques- tion seulement d'ἀρχή et d'ἐπιμέλεια.

(13) Cf. *Philippe* 113. Isocrate, qui dans le *Philippe* a insisté sur les vertus qui ont valu à Héraclès l'apothéose, ne va pas jusqu'à songer vraiment à un culte de Philippe vivant (comme Alexandre le demandera plus tard) ; mais son enthousiasme le prédispose à accepter un tel culte. Pour la suite, cf. *Philippe* 115.

de ton état présent que de s'élever de la puissance royale qui était primitivement la vôtre, à la puissance et à la gloire que tu possèdes maintenant. **6** Je suis reconnaissant à ma veillesse de ceci seulement, qu'elle a assez prolongé ma vie pour que, des pensées que j'ai eues dans ma jeunesse et que j'ai tenté d'exposer dans le *Discours Panégyrique* (14) et dans celui que je t'ai adressé, je voie les unes réalisées maintenant par tes actions et j'espère que les autres se réaliseront.

---

(14) Le *Panégyrique*, publié en 380, est rappelé ici (comme dans le *Philippe* 11 et 84) parce que c'est la première manifestation publique d'Isocrate en faveur de ses idées panhelléniques.

LETTRE V

A ALEXANDRE

Ecrivant une lettre à ton père (1), j'ai cru que j'agirais de façon bizarre si, quand tu étais au même endroit, je ne t'adressais rien, je ne te saluais pas et je ne t'écrivais pas quelque chose qui empêche ceux qui me liront de croire que la vieillesse (2) m'ôte déjà le sens et me fait parler au hasard, et qui leur montre que la part d'intelligence qui me reste, n'est pas indigne du talent que j'avais étant plus jeune.

2 J'entends tout le monde dire que tu aimes l'humanité, les Athéniens et la philosophie, non follement, mais de façon sensée. Tu reçois, de nos concitoyens, non pas ceux qui se négligent eux-mêmes et qui aspirent à des actions blâmables, mais ceux (3) dont la fréquentation ne peut te causer aucun tort et avec lesquels tu peux te rencontrer et t'associer sans subir de dommage ou d'injustice ; or ce sont ces gens là que les hommes sages doivent fréquenter. **3** Dans la philosophie tu n'écartes pas même l'éristique (4), mais tu penses que, si

______

(1) Sur la date probable de cette lettre et son but réel, voir l'*Introduction* V. La lettre à Philippe qui accompagnait celle-ci, ne nous est pas parvenue.

(2) Isocrate est alors âgé de quatre-vingt-quatorze ou quatre-vingt-quinze ans ; il rappelle aussi son âge dans le *Philippe* 84, 149, et les *Lettres* II 23, III 6, IV 12-13.

(3) A en croire une scholie d'Eschine (III 160), Alexandre fit lui-même plus tard officiellement cette distinction dans une lettre au peuple athénien : Ἀλέξανδρος τῷ μὲν δήμῳ χαίρειν, τῇ δὲ βουλῇ οὐδέν.

(4) Isocrate parle ici des critiques qu'il a adressées aux autres écoles philosophiques au début du IVᵉ siècle ; mais comme il ne fait pas de distinction nette entre l'éristique proprement dite et la dialectique, il songe aussi à sa longue lutte avec l'école platonicienne et même à la rivalité qui le sépare d'Aristote.

elle donne la supériorité dans les occupations privées, elle ne convient ni à ceux qui dirigent la foule, ni à ceux qui possèdent le pouvoir absolu ; car il n'est ni utile ni décent pour ceux qui ont des qualités supérieures aux autres, de discuter avec leurs concitoyens ni de leur permettre de les contredire (5). **4** Cette occupation ne te contente donc pas et tu préféres l'enseignement qui porte sur les discours dont nous nous servons pour les actes quotidiens et avec lesquels nous délibérons sur les affaires de l'Etat. Grâce à cet enseignement (6), tu prévois maintenant de façon convenable ce qui doit arriver, tu sauras ordonner, non sans jugement, à ceux que tu commandes, ce que chacun d'eux doit faire ; tu sauras apprécier exactement les hommes honnêtes et justes et les autres ; en outre tu sauras les récompenser et les punir selon leur mérite. **5** Tu as donc raison de te livrer maintenant à cette étude ; car tu donnes à ton père et aux autres l'espoir que, si devenu plus âgé tu restes attaché à ces principes (7), tu dépasseras les autres en sagesse autant que ton père a dépassé tous les hommes.

Le vers d'Aristote : αἰσχρὸν μὲν σιωπᾶν, Ἰσοκράτη δ' ἐᾶν λέγειν date sans doute des années qui précèdent immédiatement ; et dans le *Panathénaïque* 16-18 qu'Isocrate compose alors, on peut trouver quelques allusions à Aristote (cf. Teichmüller, *Litterarische Fehden im 4. Jahrhundert*, p. 259-266). L'éducation d'Alexandre et le rôle d'Hermias d'Atarnes étaient deux points sur lesquels discutaient partisans et adversaires d'Aristote (cf. Foucart, *Etude sur Didymos*, p. 100-103). De son côté Isocrate dut plus tard être défendu par Képhisodoros contre les critiques de l'école aristotélicienne (Denys d'Halicarnasse, *Isocrate* 18).

(5) Isocrate, quoique admirant la démocratie athénienne en principe et cherchant à la réformer, admet fort bien la monarchie absolue pour les peuples étrangers (cf. *Philippe* 107 ; *Busiris* 15-16 ; *Nicoclès* 14-26 ; *Evagoras* 40).

(6) Le même éloge de l'éloquence entendue à la façon d'Isocrate se trouve déjà, de façon plus développée, dans le *Nicoclès* 6-9 et dans le discours *Sur l'Echange* 253-257 ; cf. aussi la préface mise à l'époque romaine en tête de la *Rhétorique à Alexandre*.

(7) La prédiction semble imitée de celle dont Isocrate lui-même avait été l'objet de la part de Platon (par la bouche de Socrate) dans le *Phèdre* 279 A.

LETTRE IV

A ANTIPATROS [1]

Bien qu'il y ait du danger chez nous à envoyer une lettre en Macédoine, non seulement maintenant que nous sommes en guerre avec vous (2), mais même en temps de paix, j'ai cependant décidé de t'écrire au sujet de Diodotos (3), trouvant juste de faire cas de tous ceux qui ont suivi mon enseignement et sont devenus dignes de nous, et surtout de celui-ci à cause de son dévouement pour nous et de ses autres qualités. **2** J'aurais vivement désiré qu'il te fût présenté par nous ; mais puisque d'autres l'ont fait se rencontrer avec toi, il me reste à porter témoignage à son sujet et à rendre plus sûres ses relations avec toi. Beaucoup d'hommes de tous pays (4), et certains ayant une grande réputation, ont été en rapports avec moi : les uns se sont fait remarquer par la parole seu-

(1) Sur la date probable de cette lettre et sur les questions relatives à son authenticité, voir *l'Introduction* V. Sur les rapports d'Isocrate et d'Antipatros, cf. *Lettre* III 1 et note 2.

(2) La guerre entre Athènes et la Macédoine avait repris en octobre 340. Mais, même en temps de paix, les Athéniens qui étaient en bons rapports avec la cour de Philippe ou d'Alexandre étaient en butte aux attaques du parti démosthénien ; cf. en 343, [Démosthène, c'est-à-dire Hégésippe], VIII, *Sur l'Halonnèse*, 23 ; en 330, Démosthène, XVIII, *Sur la Couronne*, 51-52, 82, 136-137, 287, 296 ; après 330, Hypéride, *Pour Euxénippe*, 21.

(3) Nous ne savons sur ce Diodotos et son fils que ce que nous apprend cette lettre. Un Diodotos d'Erythrées collabora avec Eumène de Cardia pour la rédaction des *Ephémérides d'Alexandre*; est-ce un simple homonyme ?

(4) Isocrate cite lui-même un certain nombre de ses disciples dans le discours *Sur l'Echange* 39-40, 93-94 (ces derniers tous Athéniens). D'autres nous sont connus par des témoignages postérieurs, en particulier par le pseudo-Plutarque et par la *Vie* anonyme transmise par certains de nos manuscrits.

lement (5), d'autres par la pensée et l'action (6) ; d'autres, sages et estimables pour la conduite de leur vie, étaient tout à fait mal doués pour les autres genres d'activité. **3** Diodotos au contraire possède une nature si bien constituée qu'il est parfait pour tout ce que je viens de nommer. Et je n'oserais pas te le dire si je n'avais de lui la plus exacte connaissance et si je ne m'attendais à te la voir acquérir, partie en le fréquentant, partie en t'informant auprès de ceux qui le connaissent. **4** Il n'en est pas un pour ne pas reconnaître (à moins d'être trop jaloux) que Diodotos est supérieur à tous pour la parole et la pensée, très juste et très modeste, inaccessible à l'argent, très agréable et très souple (7) dans les relations et le commerce de la vie, qu'il joint à cela une très grande franchise (8), non pas celle qu'il ne convient pas d'avoir, mais celle où l'on verrait à juste titre la plus grande preuve de dévouement envers ses amis. **5** C'est elle que les souverains qui ont une âme suffisamment sérieuse honorent et jugent utile, mais dont ceux qui ont un caractère inférieur à leur puissance, s'irritent comme si elle les forçait à faire ce qu'ils ne veulent pas ; ils ignorent que ceux qui osent le plus les contredire dans leur intérêt, leur donnent le plus grand pouvoir de faire ce qu'ils veulent. **6** En effet il est naturel que ceux qui parlent toujours pour faire plaisir, ne fassent durer ni les monarchies qui comportent nécessairement de nombreux dangers (9), ni même les républiques qui ont plus de sécurité ; et que ceux qui parlent avec franchise pour faire du bien, sauvent même bien des choses qui semblaient vouées à la destruction. C'est pourquoi il conviendrait qu'auprès des

---

(5) Isée, Hypéride, Lycurgue, Python de Byzance ; sans doute aussi Androtion, Théopompe et Ephore, si Isocrate, comme il semble bien, range l'histoire dans le genre oratoire entendu au sens large (λόγος).

(6) Peut-être les orateurs politiques, mais bien plus sûrement Timothée (cf. *Sur l'Echange* 101-139) et les citoyens honorés de couronnes par les Athéniens et cités par Isocrate (*Sur l'Echange* 93-94) ; peut-être aussi Timothée d'Héraclée (cf. *Lettre VII*).

(7) Le terme employé ici (λιγυρός) ne se retrouve en ce sens que dans Xénophon, *Cynégétique* 4, 1.

(8) La franchise dont parle Isocrate (παρρησία) consiste à *dire tout ce que l'on pense* ; l'éloge qui en est fait ensuite, justifie les conseils qu'Isocrate a donnés aux hommes politiques et particulièrement à Philippe (dans le discours de 346 et dans la *Lettre II*).

(9) Sans doute parce que tout dans l'Etat dépend de la valeur d'un seul homme ; c'est du moins l'idée sur laquelle Isocrate insiste au début de la *Lettre II* (§ 3-8).

monarques ceux qui disent toute la vérité l'emportent sur ceux qui parlent toujours avec agrément, mais sans aucun résultat agréable (10); or il arrive que certains les traitent moins bien. **7** C'est ce qui s'est produit pour Diodotos chez des souverains d'Asie (11) auxquels il s'était rendu souvent utile, non seulement par ses conseils, mais aussi par ses actions et les risques qu'il avait courus : par sa franchise à leur égard dans les questions qui les intéressaient, il s'est vu priver des honneurs qu'il possèdait dans sa patrie, et aussi de bien des espérances ; et les flatteries des premiers venus ont été plus fortes que ses services. **8** Aussi chaque fois qu'il pensait à se présenter à vous, hésitait-il, non qu'il crût semblables tous ceux qui étaient au dessus de lui, mais les difficultés qu'il avait eues avec ces souverains le rendaient plus timides dans les espérances qu'il mettait en vous : à ce qu'il me semble, il avait des sentiments analogues à certains voyageurs sur mer qui, lorsqu'une fois ils ont subi une tempête, n'ont plus de courage pour s'embarquer, bien qu'ils sachent que l'on peut souvent avoir une bonne traversée. Quoi qu'il en soit, il a raison de s'être fait présenter à toi. **9** Je juge en effet que cela lui servira : je compte surtout sur l'amabilité que les étrangers s'attribuent ; ensuite je crois que vous n'ignorez pas qu'il est à la fois très agréable et très avantageux de gagner par ses bienfaits des amis fidèles et utiles, et de rendre des services aux gens pour qui beaucoup d'autres aussi vous témoigneront de la reconnaissance. En effet tous les honnêtes gens louent ceux qui ont de bons rapports avec les hommes sérieux et ils les honorent comme s'ils profitaient eux-mêmes des services rendus.

10 Mais je crois que Diodotos lui-même t'incitera à t'intéresser à lui. J'ai conseillé aussi à son fils de s'attacher à votre

----

(10) Il y a une pointe antithétique dans l'expression : ἅπαντα μὲν πρὸς χάριν, μηδὲν δὲ χάριτος ἄξιον λεγόντων.

(11) Ces souverains (δυνασταὶ) sont des satrapes à demi-indépendants comme Mausole et son frère Idrieus, Orontès, Hermias d'Atarnes. L'indication est utile aux Macédoniens qui avaient eu des rapports suivis avec ce dernier (appelé à Suse et exécuté en 341); en 346 Isocrate avait envisagé la possibilité d'une alliance entre Philippe et Idrieus (*Philippe* 103-104). Plus loin l'écrivain précise encore le profit qu'Antipatros (et, par son intermédiaire, Philippe) pourra tirer de Diodotos (§ 9 : πάντων ἥδιστόν ἐστι καὶ λυσιτελέστατον πιστοὺς ἅμα καὶ χρησίμους φίλους κτᾶσθαι ταῖς εὐεργεσίαις).

fortune et de devenir pour ainsi dire votre disciple (12) pour tenter de s'avancer. Quand je lui parlais ainsi, il me disait désirer votre amitié, mais avoir pour elle le même état d'esprit que pour les concours où l'on décerne des couronnes (13) : **11** il voudrait bien y être vainqueur, mais n'oserait s'y présenter parce que sa force n'est pas en rapport avec les couronnes ; de même il souhaiterait obtenir les honneurs que vous donnez, mais il ne s'attend pas à y arriver car il est effrayé par son inexpérience et par votre éclat ; et en outre il croit que son corps qui n'est pas en bon état et possède quelques défauts (14), le gênera dans bien des actions.

12 Quoi qu'il en soit, il fera ce qui lui paraîtra utile. Mais s'il se trouve dans votre pays, soit dans votre entourage (15), soit sans rien faire, intéresse-toi à tout ce qu'il pourra te demander et surtout à sa sécurité et à celle de son père ; pense que c'est pour ainsi dire un dépôt que te confient ma vieillesse (qui mérite bien quelque égard), ma réputation (si elle a quelque valeur) et le dévouement que je n'ai cessé d'avoir pour vous. **13** Ne sois pas surpris si je t'écris une lettre un peu longue et si j'y ai dit quelque chose de superflu ou qui sente la vieillesse. J'ai tout négligé pour ne m'occuper que d'une chose : montrer mon zèle pour des hommes qui me sont bien chers (16).

---

(12) Dans son désir d'attirer à Diodotos et à son fils les bonnes grâces d'Antipatros, Isocrate affecte de voir en ce dernier un chef d'école et, vu son orgueil, c'est une preuve de grande estime que d'être traité d'égal par lui.

(13) Les concours où l'on décernait des couronnes (ἀγῶνες στεφανῖται) étaient plus estimés que ceux qui comportaient des prix en argent (ἀγῶνες χρηματῖται). Les quatre grands jeux panhelléniques appartenaient à cette catégorie (les jeux Pythiques seulement depuis 582). La couronne était faite d'olivier à Olympie, de laurier à Delphes, d'olivier, puis d'ache à Némée, d'ache, puis de pin à l'Isthme.

(14) Le mot οἶνος, employé ici, est d'un usage plutôt poétique en dehors de la prose ionienne. Blass (*Rheinisches Museum*, 1899, LIV, p. 35) y voit une expression empruntée textuellement à Diodotos, ce qui expliquerait l'ionisme. Il serait plus exact de dire qu'Isocrate a reproduit les paroles *du fils* de Diodotos.. Mais peut-être pourrait-on aussi supposer que notre auteur a voulu relever ici par un mot un peu rare ce que l'idée a de familier à ses yeux (dans le *Panathénaïque* 267, il se refuse à désigner de façon précise la maladie dont il souffre : ἐπιγενομένου μοι νοσήματος ῥηθῆναι μὲν οὐχ εὐπρεποῦς).

(15) Sans doute à titre de secrétaire.

(16) Le texte contient une redondance : φίλων καὶ προσφιλεστάτων ; mais elle est si proche de la tautologie qu'on peut se demander avec Blass (édition, II, p. LII) si le texte n'est pas altéré.

INDEX

βαρβαροί, *les barbares* vaincus par Héraclès : 112 ; — destinés naturellement à la monarchie : 107 ; — manquent de courage : 124, 137 ; — toujours hostiles aux Grecs : 124, 125 ; — plus heureux que les Grecs : 131 ; — peu menacés par les mercenaires : 121 : — attaqués en vain par Agésilas : 87 : — exemples pris chez eux : 66 ; — la gloire militaire se trouve chez eux : *Lettre II* 10 ; — ils doivent être soumis aux Grecs : 9 ; — Philippe doit partir en expédition contre eux : 56, 83, 128, 130, 140-141, 152; *Lettre II* 11, 18, III 5 ; — comment il doit les traiter : 16, 80, 154.

Βοιωτία, envahie par les Lacédémoniens : 43.

Βυζαντίον, navires thébains envoyés à Byzance : 53.

Δαρεῖος, (*Darios Codoman*), confondu avec Artaxerxès Okhos : ὑποθέσις.

δεχαρχίαι, gouvernements organisés par' Lysandre, devenus rapidement impopulaires : 95.

Δελφοί, les trésors déposés à Delphes sont employés par les Phocidiens : 54.

Δημοσθένης, un des négociateurs de la paix de 346 : ὑποθέσις.

Διόδοτος, recommandé par Isocrate à Antipatros : *Lettre IV* ; — son fils : *ibid.*

Διονύσιος, *Denys l'ancien*, tyran de Syracuse : 65 ; — Isocrate lui a adressé une lettre : 81 (cf. *Lettre I*).

Ἑλλάς : 64, 70, 73, 76, 96, 111, 122, 124, 127, 149 ; *Lettre II* 19.

Ἕλληνες, *les Grecs* ont tous lutté contre Troie : 112 ; — dévouement d'Héraclès à leur égard : 114 ; — la Grèce et Athènes : 104, 129, 147; *Lettre II* 17 ; — la Grèce et Sparte : 47, 49, 64, 87, 104 ; — la Grèce et Thèbes : 55 ; — Les Grecs et les mercenaires : 95, 121 ; — les Grecs et les barbares : 100, 115, 132, 139, *Lettre II* 10 ; — la royauté et les Grecs : 107, 108 ; — la Grèce et Philippe : 8, 15, 16, 19, 23, 68, 70, 74, 75, 79, 80, 88, 115, 116, 123, 127, 140, 141, 154 ; *Lettre II* 11, 24 ; III 2, 3 ; — Isocrate et les Grecs : 23, 82 ; *Lettre II* 2 ; — Alcibiade bouleverse la Grèce : 59 ; — Conon délivre les Grecs : 64 ; — Reconnaissance des Grecs envers leurs bienfaiteurs : 145 ; — La gloire militaire chez les Grecs : *Lettre II* 10.

Ἑλληνίδες πόλεις : 64, 65, 68.

Ἑλλήσποντος, bataille d'Aegos-Potamoi, sur l'Hellespont : 62.

Ἕρμιππος, fixe une date pour la composition du *Philippe* : ὑποθέσις.

Εὔβοια, dévastée par les Thébains : 53.

Εὐρυσθεύς, vaincu par les Athéniens : 34 ; — sa puissance n'est pas célébrée : 144.

Εὐρώπη, opposée à l'Asie : 132, 137 ; — les barbares d'Europe : 152, *Lettre II* 11.

Ἡρακλείδης ; Philippe, descendant d'Héraclès : ὑποθέσις.

Ἡρακλῆς, comparé à Thésée : 144 ; — fait une expédition contre Troie : 111 ; — élève les colonnes d'Héraclès : 112 ; — ses qualités (109-112, 144) lui valent l'immortalité : 132 ; — les Athéniens contribuent à son apothéose : 33 ; — services rendus par lui à la Grèce : 76, 114 ; — ancêtre de Philippe : 76, 115, 132, ὑποθέσις ; — ses enfants protégés par les Athéniens : 33-34.

Θερμοπύλαι, illustrés par la mort de Léonidas : 148.

Θετταλοί, ont commandé autrefois aux Macédoniens : 20 ; — alliés de Philippe : 20, *Lettre II* 20 ; — membres de l'Amphictyonie de Delphes : 74.

Θηβαῖοι, doivent devenir les amis de Philippe : 30, *Lettre III* 2 ; — n'ont plus d'espoir qu'en lui : 53-55, 74 ; — honorent Héraclès : 32 ; — leurs luttes contre les Athéniens : 43 ; et les Lacédémoniens : 44, 48, 50.

Θησεύς, a obtenu l'immortalité par ses vertus : 144.

Θράκη, soumise à l'influence de Philippe : 21.

Σινώπη, ville d'Asie qui doit servir de limite à l'expansion grecque : 120.

Σπάρτη, menacée de destruction par les Thébains : 44. (Voir aussi Λακεδαιμόνιοι).

Συρακοῦσαι, occupée par Denys : 65.

Συρακόσιοι, parmi lesquels Denys ne tenait qu'un rang infime : 65.

Τάνταλος, connu, mais non pas loué pour sa richesse : 144.

Τροία, conquise par Héraclès : 111 ; — par les Grecs : 112, 144.

Φίλιππος, est d'origine argienne : 32 ; de race grecque : 139 ; — descend d'Héraclès : 76 ; — son père était ami des villes grecques : 106 ; — lui-même s'allie aux Thessaliens : 20, *Lettre II* 20 ; — ses conquêtes : 21 ; — est en 346 le roi d'Europe le plus puissant : 15, 137 ; — ses conseillers : 19 ; — ses qualités : 29, 139 ; — les calomnies dont il est l'objet : 73-74 ; — en guerre avec les Athéniens au sujet d'Amphipolis : 7. — Conseils que lui donne Isocrate : *passim* ; *Lettres II et III.*

Φοινίκη, fournit des vaisseaux aux Perses : 102.

Φωκεῖς, en guerre avec les Thébains : 50, 54, 74.

Φωκίς, envahie par les Thébains : 55.

Χερσόνησος, colonisée par les Athéniens : 6.

Ὦχος, surnom d'Artaxerxès III (confondu avec Darios Codoman) : ὑποθέσις.

Vu, le 20 mai 1924,

Le Doyen de la Faculté des Lettres de l'Université de Paris :

F. BRUNOT.

Vu et permis d'imprimer,

Le Recteur de l'Académie de Paris,
pour le recteur : l'Inspecteur d'Académie :

A. MAURELLET.

TABLE DES MATIÈRES

Imprimerie Générale de Châtillon-sur-Seine. — Euvrard-Pichat.